古墨西哥
ANCIENT MEXICO

[意] 玛丽亚·隆盖 著
刘慧颖 译

中国友谊出版公司

扉页图 羽蛇神的头像雄踞在奇琴伊察城平台的台阶上，令人敬畏。

墨西哥恰帕斯地区帕伦克遗址主要建筑的全貌图。右为碑铭神庙

通往危地马拉蒂卡尔"失落世界"的金字塔顶端的一条长长的石阶。

乌斯马尔的魔法师金字塔雄伟壮观，它的椭圆形平面图与众不同，由很多建筑叠加而成。

这一精美的陪葬面具来自蒂卡尔,是由玉石、黄铁矿和贝壳制成的。

目录 | CONTENTS

前言 12

前哥伦布时期中美洲历史 19

中美洲人民的日常生活、艺术和宗教 81

中美洲的考古路线 139

术语表 289

参考文献 291

在尤卡坦的奇琴伊察,雄伟的武士神庙前矗立着残破的"千柱厅"。这座建筑的年代可以追溯到托尔特克占领这座重要的玛雅城市的时期。

前言 | PREFACE

法比奥·波尔本

15世纪末，发现"新世界"这一事件令欧洲人大开眼界，他们了解到一些民族的艺术形式和知识表现形式与欧洲人截然不同。尤其是在今天由墨西哥南部、伯利兹、危地马拉，以及洪都拉斯和萨尔瓦多部分地区组成的广大地区，不同文化相融形成了如今的"中美洲文明"，一般称之为"古墨西哥文明"。

尽管西班牙征服者对这一文化遗产完全没有表现出欣赏和尊重，他们被财富和权利的欲望所蒙蔽，但是前哥伦布时期的人民现在已经得到了应有的关注和敬佩。

考古学家正在努力再现这些失落文明中最重要的部分。这些文明创造了文字体系、复杂的数学、极其先进的计时方法以及那些不朽建筑。建筑所在的城市辉煌壮丽，耸立着巨大的阶梯金字塔。因为欧洲殖民者试图将这些古文化的所有痕迹完全根除，所以考古学家想再现古文明这一目标变得更为艰难。然而，古迹挖掘正在不断进行中，越来越多的珍宝重见天日，这些充分证明人们对此充满兴趣，并在推进这些研究。

本书的目的是研究这些民族的历史，尤其是那些创造出高度发达成熟的社会体系的民族。奥尔梅克人、萨波特克人、玛雅人还有阿兹特克人，他们留下来的那些伟大的建筑、雕塑、浮雕、瓷器、珠宝，还有最近才发现的那些复杂的记录，都见证了这些民族璀璨的文化。同时，我们还会研究其他一些所谓的"少数民族文化"，到目前为止，这些文化在某种程度上一直被忽视，但是它们对前哥伦布时期中美洲的经济和文化发展作出了巨大贡献。文字连同插图将从全面、易懂的角度概述中美洲人民完整的历史面貌。从最早的奥尔梅克到后古典时期晚期，以及埃尔南·科尔特斯的到来——这个世界的文化和传统与众不同，取得了非常卓越的成就。

这副精美的灰泥面具来自帕尔卡王（Lord Pacal）的陵墓。陵墓是在帕伦克的铭文金字塔下面发现的。这副面具刻画逼真，具有艺术敏锐性，说明画像十分还原、真实。

面具在特奥蒂瓦坎的艺术品中并不少见。这副陶制陪葬面具的年代可以追溯到古典时期,保留了原始彩色装饰的痕迹。其巨大的耳郭和鼻饰是等级的标志。

这副用玉石雕刻而成的陪葬面具上镶嵌着一层绿松石、黄铁矿和贝壳构成的马赛克,其年代可以追溯到8世纪,而这一面具也可以证明当时特奥蒂瓦坎的工匠有着高超的技艺。

博南帕克 1 号房间壁画的细节图。博南帕克是古典时期晚期玛雅的一个小城市,这幅壁画展现了由持扇人、舞者和音乐家组成的一支队伍。

前哥伦布时期中美洲历史

博南帕克著名连环壁画中的一位舞者。这位舞者戴着一对引人注目、色彩鲜艳的假鸟翅膀。神圣的仪式上人们经常会穿着一身动物服饰。

奥尔梅克人，中美洲文明之母	20	玛雅，占星家	52
历史上的中美洲	26	后古典时期，托尔特克人和玛雅－	
特奥蒂瓦坎，一座神秘的都市	30	托尔特克文明	60
瓦哈卡人：萨波特克人和米斯特克人	36	阿兹特克人，崇拜鲜血的民族	67
埃尔塔欣，球场文化	40	墨西哥西部	74
特奥蒂瓦坎，众神之城	46	一个世界的征服和结束	78
前哥伦布时期墨西哥主要的考古遗址	50		

奥尔梅克人，中美洲文明之母

A 赛罗-德拉斯梅萨斯（Cerro de las Mesas）
B 特雷斯萨波特斯
C 拉文塔

特拉蒂尔科（Tlatilco）是墨西哥中部最古老的定居点之一。上图这位杂技演员塑像就是出土自特拉蒂尔科，时间可以追溯到公元前600年。

公元前2千纪（千纪以千年为单位）开始，各种不同的文明在中美洲繁荣起来，这些文明都起源于墨西哥湾沿岸的热带低地。公元前1500年左右，在这片炎热潮湿的地区，纵横的河流和沼泽浇灌了这片肥沃的土壤，也见证了古墨西哥"文明之母"奥尔梅克文明的诞生。然而，这一古老的中美洲文化，其起源以及诸多方面仍然是考古学之谜。"奥尔梅克"一词起源于纳瓦特尔语，这是后来阿兹特克人使用的一种语言，意思是"奥尔曼（Olmán）的居民"，也就是"橡胶之乡的人们"。西班牙大征服的时代里，蒙特祖马二世的臣民就是用这一词来描述生活在墨西哥湾沿岸的人们。然而，我们仍然不知道公元前2千纪和前1千纪的奥尔梅克人是如何称呼自己的。

目前的考古研究表明，奥尔梅克人为萨波特克、玛雅、阿兹特克等伟大的文明和王国奠定了基础，这些文明和王国在中美洲承续直到西班牙征服时期。为了更全面地了解奥尔梅克文明的发展和文化，我们有必要首先了解其发展的历史背景和地理背景。

这座石像也可以追溯到古典时期，刻画的是一位摔跤手，他的身体特征表明他是奥尔梅克人。

奥尔梅克人用玄武岩制作的巨石头像令人印象深刻，比如图上这一例，出土于韦拉克鲁斯的圣洛伦索。人们认为巨石头像刻画的是那些高官贵爵。

公元前 4 千纪左右，随着农业的发展，第一批人开始在中美洲定居。玉米是主要的食物资源，还有南瓜和豆子。在欧洲人到达之前，尽管马、牛、羊等这些动物在新大陆还不为人知，但是当地人已经驯养了狗和火鸡，还会饲养蜜蜂。虽然农业可以满足他们的部分食物需求，但是古代中美洲的居民不停地在热带雨林中狩猎，雨林中有丰富的鸟类和野禽。他们还会在河边和海边捕鱼。公元前 2 千纪末期，在一片肥沃的领地上居住着一群人，他们生活在农村，这片土地相当于如今的墨西哥韦拉克鲁斯州和塔巴斯科州。他们中的许多村子集中在托纳拉河和帕帕洛阿潘河（Papaloapán）沿岸以及坎佩切湾周围。

大约从公元前 1200 年左右开始，发生了一系列转变，这些变化可以说是一个真正的文明的雏形发展。在那之前，很多村庄的中心都是用易腐材料搭建成的简陋棚屋，泥土搭建而成的金字塔平台是一些神庙建筑，这些神庙都是中美洲最早的宗教建筑。这些宗教建筑周围是一些村庄，考古学家通常称之为仪式中心，它们与真正的城市截然不同。真正的城市是从 1 世纪开始，随着玛雅和特奥蒂瓦坎的崛起才发展起来。奥尔梅克重要的仪式中心包括圣洛伦索、拉文塔、特雷斯萨波特斯、拉古纳 - 德洛斯塞罗斯（Laguna de Los Cerros）。考古发现表明公元前 1200 年左右，圣洛伦索是第一个发展起来的，公元前 900 年左右，这座城市遭受了严重的破坏，同时，拉文塔开始崛起，蓬勃发展了起来。

拉文塔位于丛林中心沼泽地带的一个小岛上，如今是奥尔梅克文化区占地最大也是最重要的遗址。正是在这里建立了中美洲最早的金字塔，高 33.8 米，其圆锥形结构有人解释为代表了一座火山。在这些仪式中心出土了各种巨石碑，比如"祭坛"（也许是王座）、有浮雕装饰的石碑，还有金字塔和平台。然而，这一时期最令人震惊的发现也许是那重达数吨的巨石头像，目前已知发现了 17 个。这些巨大的头像上戴着一种头盔，五官与众不同、杏仁眼、厚嘴唇、嘴角下翻、鼻子大

这个巨大的绿石雕塑叫作"拉斯利马斯王"（Lord of Las Limas），出土于墨西哥韦拉克鲁斯州。其年代可以追溯到前古典时代中期，描述一位年轻男性怀抱着一个婴儿，这位男性可能是奥尔梅克人敬重的雨神。

而扁平。这些特征引起了学者们对人物种族起源的讨论：虽然有些人在这些石像上看到了尼格罗人种的特征，但是一般还是认为这些头像描绘的是中美洲的印第安人，因为其中很多人有着很多相似的面部特征。在其他雕像和浮雕中也发现了类似的特征，浮雕上描绘了一群怀抱着孩子的人、美洲豹及类似美洲豹的动物。

除了一些巨大的石碑外，还挖掘出了一些精小的艺术品，这些艺术品藏在祭品和那些精英的墓穴中，显示了奥尔梅克艺术表现手法之高超。其中有陶器、"娃娃脸"婴儿陶塑、精美的珠宝，以及用玉石、蛇纹石和黑曜石雕刻而成的人形雕像和动物雕像。

这些发现不仅限于墨西哥湾沿海地区，在墨西哥、危地马拉和洪都拉斯的许多地区也有发现。这也说明奥尔梅克文化、商业和艺术影响之广，这种影响从公元前900年开始，一直持续了好几个世纪。

尽管我们对奥尔梅克文化的起源和历史并不完全了解，但是根据考古证据以及与后来的文化相比较来看，我们还是可以得出一些结论，同时也能够重新勾勒出奥尔梅克文化的一部分主要特征。

公元前2千纪末期，在当时农业社会的背景下，一个处于统治地位的精英阶级出现了，并且确立了自己的地位：**萨满（Shaman）**[1]统治者阶级。这也是中美洲历史上第一次，这群人试图通过不朽的纪念碑来展现他们的宗教权力和政治权力。统治

另外一个"娃娃脸"雕塑有着截然不同的特征：他的小手小脚被涂成了红色，也许这有一层宗教意义。人物还戴着耳环，留着像头盔一样的发型。遗憾的是，奥尔梅克文化中大部分图像的意义现在仍然无人知晓。

这个"娃娃脸"雕像是一件非常有特色的奥尔梅克艺术品，制作材料为石头或者陶土，描绘了一个身体圆润的无性征婴儿。这些雕像通常是两腿分开而坐，这个雕像人物似乎在揉眼睛或者擦眼睛。

---

[1] 黑体加粗的术语可按原语言首字母顺序在术语表查询。——编者注（本书注释均为编者注，后文不再作说明。）

这把奥尔梅克玉石祭祀斧头可以追溯到前古典时期中期，发现于拉文塔。这把斧头具有一些和超自然世界怪物有关的特征：正方形的头部中央有一条裂缝，眉毛呈火焰状，嘴巴是典型的奥尔梅克神话中类似美洲豹的动物的嘴巴。他的双臂叠放在胸前，这一姿势意义不明。

这里展示的雕像与前面展示的斧头都是在拉文塔发现的，是一部分的随葬品。15座翡翠雕像都朝向一座由灰色石头制成的雕像，这种刻意的安排让人难以理解，也许这代表了一个部落会议，又或是一个启动仪式。

者很想成为人们眼中神灵的人间化身。据推测，村民必须定期将部分收成以及各种祭品用来供奉他们的统治者。许多学者认为巨石头像以及雕像刻画的就是奥尔梅克的统治者，统治者命令人们雕刻这些头像是为了歌颂他们的权力。分析表明，这些艺术品所用的玄武岩石料就来自图斯特拉火山，这座火山距离仪式中心有数英里。这些沉重的石块很可能是通过木筏、雪橇以及木筒运输，并越过河流，到达陆地的。

尤其是奥尔梅克人对玉石和黑曜石的需求令他们打造了一个贸易网络，与奥尔梅克宗教相关的仪式和艺术表现形式都能通过这张网络传播到墨西哥和周边地区。这也为后来中美洲文明的传承打下了基础。这些痕迹甚至在西班牙征服时期也保留了下来。

奥尔梅克宗教采取了萨满教的形式。"纳瓦尔之道"（Nahualism）是一种信仰，它认为萨满可以将自己的人形变成动物的形态，尤其是美洲豹。**纳瓦尔（*Nahual*[1]）**这一名字来自后来的阿兹特克人，但是其历史可追溯到奥尔梅克

1　书中斜体为未归化为英文的词汇，大多是用拉丁字母转写的纳瓦特尔语。

人之前。纳瓦尔动物是神灵的另一种自我,这是构成前哥伦布时期美洲所有民族宗教基础的基本概念。萨满们通过烟草和致幻蘑菇等药物与超自然世界进行交流,这些可以让他们能够达到一种陶醉入迷的状态。举行仪式的地点在寺庙最里面的圣殿以及洞穴深处,同时还会举行献祭活动和自祭活动。据说,对美洲豹的崇拜起源于奥尔梅克文化。

奥尔梅克的成就还包括与行星研究有关的天文观测以及历法体系。特别是对于后来的文化产生了很大影响的长计历(长期积日制)。长计历确定了"零年"开始的日期。特雷斯萨波特斯的一块石碑上刻有一段铭文,上面记载了一个最早的记录日期:公元前32年。关于使用文字的问题依然存有争议,尽管一些学者认为文字是由萨波特克人创造的,但是有可能某种象形的书写符号在奥尔梅克时期晚期就已经在使用了。两个代表分别是拉莫哈拉1号石碑和图斯特拉小雕像。奥尔梅克中心的复杂性,其宗教文化元素中的先进性和丰富性引发了很多关于奥尔梅克人身份的问题。据推测,奥尔梅克人说的是米塞-索克语系的语言。

经过几个世纪的文化扩张,奥尔梅克文化在公元前400年左右就衰落了,瓦哈卡的萨波特克文明和新出现的玛雅文明等其他文明取而代之。

这件精美的容器巧妙地描绘了一只长喙的海鸟,出土自特拉蒂尔科地区。

在墨西哥中部特拉蒂尔科和拉斯博卡斯(Las Bocas)发现了各种水生动物和海鸟形状的器皿。这些器皿也许最初只是些香炉。这个灰色陶罐出自特拉蒂尔科,属于奥尔梅克文化。

历史上的中美洲

古期
（前 7000—前 2000）

奥尔梅克人
（前 1500—前 200）

  考古学家将公元前 7000 年至前 2000 年的这段时期定义为"古期"（Archaic）。这段漫长的时期中，游牧猎人群体逐渐开始种植玉米、大豆和鳄梨等作物，还开始饲养狗和火鸡等动物。但是，他们也没有放弃打猎和捕鱼，这两个活动一直对中美洲人民的经济发挥着重要的作用。种植植物、饲养动物让这群人过着一种闲适的定居生活。从古期之末到前古典时期之初，第一批固定村庄建立了起来，成群的茅舍构成了村庄，房屋都是用一些易腐材料建筑而成。与此同时，宗教的概念和崇拜开始出现，和物质文化一起，奠定了未来中美洲文明的基础。

古期
（前 7000—前 2000）
第一批定居村庄
（前 2000—前 1500）

  前古典时期（或形成时期），最古老的中美洲文化奥尔梅克文化在第一批农业定居的背景下蓬勃发展了起来。墨西哥湾沿岸的热带低地，第一批仪式中心建造了起来，特色就是一些石砌宗教建筑。在奥尔梅克社会中，中央集权的政治–宗教结构开始形成，萨满教和纳瓦尔之道最初的痕迹正是从这一时期开始的。尽管这两者的渊源可以在更加古老的文化背景中找到。奥尔梅克人还发展了各种艺术表现形式，包括纪念性雕塑和陶器。奥尔梅克的文化遗产似乎对所有其他中美洲文化都产生了影响。

前古典时期之初
（前 1500）
圣洛伦索奥尔梅克仪式中心的发展
（前 1200）
圣洛伦索的毁灭和拉文塔的建立
（前 900）
奥尔梅克文明衰落的开始
（前 400）

萨波特克人
（前600—公元800）

特奥蒂瓦坎文化
（200—900）

公元前500年左右，瓦哈卡地区建立了一个重要的中心——阿尔班山，如今也是萨波特克人的首都。这一文明在其初期似乎受到了奥尔梅克文化的影响，促进了瓦哈卡地区的发展，并且几乎可以肯定的是，阿尔班山促进了中美洲某些重要文化特征的传播：文字、数学知识和日历。公元前200年至公元250年的原始古典时期和250年至900年的古典时期，阿尔班山经历了一段长足的发展时期。最重要的建筑遗迹有建筑物J（也许是一个天文观测台）、"舞者神庙"和很多达官贵人的陵墓。从800年左右开始，阿尔班山的权力开始衰落，瓦哈卡的首都变成了米特拉。

阿尔班山推测的成立时间
（前500）

中美洲最古老的石刻历法铭文
（前600年左右）

阿尔班山逐渐被遗弃和米特拉的建立
（800）

前古典时期晚期，墨西哥中部崛起了两个非常重要的中心：奎奎尔科和特奥蒂瓦坎。奎奎尔科在100年左右因一起猛烈的火山喷发而被烧毁。从那时起，特奥蒂瓦坎就在这一地区占据了主导地位：从一个小小的农村定居点发展成了真正的城市中心，其规模令人震惊。从250年左右开始建造的著名宗教建筑令这一地区变得更加繁荣。特奥蒂瓦坎后来可能成了大女神崇拜和羽蛇神崇拜最重要的中心。这一大都市因一场大火而烧毁，最终在900年左右被遗弃。

奎奎尔科的毁灭
（100）

特奥蒂瓦坎的发展
（200）

特奥蒂瓦坎的鼎盛时期
（250—700年左右）

特奥蒂瓦坎最终被遗弃
（900）

埃尔塔欣文明
（250—900）

古典时期（250—900），墨西哥湾沿岸最重要的文明在韦拉克鲁斯中部形成，其主要的仪式中心就是埃尔塔欣。在埃尔塔欣发现的球场数量远超中美洲其他地方。但是这一文化的许多方面尚未清楚，甚至无法确定在这一地区生活了许多世纪的人是什么人。有一种说法是，这些人是托托纳克人，这群人在古典时期结束时被瓦斯特克人（Huaxtecs）取代，瓦斯特克人后来又被阿兹特克人征服。

埃尔塔欣的鼎盛时期
（600—900）

瓦斯特克统治埃尔塔欣的时期
（900—1300）

古典玛雅时期
（250—900）

玛雅文明最初继承了奥尔梅克人、萨波特克人，可能还有特奥蒂瓦坎人的文化遗产。来自高地的玛雅人从原始古典时期（前200—公元250）开始发展这些文化遗产，他们建立了伊萨帕（Izapá）仪式中心和卡米纳尔胡尤（Kaminaljuyú）仪式中心。正是在这些地方，玛雅的纪念性雕塑、文字和历法计算得以发展。随后，古典时期（250—900）低地区的玛雅文明蓬勃发展了起来。古代的仪式中心变成了强大、井井有条的城邦。

玛雅铭文中记载的最早日期：292年
（29号石碑，蒂卡尔）

玛雅文明的鼎盛时期
（大约300—800年）

低地城市衰落的开始
（大约800年）

低地地区铭文中记载的最后日期：909年
（托尼那石碑）

普顿和琼塔尔族群（the Putún and Chontal groups）影响下的普克风格在尤卡坦蓬勃发展
（800—1000）

托尔特克占领了玛雅尤卡坦城市
（900）

后古典时期
（900—1500）

在后古典时期早期（900—1200）一开始，玛雅低地城市遭到了遗弃，并且陷入了衰退，原因至今不明。尤卡坦的中心在新部落群托尔特克人文化和军事的影响下，经历了一段蓬勃发展的时期。在这一时期，中美洲其他文化区也发生了巨大的动荡：墨西哥北部的一群人征服了古典时期兴盛的文化，推行了新的军事政权和宗教崇拜。例如，托尔特克人在图拉建立了他们的首都。奇琴伊察成为占据主导地位的城市，并且一直保持这一地位直到玛雅潘取而代之。基切玛雅人在经历过族群间自相残杀的战争，以及与敌对城市的权力争夺后，势力逐渐遭到削弱，继而在1524年的乌塔特兰（Utatlan）战役中被西班牙侵略者彻底征服。

后古典时期早期
（900—1200）

奇琴伊察的衰落
（13世纪）

后古典时期晚期
（1200—1500）

玛雅人在乌塔特兰战役中被西班牙人击败
（1524）

阿兹特克人
（1200—1521）

在墨西哥北部地区的民族入侵之后，一群讲纳瓦特尔语的人占领了特斯科科湖湖岸，并在一个岛上建立了他们的首都特诺奇蒂特兰。他们自称"墨西卡人"（Mexica），但是后来又叫作"阿兹特克人"，这个名字来源于神话中的阿兹特兰（Aztlán），即"白色岛屿"的意思。根据传说，这个新民族最初就是从这里来的。在很短的时间内，阿兹特克人就征服了所有周边地区，并建立了一个帝国，他们巨大的势力是建立在特诺奇蒂特兰、特斯科科和特拉科潘三座城市的联盟之上。从1502年开始，在蒙特祖马二世的统治下，阿兹特克帝国的政治和军事扩张达到了顶峰。但在1519年，西班牙征服者来到阿兹特克帝国，击垮了这个国家。1521年，埃尔南·科尔特斯（Hernán Cortés）杀死了蒙特祖马二世，特诺奇蒂特兰和阿兹特克帝国的所有臣民都归入西班牙统治之下。

特诺奇蒂特兰的创建
（1325年，另有1324年或1345年的说法）

蒙特祖马二世的统治
（1502—1520）

科尔特斯到达墨西哥
（1519）

蒙特祖马二世之死，西班牙吞并墨西哥
（1521）

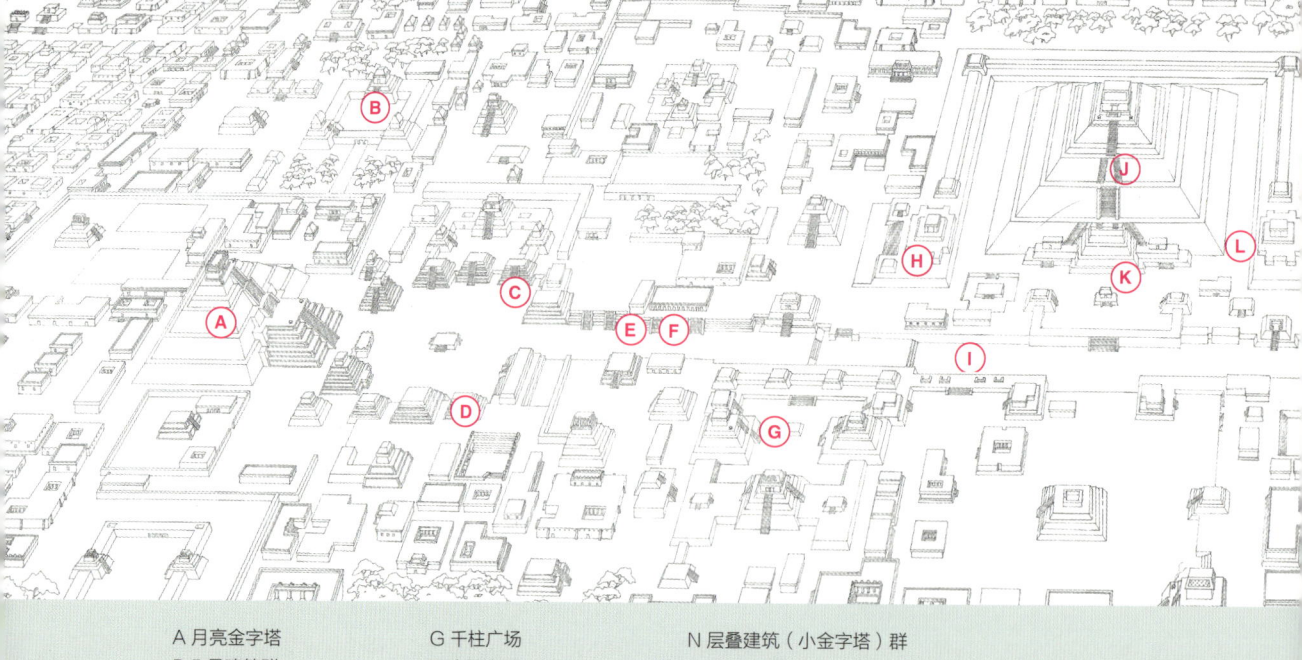

A 月亮金字塔
B 5号建筑群
C 月亮广场
D 魁扎尔帕帕洛特尔宫
　（鸟蝶宫或蝴蝶宫）
E 农业神庙
F 神话动物神庙
G 千柱广场
H 太阳宫殿
I 四神庙庭院
J 太阳金字塔
K 太阳广场
L 祭司之家
M 亡灵大道
N 层叠建筑（小金字塔）群
O 圣胡安河
P 城堡
Q 羽蛇神神庙
　（魁扎尔科亚特尔神庙
　或羽蛇神金字塔）
R 大型建筑群

特奥蒂瓦坎，一座神秘的都市

　　我们至今仍然无法确定是谁建造了特奥蒂瓦坎这座大都市，阿兹特克人称之为"众神之城"。这座城市有巨大的太阳金字塔和月亮金字塔，长达千米的"亡灵大道"，精美的宫殿和住宅区。特奥蒂瓦坎是中美洲最大的城市，至今仍令游客惊叹不已。

　　很可能在前古典时期晚期，一场猛烈的火山喷发烧毁了奎奎尔科，一群人逃到了圣胡安河的仪式中心避难。几个世纪以来，这个地方不断扩大、繁荣起来。

　　特奥蒂瓦坎的居民崇拜羽蛇神，羽蛇神的形象在羽蛇神金字塔上反复出现，这也表明人们从古至今就一直崇拜着羽蛇神。很多壁画也可以证明特奥蒂瓦坎另一神灵"大女神"也格外受到人们的重视。

　　以下几页的彩色复原图突出了神庙和行政建筑的宏伟和壮观。这些建筑的主要特色就是**斜坡－平板（Talud-Tablero）**结构：在倾斜的墙壁上安装垂直平板，后来其他中美洲人也沿用了这一元素。

30

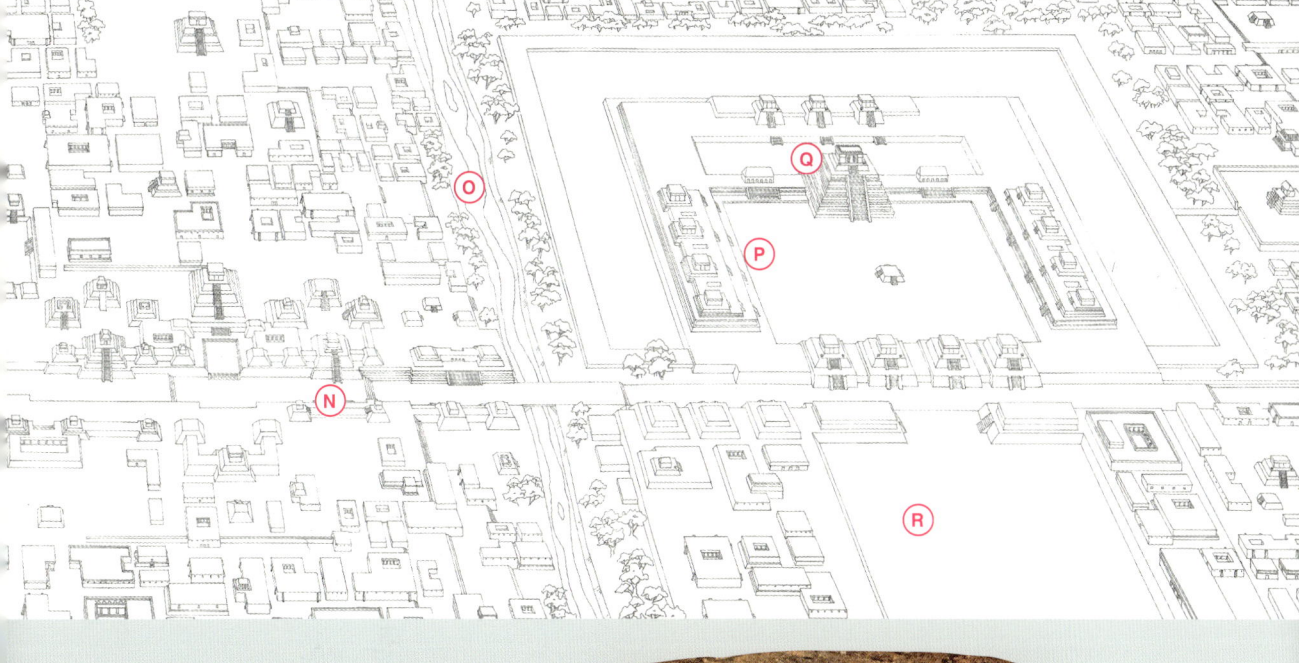

这副石制丧葬面具出土自特奥蒂瓦坎，面具上有穿孔的耳垂，原本应该戴着耳环，可能与死者戴过的耳环相同。这些面具是放在死者的脸上，陪葬的还有很多其他珍贵的宝物，这些都是贵族们的陪葬品。几乎可以确定的是，那些贝壳和黑曜石的碎片放在空荡的眼窝处，用来代表眼睛。

前古典时期			原始古典时期	古典时期		后古典时期	
早期	中期	晚期		早期	晚期	早期	晚期

托尔特克

玛雅　　玛雅－托尔特克

埃尔塔欣　　瓦斯特克

特诺蒂瓦坎　　阿兹特克

米斯特克

阿尔班山－萨波特克

奥尔梅克

1500 BC 1400 BC 1300 BC 1200 BC 1100 BC 1000 BC 900 BC 800 BC 700 BC 600 BC 500 BC 400 BC 300 BC 200 BC 100 BC 0 AD 100 AD 200 AD 300 AD 400 AD 500 AD 600 AD 700 AD 800 AD 900 AD 1000 AD 1100 AD 1200 AD 1300 AD 1400 AD 1500

31

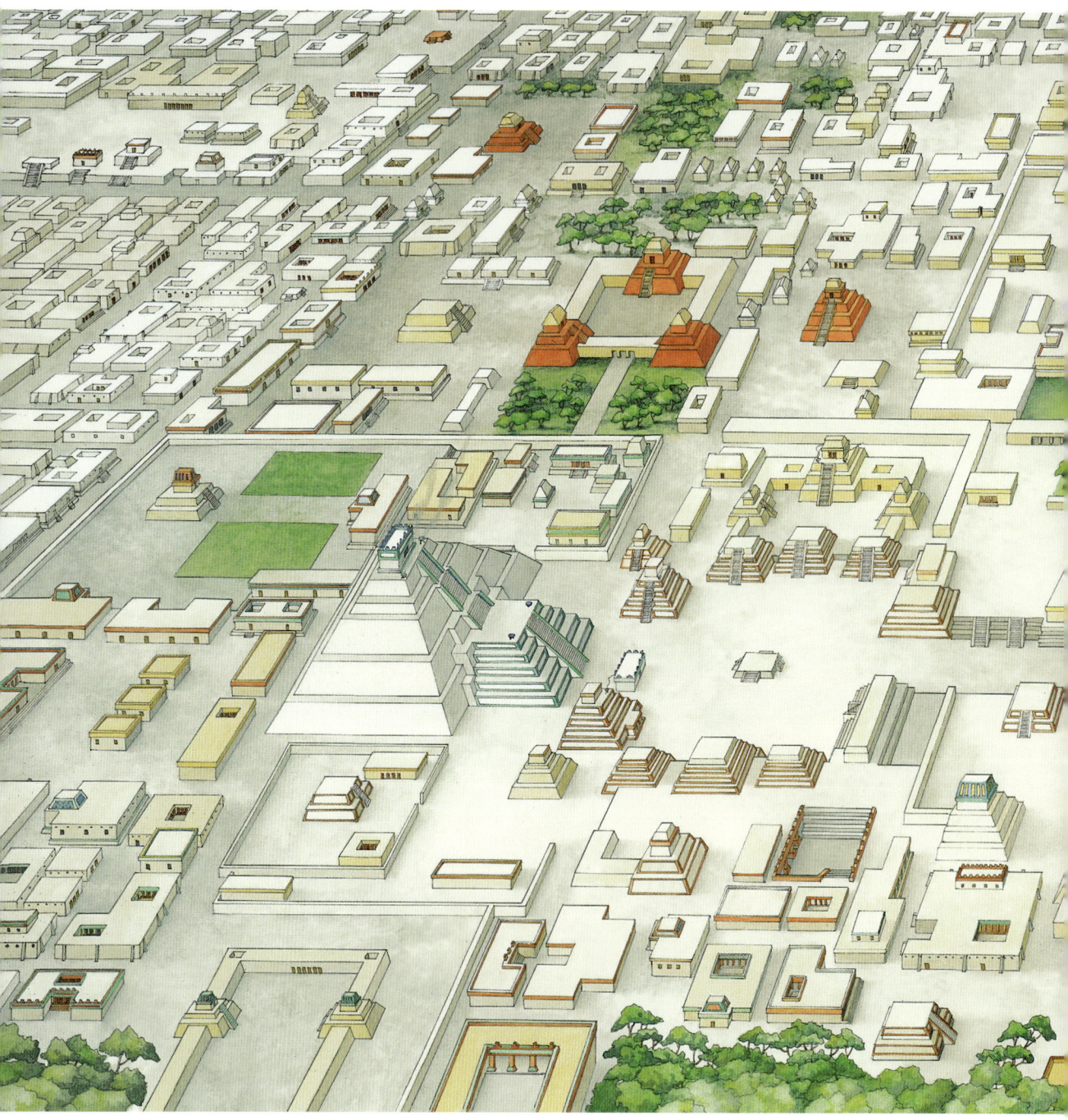

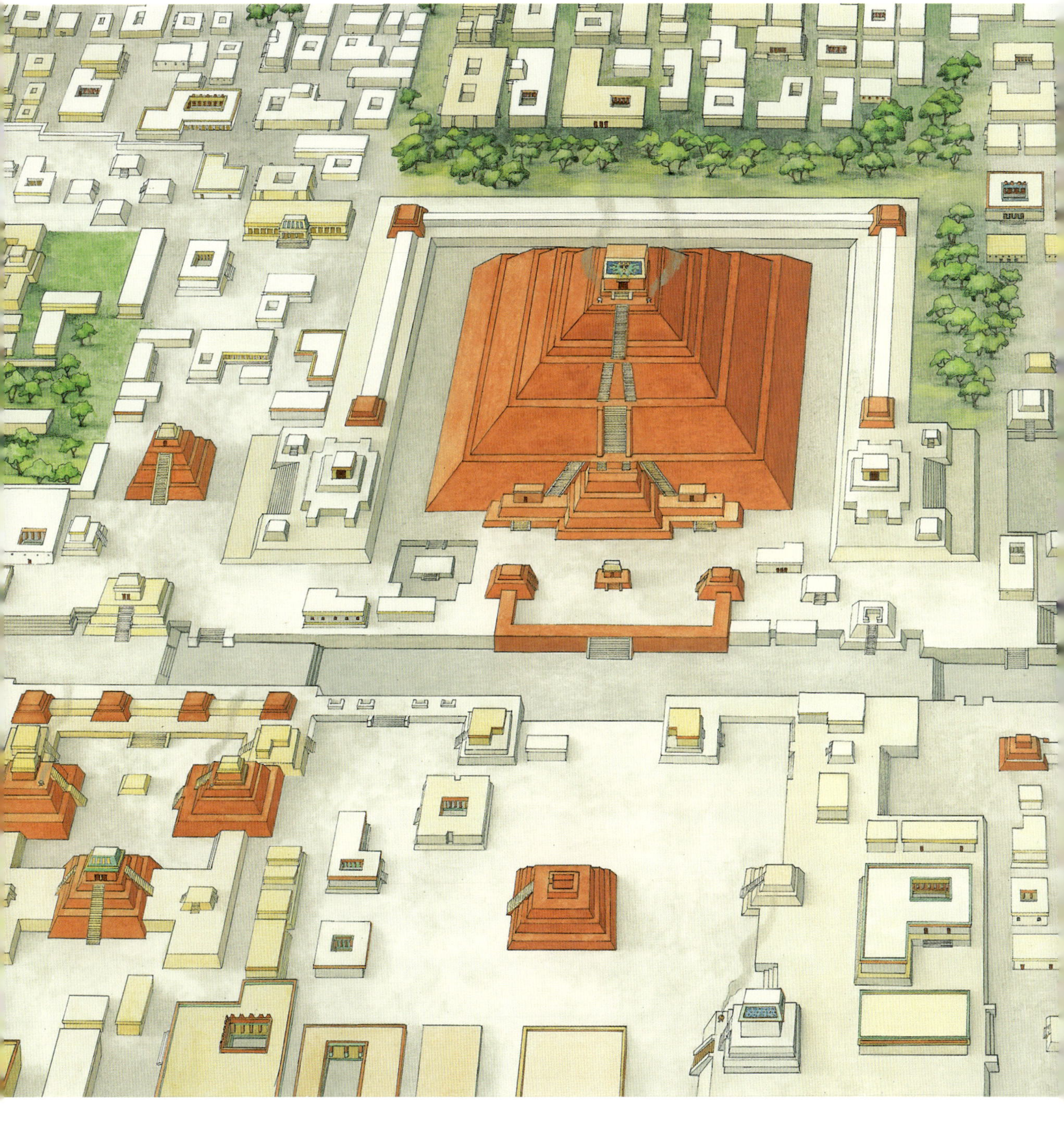

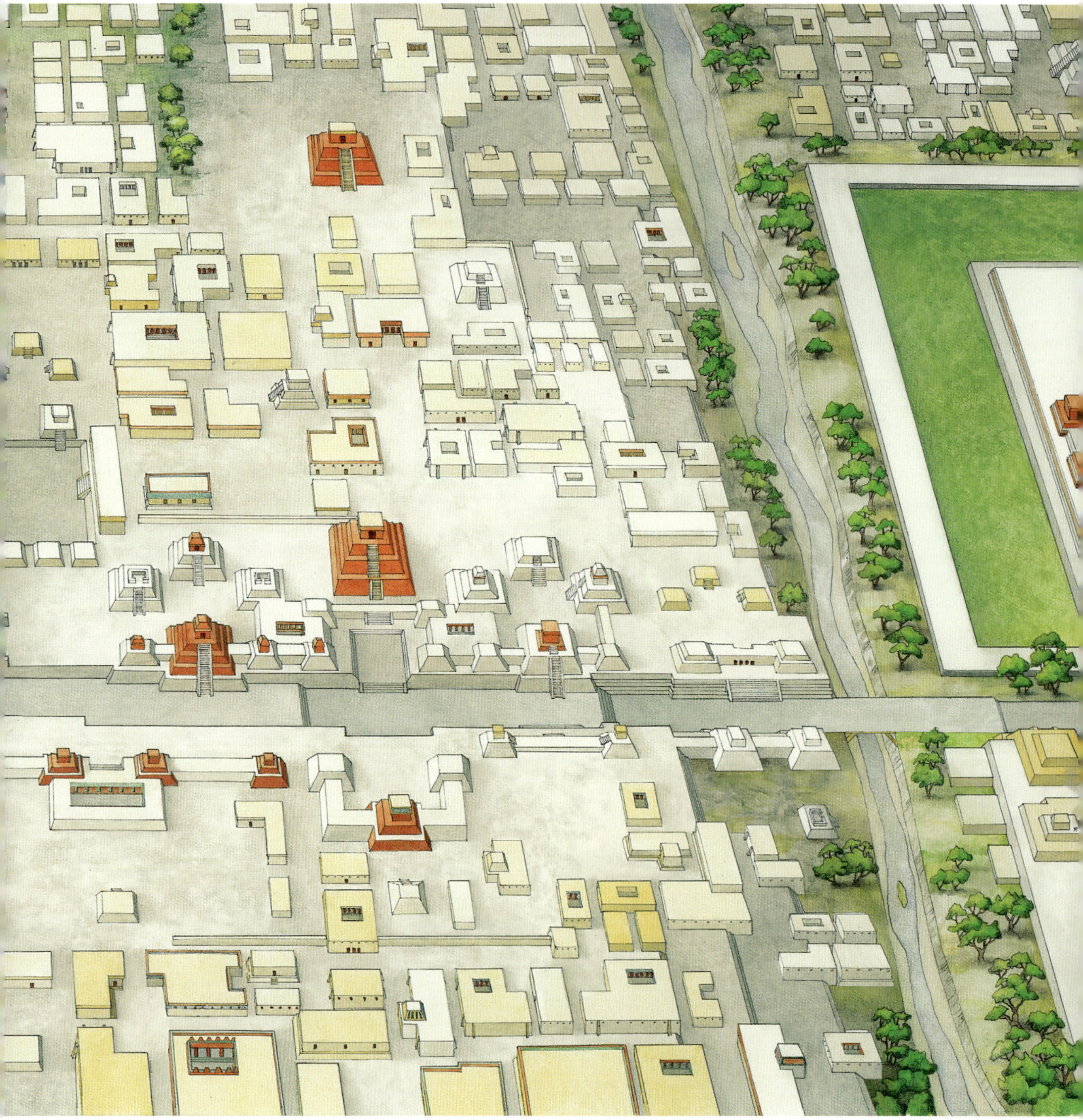

35

瓦哈卡人：萨波特克人和米斯特克人

米斯特克人	A 阿尔班山
萨波特克人	B 米特拉

从公元前 600 年开始，墨西哥瓦哈卡地区建立了很多仪式中心，如安赫尔港、圣何塞－莫戈特（San José Mogota）、阿尔班山还有黑山（Monte Negro，位于瓦哈卡州的考古遗址）。这些最古老的考古遗迹揭示了奥尔梅克文化的存在。然而，在公元前 5 世纪，奥尔梅克人因其他民族的发展而黯然失色，被一些民族盖过了光芒，特别是瓦哈卡山谷的萨波特克人。

前古典时期快结束时，大约公元前 300 年，阿尔班山承担起萨波特克"国家首都"的功能。原来的区域扩建了，新的建筑建造起来，其中包括两座建筑，庞大的规模和特殊的设计引人注目。第一座就是舞者神庙，以 140 位舞者命名。但实际上刻画的是那些死去的俘虏，他们以浮雕的形式被雕刻在底座外面的石板上。第二个建筑是建筑物

左图　在萨波特克文明最伟大的中心阿尔班山 113 号陵墓出土的陶塑。它的面部特征和手脚张开的姿势与奥尔梅克艺术相似，但是风格上截然不同。

右图　萨波特克人为了纪念其统治者以及赞美他们的军事功绩，建造了很多石碑。这块来自阿尔班山 E 建筑的石碑描绘了一名典型的战士，配有长方形盾牌。

左图 这个萨波特克陶瓮描绘了一位跪坐的贵族,他的双手放在胸前,精致的头饰和大耳朵象征着他的阶级。

下图 人形陶瓮装饰丰富多彩,一般会置于萨波特克贵族的陵墓中。但是,正如这个陶瓮的名字所暗示的那样,它们不是用来存放死者的骨灰的,因为当时死者的尸体都是埋入地下的。然而这些精致、复杂的艺术品具有祭祀、祈祷的功能。这件艺术品来自拉斯洛马斯(Las Lomas),刻画的是中美洲广为崇拜的神灵"旧神"。

J,建于前古典时期结束时,从其外观可以看出是个天文观测台。在阿尔班山重大仪式中心进行的挖掘工作为再现萨波特克的历史和文化奠定了基础。随着萨波特克统治者的权势扩大,直到后古典时期,阿尔班山在艺术和建筑方面的发展不断扩大,变得更加丰富。古典时期的许多陵墓和宗教建筑、仪式建筑一样,装饰着丰富多彩的壁画,这些建筑见证了统治阶级的存在,这些人手握着政治权力和宗教权力,他们按照严格的等级制度把人们划分为不同的社会阶层。

在随葬品中发现了很多不同寻常的东西,这些物品都具有萨波特克文化的特色。有些容器名叫"骨灰瓮",和葬礼上的骨灰瓮相似,但是实际上具有神圣的意义。

萨波特克人是真正意义上第一个使用文字的中美洲人,他们还完善了时间和历法周期的计算,而奥尔梅克人过去可能已经开始研究这些了。圣何塞-莫戈特的一块浮

米斯特克人给我们留下来很多内容丰富的陵墓。这件令人害怕的艺术品是一个白色的陶器，形状像"坐"在基座上的骷髅头。

萨奇拉是瓦哈卡的一个仪式中心。随着阿尔班山的衰落，它在后古典时期占据着统治地位。这件圆柱形的三足容器就出土于萨奇拉（Zaachila），容器上装饰着一个人体骷髅，手里挥舞着两件武器，象征着战争或者献祭。

雕描绘了一位死去的囚犯，浮雕与260天仪式历中一个**象形雕刻文字（Glyph，后文一般简称为象形文字）**有关，这个文字对应着公元前600年，似乎记录的是死囚的出生日期，而不是铭刻的年份。

在萨波特克，纪念碑、舞者神庙，还有墓室壁画上发现的象形文字，只有那些具有时间意义的字形，即日历日期，以及少数地名被破译了出来。这一文字体系大部分还未破解，但是它的基本结构已经确定下来，和玛雅文字一样，属于混合象形-表音类型的文字。除了瓦哈卡地区，莫雷洛斯和特拉斯卡拉这两个地区也都发现了这种文字。

800年左右，阿尔班山开始衰落。考古证据表明，有一支不同的种群入侵阿尔班山地区，很显然，没有重大冲突发生。这群人就是米斯特克人，意思是"云端人"。米斯特克人的家乡在瓦哈卡的北部和西部。

米斯特克人通过彩绘手抄本给我们留下了重要的历史和图像证据，涵盖了从940年左右

这件来自米斯特克的艺术品不同寻常，证明了米斯特克人非常重视死亡以及对死者的崇拜。也许这是个用来祈祷的骨灰瓮，上面装饰着一个立体的骷髅头。

开始的约600年的时间。学者们通过分析其中的场景和符号，至少在广义上，能够复原过去的历史事件和王朝事件，还有好战的民族的神话传说。

米斯特克的社会和政治结构可能建立在小国共存的基础之上。11世纪，一位名叫"八麋鹿"的统治者试图统一这些小国。然而，他建立的王国在他死后就立即分崩离析了。

米斯特克人为了方便死者通往地下世界，他们随葬了很多物品。这副陶土面具，制作技艺高超、细致，有一只眼睛为了祭祀活动被穿了孔，脸上还刻有一些疤痕。

大约在公元900年之后，米斯特克人统治了瓦哈卡山谷，尽管米特拉等地区仍是萨波特克人的天下。早期，在与托尔特克人接触时，米斯特克人就强烈地受到了他们的影响。但随后，公元1200年左右，米斯特克人开始独立发展。

阿尔班山发现了大量墓穴。与萨波特克早期时代的墓葬相比，这些墓葬揭示了人们在对死者祭拜这件事上发生了变化，出现了活人祭品和死者随葬的情况，还有大量丰富的殉葬品，比如珠宝、金器。

米斯特克的工匠尤其以他们出色的黄金加工技术而闻名，在此之前，这种工艺技术在中美洲几乎无人知晓。他们对这项技艺的了解是在与哥斯达黎加以及巴拿马的接触中才掌握到手的。

这个用陶土做成的猫头也出土于米斯特克，它曾经是某个雕塑或者容器的部件。在制作嘴部、耳朵以及突出的獠牙时，都进行了特别的处理。直到后古典时期，猫科动物在整个中美洲的艺术和宗教中都占据着重要地位。

一只精美的蓝色小鸟，也许是蜂鸟，轻盈地栖在这个小碗的碗边。这个米斯特克风格的小碗出土于萨奇拉。这件艺术品造型简单，但是表面的装饰令它看上去尤为精致迷人。

埃尔塔欣，
球场文化

A 埃尔塔欣

250年至900年的古典时期，一种独特的文明出现在远眺墨西哥湾沿岸的地区，尤其是在韦拉克鲁斯的中部和北部地区，并且开始发展起来。其中一个主要的中心就是埃尔塔欣，这个名字来源于后来当地"风暴之神"塔欣的传说，这座城市就是为了纪念他而建立的。考古学家和历史学家不能确定韦拉克鲁斯地区的文化属于哪个民族。有些因素表明属于托托纳克人。托托纳克人现在还居住在这片地区，但是除了西班牙人托尔克马达在其著作中提到过，并没有其他证据表明他们的祖先在古典时期就已经在此定居。一些考古学家支持这种观点，而另一些人并不这样认为，他们更倾向于认为属于"韦拉克鲁斯文明"。

地处热带山谷的埃尔塔欣在古典时期晚期发展到了顶峰。考古证据表明，它的巅峰期并不短暂，因为从

上图 古典时期，韦拉克鲁斯地区，尤其是雷莫哈达斯（Remojadas）地区，创造出一种独特的陶器生产风格。这个极其精致、逼真的女性陶塑就是其中一个代表。如同此例，这些小雕像通常刻画的都是衣着优雅的女性，她们手臂展开，嘴巴张开，表情几乎都是面带微笑，抑或是大笑。彩色装饰的痕迹依然清晰可见。

下图 韦拉克鲁斯的埃尔萨波塔尔（El Zapotral）地区曾出土了一大批陶土雕塑，这一坐像就是其中之一，时间可以追溯到700年左右。当时这个地区很可能住着托托纳克人。这一人物戴着精致的头饰，眼睛周围戴着奇怪的圆环，不知道代表着何种意义。

这个出自古典时期的陶土人头像也来自韦拉克鲁斯地区，令人难以忘怀。人物眼睛空洞，嘴巴半张，牙齿外露，这些特征可能暗示着这幅雕像刻画的是位死者。韦拉克鲁斯地区男性和女性形象的表现风格与中美洲的其他任何地区都有所不同。

1300 年埃尔塔欣才逐渐开始衰退。该地区最壮观的建筑就是壁龛金字塔,可以追溯到城市的发展成熟期。金字塔神庙的周围有 365 个壁龛,毫无疑问与太阳历的 365 天有关。有人认为,这座建筑不仅是一座宗教神殿,而且还能用来精确地计算时间。

与球赛有关的图案和物品经常出现在埃尔塔欣的艺术品中。这个石轭就是用石头复刻了球场球员佩戴的保护皮带。

还有一些寺庙虽不如壁龛金字塔那么令人印象深刻,但是也同样以壁龛作为装饰。同时,还具有起源于特奥蒂瓦坎的风格元素,比如斜坡-平板结构:在倾斜的石墙上放置了一块矩形平板。

然而,这一神秘文明最突出的特色也许是球赛。在埃尔塔欣至少发现了 11 个球场,这表明这种仪式性运动在埃尔塔欣比在中美洲的其他中心占有更重要的地位,以至于这一运动变成了一种真正的崇拜。大型仪式性比赛可能就在埃尔塔欣举行,吸引了很多附近的居民前来参与。

这种仪式性球赛让韦拉克鲁斯中部地区的文化传遍了整个中美洲,远至墨西哥西部地区。与仪式性球赛最密切相关的艺术品是一系列技艺极为精湛的石雕。这些所谓的"轭""掌状石""斧头"是用石头复刻出的祭祀物品,其原件是皮革和木制的球场设备。马蹄形的轭是球员佩戴的厚实的保护皮带的复制品,斧子用作计分器,而细长的掌状石可能是胸甲的复制品,插在轭里面。

这些艺术品生产数量庞大,遍布整个中美洲。其象征意义和仪式意义体现在极其精美的装饰上,运用了丰富的动物和拟人化图案,以及惟妙惟肖的人物,复杂交织的螺纹则加深了这些艺术品的意义。韦拉克鲁斯文明中还有其他著名的艺术表现形式,包括陶器,特别是所

这个托托纳克陶器可以追溯到古典时期。外表虽然简单,但是上面的浮雕让人想起埃尔塔欣文化背景下那些复杂的石器装饰。

"斧子""轭""掌状石"都是祭祀用品，是用石头复刻出的球员在比赛中实际使用的设备，这些设备都是用易腐材料制成的。人们认为斧子是用来计分的。这个头状雕塑也许代表了球员。这些东西经常出现在墓穴中。

谓的"笑俑"。纺织品也很出名,有一种类似织锦的材料正在发掘中。在拉斯希格拉斯(Las Higueras)这个地方,发现了韦拉克鲁斯文明中最精美的壁画。

后古典时期之初,韦拉克鲁斯北部出现了新的文化因素,其中有些因素与瓦斯特克人有关。只有一些零星的证据可以证明埃尔塔欣地区确实存在过瓦斯特克人。瓦斯特克人是个讲玛雅语言的民族,但是从900年左右开始,他们就发展出了独立的艺术表现形式。瓦斯特克人一直和埃尔塔欣地区发现的各种圆形建筑有关联,这些建筑都是用来表达对羽蛇神的崇拜的,这也说明瓦斯特克人与图拉以及奇琴伊察的托尔特克人有着非常密切的联系。

瓦斯特克人最擅长的一种艺术形式是巨石雕像。这些雕像一般具有拟人化的特征,结构坚固、简练,背上通常会背着第二个雕像:孩子或者骨架。人们认为这些雕像代表了统治者及其继承人或者祖先的双重形象。1400年左右,阿兹特克人将领土扩张到瓦斯特克地区,他们无疑继承了这种石雕的风格模式。

后古典时期,瓦斯特克人出现在韦拉克鲁斯地域。他们最重要的艺术形式之一是三维石雕,这尊跪像就是典型的一个。

右上图　这座瓦斯特克的三维雕像非常坚固结实,巨大无比,人们猜测是阿兹特克的风格。它刻画了一位墨西哥诸神中的神灵龙舌兰酒神,他胸前的兔子透露了这一信息。

右下图　另一个典型的瓦斯特克艺术品就是这座雕像,刻画的是一位女性,从她那类似于玉米芯的尖尖的头饰可以看出刻画的是墨西哥的嫩玉米女神希洛内。

这个奇特的瓦斯特克陶器已经确认是骨灰瓮或者香炉。这件艺术品仍然保留着明亮的彩色装饰痕迹。人物的面部特色和装饰非同寻常，表明这位神灵鲜为人知，样貌怪异，嘴里似乎会喷出火焰。

特奥蒂瓦坎，众神之城

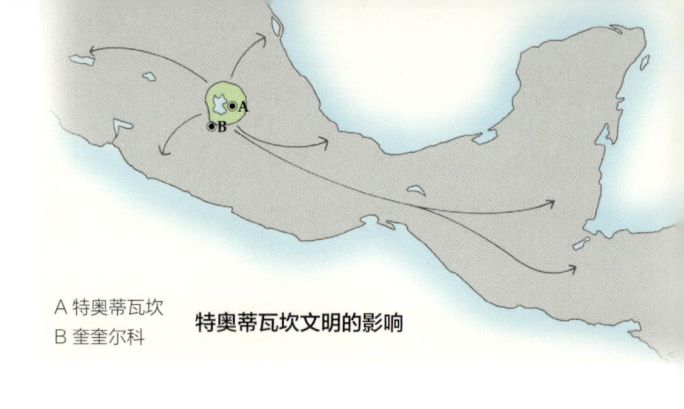

A 特奥蒂瓦坎
B 奎奎尔科

特奥蒂瓦坎文明的影响

这座精美的陶土雕塑具有典型的特奥蒂瓦坎艺术风格，属于一组名为"圣骨匣"或者"宿主"的雕像作品。在这些雕像刻画的人物中，他们胸前雕有一个奇怪的洞，里面又刻有一个雕像，也许是某位神灵。

前古典时期晚期，墨西哥中部的两个村庄扩张并发展成了真正的宗教中心：奎奎尔科和特奥蒂瓦坎。在奎奎尔科的遗迹中，发现了一个巨大的阶梯式平台，附带一个圆形的基座，用石头砌成，而且配有坡道。在该遗址的考古发掘中，发现了火山爆发造成的剧烈破坏的痕迹，时间可追溯到100年。这座城市被完全掩埋后，幸存的居民可能逃到了特奥蒂瓦坎寻求庇护，这也是该地区的第二个中心，位于特斯科科湖附近。特奥蒂瓦坎最古老的金字塔兴建于200年到300年之间，晚于奎奎尔科的金字塔。这些金字塔也是用石头砌成的，但因其方形底座而显得与众不同。

古典时期之初，特奥蒂瓦坎发生了深刻的变革，原来的小型仪式中心迅速转变为一个真正的"大都市"。主干道"亡灵大道"，纵贯南北。250年左右，特奥蒂瓦坎迎来了它最辉煌的

这个美丽的彩陶香炉来自特奥蒂瓦坎，时间可以追溯到600年左右。这个香炉顶部的盖子装饰精致，五颜六色，具有特奥蒂瓦坎的风格。而这一艺术品可能象征着寺庙建筑，图案可能和特拉洛克神崇拜有关。

时期，最著名的金字塔兴建了起来：太阳金字塔、月亮金字塔以及羽蛇神金字塔。羽蛇神金字塔上有很多栩栩如生的雕像装饰，它也是墨西哥中部最壮观的建筑之一。

一系列砖房开始取代原来用易腐材料搭建的茅屋，这些砖房可以说是真正的宫殿。500年至700年间，这座城市规模达到了最大，人口预估在20万左右。一些老建筑重建了起来，住房也聚集在一起，细分成了许多公寓。

尽管从特奥蒂瓦坎看到了许多外来的影响，但是对于那些建造了中美洲最大、最繁荣、最壮观的城市的人，他们确切的身份还存在争议。有些人认为这些人是奥托米人，还有些人认为他们是讲纳瓦特尔语的人，又或是阿兹特克人的祖先。但是这些仅仅是猜测。

特奥蒂瓦坎艺术蕴含了多种多样的文化因素。羽蛇神的图腾意义重大，后来在后古典时期对羽蛇神的崇拜通过托尔特克人得到了传播。神庙和墓穴内墙上的壁画精妙绝伦，进一步提供了关于特奥蒂瓦坎宗教的很多细节。在这些壁画中，最著名的就是"雨神天堂"，栩栩如生地描绘了一个精神王国，曾经有人认为它与雨神和多产之神有关，现在这位中心人物已经确定为"蜘蛛女神"。

在众多艺术表现形式中，具有特奥蒂瓦坎人典型特色的是用各种材料制作的陪葬面具。这里展示的是个翡翠面具，非常精美。残存的耳朵上有一个穿孔，原来是用来挂吊坠耳环的。特奥蒂瓦坎人和其他中美洲人一样，会将用珍贵材料制作而成的面具放在已故贵族的脸上，而这些贵族还会和其他珍宝一起下葬。相比之下，那些普通阶层的人嘴里含着一枚简单的圆片，作为他们前往地下世界的祭品。

特奥蒂瓦坎居民除了在建筑设计上出类拔萃，比如斜坡－平板等创新结构，在许多其他艺术形式方面的表现也非常卓越，例如加工制作类似黑曜石的半宝石、编织，以及制陶。非常典型的艺术品有石头、彩绘陶制陪葬面具以及色彩鲜艳的圆柱形三足容器。

鉴于这些艺术品分布广泛，有人认为特奥蒂瓦坎不仅仅是个富有的大都市，在几百年里，它也是个商业中心、重要的宗教中心、大女神的祭祀之地，可能还是朝圣者的目的地。商人和牧师可能是最负盛名的社会阶层，他们主要推动了特奥蒂瓦坎的物质文化和意识形态向包括玛雅人在内的其他民族的传播。

公元650年至750年的某个时期，特奥蒂瓦坎遭到了洗劫和破坏，这也许是北方的奇奇梅克人干的。公元900年后，这座城市遭到了彻底的抛弃，而幸存者可能承担起了将崇拜羽蛇神的传统传承给图拉的托尔特克人的责任。

图拉 TULA

埃尔塔欣 EL TAJIN

特奥蒂瓦坎 TEOTIHUACAN

特诺奇蒂特兰 TENOCHTITLAN

卡卡斯特拉 CACAXTLA

霍奇卡尔科 XOCHICALCO

拉文塔 LA VENTA

阿尔班山 MONTE ALBAN

米特拉 MITLA

前哥伦布时期墨西哥主要的考古遗址

墨西哥湾

乌斯马尔 UXMAL
奇琴伊察 CHICHEN ITZA
杰纳岛 JAINA
卡巴 KABAH
萨伊尔 SAYIL
图伦 TULUM

帕伦克 PALENQUE
埃尔米拉多尔 EL MIRADOR
瓦哈克通 UAXACTUN
博南帕克 BONAMPAK
蒂卡尔 TIKAL

洪都拉斯湾

科潘 COPAN

太平洋

玛雅，占星家

这个著名的陶制香炉发现于后古典时期玛雅文明中最后一个据点玛雅潘。它描绘的是雨神查克，又或是他的一位祭司。

几个世纪后，玛雅文明成为前哥伦布时期中美洲最壮观、神秘的文明，这一文明最初的痕迹可以追溯到前古典时期晚期。大约从300年开始，在恰帕斯高原和太平洋沿岸，一些村庄扩大发展成了更大的中心。正是在这种情况下，我们发现了玛雅文化最初的证据，其中一部分受到了奥尔梅克传统的影响。前古典时期，玛雅最重要的中心分别为伊萨帕、埃尔包尔（El Baúl）、卡米纳尔胡尤。

伊萨帕可能是最早建立的，土丘连绵不断，地面铺设着鹅卵石和石板，时间可以追溯到公元前800年。伊萨帕最具特色的就是石雕——石柱和祭坛上的浮雕，与宗教和后来几个世纪中确立的宇宙观紧密相关：宇宙树、早期的雨神查克，还有在玛雅最伟大的圣经《波波尔乌》中发现的一些神话主题。尽管伊萨帕的石碑和特雷斯萨波特斯的奥尔梅克石碑在风格上有许多相似之处，但前者在装饰上更为丰富。

卡米纳尔胡尤坐落在今危地马拉城的边缘，崛起于公元前400年左右。在这里，很多雕塑刻画的都是一些贵族和统治者，这些往往都具有神圣的属性，比如，鸟神的面具，还有很多丰富的陪葬品。这些雕塑都见证了一个统治阶级的成功，他们拥有绝对的权力以及一定的神圣性。

最古老的象形文字和数字符号发现于在高原地区建立的最早的玛雅遗址。这表

A 兹比尔查
　尔顿
B 乌斯马尔
C 卡巴
D 拉布纳
E 图卢姆
F 萨伊尔
G 埃兹纳
H 帕伦克
I 彼德拉斯内
　格拉斯
J 瓦哈克通
K 蒂卡尔
L 亚斯奇兰
M 博南帕克
N 基里瓜
O 科潘

左图　这件艺术品同样与查克神的图像有关，由木头雕刻而成，表面覆盖着灰泥，颜色为绿色。年代可以追溯到古典时期，出土自在蒂卡尔发现的一座皇家陵墓。

下图　这是在玛雅潘出土的一个香炉，它的侧面像突出了神灵长而弯曲的鼻子，蓝绿相间的颜色与肥沃的水源有关。在之后的时代里，香炉也用于净化仪式。

明文字、历法研究和雕塑都是在这个区域发展起来的。

古代玛雅低地中心具有不同的特点：埃尔米拉多尔、塞罗斯（Cerros）和瓦哈克通建造了很多石头金字塔，外墙上装饰着神灵头像的灰泥面具。低地建筑有一个新特色那就是假拱，古典时期广泛流行。

至今也没弄清楚，玛雅文明最早期的一些中心，比如塞罗斯和重要的埃尔米拉多遗址，在经历了几个世纪的辉煌发展之后为何遭到了抛弃。古典时期之初，大约250年，几个世纪前在热带低地建立的玛雅中心也开始扩张，并且也诞生了其他中心，这些中心在500年左右达到了权力的顶峰。在茂密的丛林中，我们仍然惊叹于一些遗迹见证了蒂卡尔、卡拉科尔、科潘、亚斯奇兰、博南帕

克、卡拉克穆尔和其他城市的古代盛世。

直到大约 30 年前，玛雅的历史仍然是个谜团。但是，随着人们不辞辛苦地研究刻在石碑上的文字，并将它们一一破译，我们已经对玛雅文明有了相当多的了解，并且能够再现它的发展历程。

在前古典时期晚期，村庄发生了变化，原来聚集在寺庙和仪式性建筑周围的农村中心扩大并发展成巨大、复杂的城市定居点，后来逐渐变成了真正的城市。住宅区分布在宽阔平坦的公路周围，围绕着由卫城、院落、广场和圣地组成的中央核心区而建。村庄继续围建在城市周围，人们的主要资源以精耕细作为主。蒂卡尔是玛雅最大、人口最密集的城市，拥有四万城市人口，五万农村人口。刻在石碑、神庙和祭坛上的象形文字记录了历史，叙述了统治王朝的故事，统治者们的出生、加冕和战争事迹，每个事件都记载了确切的日期。

古典时期，玛雅文明扩展到了今墨西哥、危地马拉、伯利兹、洪都拉斯和萨尔瓦多等地区。玛雅并不是一个统一的帝国，而是由几十个城邦组成，有些城邦还组成了联盟。一些专家解读了最近刚破译的文字，表明许多城邦分为两个联盟，以蒂卡尔和卡拉克穆尔为首。这种联盟可能具有军事性质，建立在进贡和外交联姻的基础上。

每个城市都由一个拥有绝对权力的统治者管理，他是民政管理的负责人，很可能是祭司，同时也是军队的总司令。在人们的眼中，玛雅国王和埃及法老一样，代表着权威，拥有近乎神圣的领袖魅力。他们在宫廷里过着奢华的生活，身边有一个或者多个妻子、

这个巨大的香炉代表了另一位玛雅神灵：它的图像与太阳神密切相关，玛雅人称之为克尼切·阿瓦（Kinich Ahau）。这个陶器高 1 米，发现于古典时期繁荣的帕伦克城。

此为香炉表面的细节图。可以清楚地看到原先覆盖在容器上的蓝色痕迹。玛雅人白天和夜间都崇拜太阳。在晚上，太阳神变成地下世界的美洲豹神。

这个古典时期的玛雅墙壁浮雕上刻画了一位贵族端坐着接受另一位站立者的敬意。这个浮雕仍然保留着明亮的彩色装饰的痕迹，这些装饰曾用于所有的纪念性建筑上，但是现在都已经消失了。

这件古典时期的玛雅陶塑描绘了一位坐在王座上的达官贵人。他的服装和精致的头饰表明了他的身份地位：宫廷成员和贵族精英。

子女、王位继承人，还有一群官员、仆人、祭司，以及诸如陶艺家、织工、画家和珠宝匠等艺术家。他们可能还拥有奴隶，那是一群在战斗中被打败、抓获的敌人。

玛雅社会的等级制度非常严格，细分为多个阶级，包括工匠、商人和农民。根据文献记载，玛雅并不像人们曾经认为的那样和平。城邦之间经常发生冲突，要么是因为一些小摩擦，要么是为了扩张自己的领地，又或是为了进行祭祀活动和人祭活动而抓捕高级囚犯。

和平时期，统治者，包括临时的女王，一心追求让他们的宫廷和城市变得更加辉煌壮丽。他们建造神庙供奉神灵，设立祭坛，用精美的浮雕装饰石柱，石柱上还刻有文字，提升他们光辉的形象。统治者还不断扩建仪式中心，新建球场和办公用房。

除了宏伟的建筑遗迹、壁画、陶器和丰富的丧葬珍品外，玛雅人还给后世留下了很多伟大的发明，玛雅文明也被视为前哥伦布时期美洲最卓越的文明。这些发现很大程度上归功于奥尔梅克文化遗产以及与其他民族的交流，比如特奥蒂瓦坎和韦拉克鲁斯中部的居民。玛雅人也非常擅长天文学、历法和数学。他们比印度的科学家早了好几个世纪"发明"了零的概念。西班牙征服者到来后进行了大肆破坏，手抄本也只有少数几本残存于世，在这些罕见的手抄本中，绘画图像和象形文字符号说明了玛雅人在天文学和占星学领域掌握的知识非常令人惊讶：日常事件、战争、节日以及对神灵的崇拜都与根据各种历法周期计算的时间流逝有关：260天的仪式历、365天的市民历，以及长计历。

这是一个彩绘赤陶香炉：圆柱形的容器上雕刻着一张脸，而封盖上面描绘了一个巨大的生物，是一种美洲豹，穿着一身宽松的长袍，可以解释为萨满或者祭司正在变身为纳瓦尔动物。在漫长的仪式后，纳瓦尔动物帮助萨满直接与神灵交流。

玛雅人还创造出了一种复杂的文字系统，包括语法和句法，直到最近才破译出来。多亏了许多美国、俄罗斯和其他欧洲国家专家孜孜不倦的工作，现在至少可以将一些复杂的事件、地点、日期和历史人物再现出来，这些构成了玛雅文明的历史。

古典时期，由精英祭司组成的宗教仍然与古代萨满仪式有关，这种仪式基于纳瓦尔信仰（神灵通过附在强大的动物上现身于人），精神恍惚、禁食和食用致幻物质也包含在内。最受崇拜的神灵都是那些与农业和多产有关的，比如雨神查克和玉米之神。同样重要的还有太阳神、月亮女神以及创世神伊察姆纳。

玛雅人的政治势力、文化影响力于800年左右到900年开始衰落，同时迎来了后

玛雅人非常擅长加工燧石和黑曜石，经常创造出名为"怪石"的奇怪石头，其中有一些可能是权杖。这里示出的石头可以清楚地看到两位人物的轮廓，非常精致。

57

1952年，墨西哥考古学家阿尔贝托·鲁斯（Alberto Ruz）在帕伦克发现了帕卡尔国王的陵墓。在这位著名统治者奢华的陵墓中，发现了丰富的陪葬品，其中有两个真人大小的灰泥头像，其中一个就如这里所看到的。人们认为这些头像描绘的是已故的国王，也许还有他的妻子。

古典时期。大多数强大的低地中心逐渐遭到了遗弃，只有塞巴尔（Seibál）例外，这个地方一直蓬勃发展着，可能是与普顿地区的人民开展文化交流带来的刺激影响令塞巴尔这一地区一直欣欣向荣。不再有新的纪念碑建立起来——最新的纪念碑发现于托尼纳（Toniná），上面刻着的日期为909年，标志着古代统治王朝的结束。人们提出了大量的假设来解释它经历了几个世纪的辉煌之后崩溃的原因，或者更准确地说，是玛雅文明衰落的原因。然而，这个问题还未得到令人满意的解释。玛雅文明的衰落很可能不是单一原因造成的，而是由一系列因素累积而成。有人认为，接连不断的歉收造成了粮食短缺、人口下降和贸易链中断。与此同时，王朝间争斗不断，城邦之间为了争夺领土统治权，冲突日益激烈。这些因素也许破坏了玛雅政治制度的基础，并导致了它的衰落。尽管低地遭到遗弃，玛雅文明并没有消亡，因为尤卡坦地区的新兴城市繁荣了起来：乌斯马尔、萨伊尔和拉布纳的建筑被称为普克建筑风格成熟的典范，这种建筑风格在今梅里达城市以南的地区非常流行。

　　从1000年左右开始，奇琴伊察不断扩张，成为玛雅人最后一处堡垒的首都。然而，尤卡坦中心的发展受到了北方托尔特克人的军事和文化影响。

这个灰泥头像也有可能刻画的是一位玛雅贵族。作为随葬品的一部分，这件艺术品发现于科马尔卡尔科，时间可以追溯到古典时期中期。环绕头像的是统治者在加冕礼上得到的一种箍带。

这个香炉发现于比亚埃尔莫萨，属于古典时期玛雅陶器的一个范例。这个多彩陶塑看上去庄严肃穆，也许是一位祭司，镶嵌在一个复杂的涡旋图案框架内，这一风格可以说是"巴洛克"风格。

59

后古典时期，托尔特克人和玛雅－托尔特克文明

■ 托尔特克人
■ 玛雅－托尔特克人
→ 猜测的托尔特克人迁徙路线
A 图拉
B 奇琴伊察

在西班牙征服之前的几个世纪里，托尔特克人填补了中美洲的权力真空。关于他们起源的那些事迹一直被人传说，在历史和神话之间不断变化。到了18世纪，这些传奇故事仍然在尤卡坦人中代代相传。

自900年左右，一个新的时期开启了。这一时期发生了不少种族和文化动荡，见证了很多伟大的文明开始衰落并且最终消亡。这一时期被称为后古典时期，是中美洲前哥伦布文化的最后阶段。导致这些动荡的其中一个因素来自纳瓦族群的移民，他们来自北方，也就是墨西哥北部以外的地方。阿兹特克人称他们为奇奇梅克人，在纳瓦特尔语中意为"狗人"。在文字记载和口头传说中，人们称他们为"野蛮人"，因为他们没有建立城市，性格好战，常用弓箭之类的武器作战，这些武器在当时的中美洲还不为人知。

在西班牙征服之后，文献皆用纳瓦特尔语记载，却使用罗马字母记载下有关奇奇梅克人及其相关民族的历史信息。传统留下的记录经常是互相矛盾的，最可靠的资料大都

在玛雅神话和宇宙起源论中，地球表面是凯门鳄的腰背或者乌龟的壳。这个发现于霍奇帕拉（Xochipala）的雕塑，时间可以追溯到后古典时期，展现了一只独具风格的海龟。

这是后古典时期托尔特克彩色陶土雕塑。从其面貌来看，尤其是眼睛周围的圆环，表明这一雕塑刻画的是雨神特拉洛克。

记载在《库奥蒂特兰年鉴》（Annales di Cuauhtitlan）中。这些资料讲述了950年，奇奇梅克的野蛮人如何在一位名叫燧石云蛇（Mixcoatl ce Tecpatl）的冒险家的带领下，进入墨西哥中部高原。这位冒险家名字的意思是"一把祭祀刀"。他在征服了当地人民和许多城市，包括霍奇卡尔科和乔卢拉之后，选择了特斯科科湖东岸的科尔瓦坎（Colhuacan）作为首都。他在这里娶了一位公主，生了一个儿子，名叫托皮尔岑（Topiltzin），出生于1芦苇年。正是围绕着这位传说中的，甚至可能历史上存在的人物，后古典时期的历史和传统才得以延续。他成为起源于特奥蒂瓦坎的羽蛇神的祭司，10世纪末，于墨西哥中部平原上建立了一个新的首都，叫作托兰（Tollan），后来西班牙人重新命名为图拉。他的人民、追随者，还有臣服于羽蛇神的人民，都取名为托尔特克人，这一词来自纳瓦特尔语的 Toltecatl，意思是"优秀的艺术家"。从历史上看，托尔特克文明可以视为一种伟大的统一力量。在其权力鼎盛时期，托尔特克在兼并了特奥蒂瓦坎的幸存者之后，其统治范围扩展到整个墨西哥西部、尤卡坦和瓦哈卡地区。

图拉的遗址位于今伊达尔戈州，这座城市过去竖立着众多宏伟高耸的建筑，但实际上，那些高耸的建筑反映出这座城市规模不大，具有典型的中美洲特征，比如球场。一起发现的还有些新元素，比如**查克穆尔（Chacmool）**祭坛。托尔特克的宗教图像似乎富含特奥蒂瓦坎的元素——主要与羽蛇神有关。

根据口头传说和考古证据，我们可以再现托尔特

这个小圆柱形容器的浮雕装饰让人想起古代的宗教图案，这些图案从玛雅流传到了托尔特克。浮雕上刻画了一个人物，他长着像猫一样的牙齿，眼睛周围有一圈圆环，手持一根蛇形权杖。

这个托尔特克的陶制酒杯上刻画了两个高层人物，其中一位留着胡子，他们正在热烈讨论。这件艺术品精致的浮雕装饰与简单的样式相结合。人物头上的鸟类头饰刻画得非常细致。

这个托尔特克容器看上去有些怪异，外表和风格似乎比古典时期的玛雅陶器简单得多，也没那么精致。这个容器描绘了一只脖子上系着绳索的小狗。

克族群从图拉开始扩散的概况。1000年左右，随着托尔特克人与尤卡坦玛雅人进行了少量的文化接触之后，他们占据了该地区的主导地位。在这一点上，奇琴伊察的遗址发挥了主要作用。奇琴伊察成为中美洲面积最大和力量最强的城市。由于这些发展，尤卡坦的最后一个玛雅堡垒被称为玛雅-托尔特克文明。

首先是在奇琴伊察，但是也有很多其他地方引入了新的建筑元素和图像元素，还融合了现有的低地文化元素。玛雅的一些神灵被一种新的崇拜所取代，这种崇拜——羽蛇神崇拜，在墨西哥由托尔特克人迅速传播开来。羽蛇神在纳瓦特尔语中意为"长着绿咬鹃羽毛的巨蛇"，玛雅人称之为"库库尔坎"。这位神灵的图像在古典时期比其他古代神灵更受欢迎。

曾有两个传说，听起来既复杂又有趣，故事围绕着托尔特克帝国创始人的命运展开，他既是君主也是神圣的祭司。羽蛇神被视为一位先知，他来到图拉，带来了艺术和科学领域的各种知识。后来，他在邪恶的骗子特兹卡特利波卡的强迫下，

左上图　球赛起源于古代，这项运动一直持续到西班牙征服时期。这件雕刻成鹦鹉头形状的石器是记分牌。它来自霍奇卡尔科，特奥蒂瓦坎衰落后这个城市繁荣了起来。

左下图　托尔特克艺术，一般来说，风格严谨、朴素，偶尔会比较复杂、精致，正如这座雕像，上面覆盖着珍珠母鳞片。描绘了一个人，也许是托皮尔岑·魁扎尔科亚特尔，戴着一个动物头饰，一些人认为是羽蛇神，但另一些人认为是土狼。

右图　托尔特克人引进了古典时期玛雅人的仪式和习俗中所不具有的艺术表现形式。用石头雕刻而成的查克穆尔雕塑，也许是一个祭坛，刻画了一位半躺卧着的男性，后背直立，双腿合拢，头转向一边，正如这个来自图拉的石像。

在霍奇卡尔科发现的"四象形文字石"（Stone of the Four Glyphs）是一块历法石碑。一面是4个与日期有关的象形文字：5芦苇，4兔子，7爬行动物的眼睛，6A。

离开了图拉，前往大西洋海岸。据传说，他在那里升入了天堂，变身为晨星。

这个传说的另一种版本讲述了羽蛇神在离开图拉之后，乘上了一艘巨蛇之筏向东航行。当他到达尤卡坦时，他在这里开拓殖民地，向奇琴伊察的人民传播新知识。在这些关于羽蛇神库库尔坎的神秘传说中，我们还可以读到关于好战的托尔特克人入侵、征服玛雅尤卡坦城市的故事。

在奇琴伊察，除了羽蛇神的图像外，还发现了另一种新的宗教习俗的证据——对圣井［Sacred Cenote，参见（**天然井 Cenote**）］的崇拜。圣井是用来供奉雨神查克的。将无数牺牲者扔进井里，把他们淹死在深不见底的浑水中，献祭给神灵。

在玛雅遗址中发现的后古典时期的建筑和雕塑有很多创新元素，展现了玛雅的军事力量。然而，与玛雅统治者相比，墨西哥的勇士之王并没有通过表现自己或者他们的王朝来提升他们的威望——至少还没有发现这样的图像或者铭文。

一些古典时期不常见的祭祀活动，比如撕裂活人心脏，在托尔特克的统治下允许大规模地进行。牺牲者仍在跳动的心脏可能会放置在查克穆尔雕塑上。另一个与活人祭祀有关的是特佐姆潘特利［或称之为"头骨架"，参见**特佐姆潘特利（*Tzompantli*）**］，一种木制的架子，其石头复刻品留存了下来，它用来陈列敌人或者球赛失败者的头颅。

大约在公元1200年之后，图拉和奇琴伊察这两个强大的城市开始缓慢衰落。尤卡

这张圆盘的中心曾经可能是一面黄铁矿镜子，圆盘由木头制成，上有绿松石和珊瑚镶嵌构成的蛇形马赛克图案。这也许是玛雅－托尔特克艺术中最复杂的艺术品之一。

这个像巨石一样的雕塑，坚硬无比，是奇琴伊察武士神庙中王座平台的一个支座。年代可以追溯到11世纪到12世纪之间的时期。

坦的统治地位由玛雅潘取代，玛雅潘这个坚固的要塞由一个名为科科姆（Cocom）的家族统治。就在欧洲人征服玛雅潘之前不久，另一个组织"修"发动了一场起义，摧毁了玛雅潘。随后，玛雅潘也被遗弃了。

当第一批西班牙人登陆墨西哥海岸并开始探索这片土地时，蒙特祖马二世的阿兹特克帝国正处于权力的巅峰。相比之下，几乎所有的古玛雅和托尔特克城市都成了废墟，周围村庄里的居民仍然会前往奇琴伊察的圣井朝圣。他们保存着珍贵的文献，也就是手抄本，里面记载了他们玛雅人祖先的秘密、科学和宗教。但几乎所有的手抄本都被西班牙征服者烧毁了，征服者们认为这是魔鬼的杰作。幸存下来的手抄本寥寥无几，古代抄写员记录的那些不可替代的资料因为这种肆无忌惮的破坏而丢失了。1524年，在高地地区，西班牙人与伊西姆切（Iximché）的卡克奇克尔（Cakchiquél）结盟，在乌塔特兰打败了基切玛雅人。在接下来的一个世纪里，有关玛雅预言和创世神话的古代圣经《波波尔乌》和《奇兰·巴兰之书》转录成了罗马字母。这些圣典，以及迄今为止发现的四部手抄本，对了解玛雅人的意识形态、宗教崇拜、宇宙进化论和天文学等遗产有一定帮助。

托尔特克人给奇琴伊察的艺术和建筑加入了一些新的元素。其中，从动物口中露出人头的元素经常出现。毫无疑问，这些雕塑的象征意义与斩首和人祭之类的血腥仪式密切相关。

阿兹特克人组建了很多军队，由一群最凶猛的战士组成，他们组织严密、训练有素。组建军队不仅是为了领土扩张，也是为了抓捕敌人俘虏以供献给神灵。阿兹特克的军队可分为不同军团：这尊特诺奇蒂特兰的陶土雕塑刻画了一位鹰战士。

阿兹特克人，崇拜鲜血的民族

A 特诺奇蒂特兰/特拉特洛尔科

阿兹特克是西班牙征服殖民之前，前哥伦布时期墨西哥的最后一个帝国。他们的起源，如同托尔特克人一样，充满了神话和传说。据编年史记载，这是一个讲纳瓦特尔语的民族，可能是最后一批从北方迁徙而来的奇奇梅克人，在特斯科科湖湖岸定居了下来。这些人称自己为"墨西卡人"，他们给自己建造的城市起名为墨西哥·特诺奇蒂特兰，后来西班牙人简称为特诺奇蒂特兰，接着又改名为墨西哥。墨西卡人曾有一个传说，讲述了有一个假想之地叫作奇科莫兹

左图 阿兹特克人的历史和思想已经由他们编写的手抄本传承给了我们：这一页来自《博图里尼手抄本》，描绘了阿兹特克人漫长迁徙中的一小段旅程。

右上图 《门多萨手抄本》的开篇描述了阿兹特克首都特诺奇蒂特兰建立的传说。

右下图 阿兹特克的历史也由一些殖民时期的西班牙编年史家记录了下来。这里展示的是来自迭戈·德·杜兰（Diego de Durán）于1579年写的《印第安历史》，描绘了特诺奇蒂特兰的建设场景。

阿兹特克人在加工石头方面非常出色。这块玄武岩石板十分精致，令人赞叹：在几何图案的框架内，一只鹰栖息在植物上，吞食着一条蛇。

托克（Chicomotzóc）或者"七洞之地"。另一个神秘的故事是关于墨西卡人如何从他们最初的家乡阿兹特兰经过漫长的迁徙，来到这个国家的。阿兹特兰的意思是"白色岛屿"，也是欧洲人称呼他们"阿兹特克"的来源。

通常情况下，如果传说中藏着一个历史真相，那么墨西卡人最初的故乡很可能是一个遥远的岛屿。根据一些传说，他们进入墨西哥之后，最终到达了图拉，在那里他们获得了有用的知识，文明程度得到了提高。到达图拉也许隐喻地象征着从游牧生活到定居生活的转变，这可能是与残存的托尔特克人接触的结果。然而，阿兹特克人的目的地是特斯科科湖。在这里，祭司们供奉着他们的部落之神维齐洛波奇特利的肖像。在经历了无数次的变迁和与邻近部落的领土争斗，特别是与好战的特帕内克部落的争斗之后，阿兹特克人遵循神的旨意，在一些沼泽岛屿上建立了他们的首都，并以领袖特诺克的名字命名为特诺奇蒂特兰。传说几年后，有一群人脱离出来，建立了第二座城市特拉特洛尔科。然而，考古证据却呈现出不同的情况，表明特拉特洛尔科的废墟实际上比特诺奇蒂特兰的还要古老，属于特帕内克文化。因此，我们可以合理地假设，特拉特洛尔科居民接受了阿兹特克殖民者或者被阿兹特克殖民者征服了。我们都知道，阿兹特克人在1428年彻底击败了特帕内克人，从那时起，他们开始大力推行具有双重目的的扩张主义政策。其中一个目标是开辟新的贸易路线和征收贡品，首先是从邻国开始，然后再到更远的地方，即海湾沿岸和韦拉克鲁斯地区。

在阿兹特克社会中，有一个名叫**波其德卡**（*Pochteca*）的组织，成员都是一群商人。他们长途跋涉购买奢侈品，从而推广了经济和军事扩张政策，为特斯科科湖人民建设未来的帝国奠定了基础。

多年来，阿兹特克人扩充了他们的宗教神灵，吸纳了新的神灵和崇拜传统，这些都来自他们征服过的、被迫给他们进贡的民族。然而，他们自己主要供奉维齐洛波奇特利神，他是太阳战神和部落祖先神，但是并没有找到关于这位神灵的记载。

在特诺奇蒂特兰的圣地，阿兹特克人建造了一座巨大的金字塔形神庙，西班牙人将其命名为大神庙。这座寺庙的主立面位于一块朝西的巨大平台上，两条楼梯通向上层，上层建有两个圣殿。南边的圣殿供奉着维齐洛波奇特利；北边供奉着雨神特拉洛克，从最早的时候起，整个中美洲都在崇拜他。考古研究发现这个阿兹特克宗教中心重建了七次：经过小心地挖掘后，两个圣殿标记为"第二阶段"，时间可追溯到1390年。

阿兹特克人信奉的神灵之一西佩·托特克，字面意思是"我们的剥皮之主"，这位神灵起源于格雷罗，后来米斯特克人借用为金匠之神。

在阿兹特克神灵中，其他经常出现的神灵还包括与命运有关的"烟镜"特兹卡特利波卡、大地和多产之神科亚特利库埃、死亡之地的领主米克特兰特库特利，以及龙舌兰和普逵酒的守护神玛雅胡尔（Mayahuel）。普逵酒是一种用龙舌兰制成的酒精饮

与鹰和美洲豹一样，土狼也是阿兹特克人的代表动物之一。这只身上覆盖着火焰或者羽毛的土狼是阿兹特克人石雕技术的另一个代表。

这个方形石座上的装饰图案意义明确，与阿兹特克历法有关。石座中央刻在低浮雕上的动物是一只兔子，指的是一个日期，意为"1兔年"，在我们的历法中相当于1480年。阿兹特克的年份由四个象形文字命名："房屋""兔子""芦苇""燧石"。

料。阿兹特克人的宗教活动很快就对他们统治的人民表现出专横和独裁的一面，他们被强迫信奉维齐洛波奇特利，并为了这位神灵而参加人祭活动。此外，这些被统治的人民崇拜的神像也从他们的圣殿搬走，锁在了"神的监狱"中，也就是特诺奇蒂特兰一座名叫 *Coateocalli* 的建筑。维齐洛波奇特利崇拜另一个令人毛骨悚然的方面就是"鲜花战争"，或者用纳瓦特尔语说就是 *Xochiyaotl*。这些战争不是为了征服而发动的，而是为了俘获最大数量的人类牺牲者而安排的战争，这些牺牲者将被献祭出来，用他们的鲜血来祭祀神灵。

特诺奇蒂特兰的一系列统治者维持着扩张，以及宗教和政治压制的政策。1502 年，最后一位独立的阿兹特克国王蒙特祖马二世登基时，特诺奇蒂特兰帝国已经扩张到了广阔的疆域，包括墨西哥中部的大部分地区，一直延伸到了危地马拉边境。然而，特诺奇蒂特兰在这之前并没有掌握绝对的控制权，

上图　阿兹特克人将他们的历史和他们到达墨西哥的故事记录在了图文并茂的手抄本中，其中历史和传说都包含在内。然而，石头也会用来纪念阿兹特克国王的伟绩。这座纪念碑就是为了纪念蒂佐克国王和他的战果而雕刻的。

中图　太阳石是古代墨西哥最著名的图像之一，也是墨西哥阿兹特克的标志之一，石头的中心刻着太阳，又或是"大地怪物"的脸。面部周围是仪式历中 20 天的符号，尽管这块石头并不是一块能正常使用的日历石。

下图　这个用石头雕刻而成的人头，刻画的可能是国王，也可能是普通公民。其艺术表达是写实主义的。半张开的嘴巴露出了一排白色的牙齿，牙齿由贝壳制成，而眼睛里则镶嵌着贝壳和黄铁矿。

圆柱状的蒂佐克之石（Stone of Tizoc）顶端表面刻有一个太阳盘。侧边曲面刻着一圈浮雕（图片展示了浮雕局部），描绘了国王打败了代表敌对城镇的各种神灵。这块石头上刻着的日历日期为"8芦苇"，相当于我们日历上的1487年。

因为几十年前它与该地区的另外两个主要中心特斯科科和特拉科潘结成了"三国联盟"。因此，直到16世纪初，阿兹特克与其说是一个由单一君主统治的帝国，不如说是由若干城市组成的联盟，隶属小国要向他们进贡。还有一些军事据点，他们不是真正的殖民地，而是缓冲国，作为免于缴纳贡品的回报，它们要为边境提供军事防御。然而，特诺奇蒂特兰是首屈一指的，它的统治者收到的贡品比例最高，而且主要的宗教场所也坐落在那里。

这种情况并没有满足蒙特祖马二世对绝对统治的渴望，他推翻了三国联盟，将权力集中在自己手中。特斯科科和特拉科潘的地位降为了从属国。蒙特祖马二世发起了一场征服之战，对付那些尚未被兼并的人，包括瓦哈卡的米斯特克人和格雷罗的约皮人（the Yopi of Guerrero）。这场战争巩固了国家的边界，征服了叛乱的国家。与此同时，蒙特祖马二世着手将特诺奇蒂特兰打造成大城市中最典雅、最精致的城市。它建立在特斯科科湖的沼泽岛屿上，蒙特祖马二世将它改造成为一个神话般的城市，围绕着运河而建，花园数不胜数，动物园里圈养着各种各样的动物和鸟类，宫殿宏伟瑰丽，

这个彩绘陶牌的装饰五颜六色，上刻着西佩·托特克的肖像，也就是"剥皮之主"，他是阿兹特克人信奉的古代米斯特克神灵，也是植物之神和金匠的保护者。画中的他披着一张剥落的人皮。

私人建筑和金字塔庙宇鳞次栉比，令人印象深刻。通过一条巨大的石制水渠从查普尔特佩克山中的水源引水，为这座城市提供饮用水。

到西班牙征服时期，这座大都市的人口已超过20万。蒙特祖马住在一座巨大的宫殿里，这座宫殿紧挨着大神庙，住在宫廷里的还有妃嫔、权贵、仆人和奴隶。平民（*macehualtin*，音译为曼西华丁）被分成群体或部族（*calpolli*，音译为卡尔波利），每一个部落都有自己的领主。卡尔波利的成员在自己的土地上进行劳作，保留部分农产品，其余的进贡给国王。这座城市的某些区域是为外国人保留的，他们中的许多人都是工匠。在这些人中，米斯特克人作为金匠和珠宝商受到了极大的尊重。产品会在特拉特洛尔科进行展示和销售，特拉特洛尔科已经沦为首都的郊区，实际上那里的市场十分庞大。最珍贵的物品有黄金、绿松石、陶器、石制马赛克和羽毛。和秘鲁的印加人一样，阿兹特克人会将被征服者的艺术和工艺品进行改良并借鉴。

今天，除了部分大神庙之外，特诺奇蒂特兰这座古城的遗迹并没有完全展现出西班牙编年史家所描述的那般原始的辉煌和浩瀚。保存得最好的是石雕，这也许是阿兹特克最原始的艺术。它通常以宗教图像为主题，充满了力量和表现力。

也许最著名的雕塑作品是所谓的"太阳石"，这是一块巨大的圆盘，装饰意义也十分复杂，与从古老中美洲文化继承下来的历法有关，这一历法也曾被阿兹特克人采用。许多在征服战争中遗存下来的文献比玛雅人的文献保存得要好得多。他们的文字系统与米斯特克人的相似，并且很可能就源自米斯特克人。最近这一文字系统的秘密也开始被揭晓了。

阿兹特克帝国在鼎盛时期败给了西班牙征服者。1519年，西班牙军队在埃尔南·科尔特斯的领导下登陆墨西哥，受到蒙特祖马二世的热烈欢迎。蒙特祖马二世认为，这些浅肤色、留着胡须的外国人是羽蛇神的使者。经过两年的战争，科尔特斯摧毁了特诺奇蒂特兰。人口几近灭绝，甚至连蒙特祖马也未能逃脱悲惨的命运。幸存者被迫皈依天主教，并接受西班牙王室的统治。阿兹特克帝国也不复存在，成为名叫"新西班牙"的殖民地。

有两份资料可以让我们再现阿兹特克人的历史、宗教和日常生活：在大破坏中遗存下来的纳瓦特尔图画文字（pictographic）手抄本和"编年史"，这本编年史是西班牙殖民时期由西班牙传教士编写的。

死亡和与之相关的崇拜仪式经常出现在阿兹特克艺术中，形式往往令人惊讶，又令人不安。在挖掘特诺奇蒂特兰遗址时发现了这块人类头骨，虽然缺失了脑后部，但牙齿保存完好。它可能是来自某位祭祀牺牲者。两只假眼睛插入眼窝，两片燧石刀片插在鼻子和舌头上，看起来非常可怕。

墨西哥西部

A 辛祖坦

左图　墨西哥西部地区诞生了一种文化，艺术形式相对简单、通俗，它的视觉表现没有其他中美洲文明那样富丽堂皇和精致。这尊迷人的楚皮瓜罗（Chupícuaro）塑像描绘了一位双头女神。

右图　纳亚里特陶器经常描绘生活中自然状态下一对对生活在一起的夫妇和繁忙热闹的群体，直接又富有魅力。这里描绘了一对夫妇紧挨着坐在一起，女人手里拿着一个容器。他们都戴着头饰和鼻环，衣服上的细节都用几何图案描绘了出来。

为完整叙述前哥伦布时期墨西哥及其居民的概况，我们现在必须提到在伟大文明边缘（特别是在最西部）发展起来的文化。这些地区包括今格雷罗州、科利马、米却肯、哈利斯科、纳亚里特和锡那罗亚等州。在这些地区形成了规模不大的小国，由一位名叫"酋长"的贵族统治。

古典时期，人口可能集中在乡村。没有发现任何纪念性的艺术品，我们的大部分证据都是来自墓葬，特别是发现了大量的陶瓷。

尽管格雷罗的艺术品受到了其他文化的影响，比如前古典时期的奥尔梅克文化和后来的特诺奇蒂特兰文化，但是边远地区的艺术仍然保留着自己的特色。

这些陶器样式可能不是特别精致，但是非常有趣，因为这些陶器刻画的场景一般来自制陶人的日常生活和他们的习俗。

左图 这尊迷人的彩绘赤陶雕像是楚皮瓜罗人的作品，很可能刻画的是一位女性形象。她的衣服上装饰着明亮的几何图案。

右图 作为纳亚里特典型的艺术品代表，这位女性双腿交叉坐着，手里拿着一个尖尖的东西，可能是一把祭刀或者工具。

陶器还刻画了动物、舞者、小丑、萨满、杂技演员和战士的形象，也有一些与仪式性球赛有关，尽管这种运动与其他文化中心的比赛规则并不完全相同。在墓葬中发现的遗骸证明了人们对战利品头颅以及人祭活动的崇拜。

后古典时期，米却肯的一个民族塔拉斯坎人，开始统治其他民族。他们的首都位于辛祖坦（Tzintzúntzan），那儿有很多金字塔神庙。塔拉斯坎人长期以来一直是阿兹特

右图 这个容器制成了小狗的形状，也是墨西哥西部科利马文化的产物。在竖井墓穴中发现了许多小狗陶器，还有陪葬小狗的骨头。在中美洲，狗通常是作为食物饲养的。

左图 墨西哥西部的文明并没有留下大型仪式中心的遗迹，而是留下了一些坟墓，里面埋葬着许多迷人的陶土塑像，就像这里展示的一样。这个雕像由科利马人制作，风格非常朴素、写实。它也许是一位显要人物、祭司或者球员。

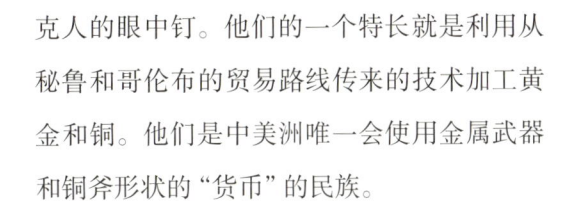

克人的眼中钉。他们的一个特长就是利用从秘鲁和哥伦布的贸易路线传来的技术加工黄金和铜。他们是中美洲唯一会使用金属武器和铜斧形状的"货币"的民族。

左上图 这位坐着的男性，穿着奇装异服，也许是个小丑。科利马人与墨西哥西部其他人一样，留下了丰富的视觉形象，这些形象都是关于为大众节日提供娱乐表演的小丑和杂耍艺人的。

左下图 除人物外，科利马陶器还描绘了许多不同种类的动物。这个砖红色容器外表非常光滑，形状是一只鹦鹉，时间可以追溯到100年。

右图 在阿兹特克统治者蒙特祖马二世的宫廷里，西班牙人注意到许多侏儒和驼背人的存在，这些人受到了极大的尊重，仿佛他们是神灵一样。墨西哥西部的人民无疑也有类似的习俗，正如这个精致的容器，描绘了一位驼背者，手中拿着一根棍子，有一对很奇怪的东西承托着他的脚。

一个世界的
征服和结束

埃尔南·科尔特斯的远征
→ 1519
→ 1524—1526
→ 1535

A 特诺奇蒂特兰

1519 年，在经历了一系列奇怪天文现象预示的可怕预兆之后，蒙特祖马二世得知，留着胡子的浅肤色外国人埃尔南·科尔特斯领导的

这幅图来自西班牙编年史家迭戈·德·杜兰于 1579 年撰写的《印第安历史》，描绘了一颗彗星出现在蒙特祖马二世仰望的天空。这只是众多奇怪征兆中的一个，这些征兆预示了很多可怕的事件，包括蒙特祖马二世统治的结束。

这幅插图也是取自迭戈·德·杜兰的著作，记载了关于西班牙征服时期重要的历史事件。插图描绘了西班牙船长埃尔南·科尔特斯和当地妇女拉·马林切的一次会面，后者成为他的翻译和情人。

跨页图 这一页摘自《印第安历史》，描述了西班牙征服者和阿兹特克人之间的战斗。左边可以看出是西班牙军队，由埃尔南·科尔特斯的同伴佩德罗·德·阿尔瓦拉多率领；右边是阿兹特克军队，由鹰和美洲豹军团的士兵组成。西班牙军队利用蒙特祖马二世的外交和好客，在一系列血腥和可怕的战斗中凭借他们优越的武器赢得了胜利，击败了前哥伦布时期中美洲最后一个帝国。

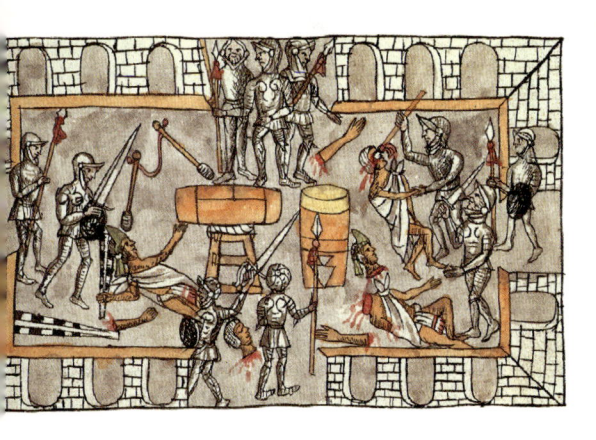

西班牙征服者来到了他的国家。14 年后，秘鲁印加统治者阿塔瓦尔帕遇到的情况也是如此。蒙特祖马二世坚信他正在见证一个古老预言的实现，这个预言是由他的祖先流传下来的，预言中提到了羽蛇神魁扎尔科亚特尔的回归。

欧洲侵略者在特诺奇蒂特兰受到了隆重的接待。他们把这座城市描述为"第二个威尼斯"，这座建立在岛屿上的城市有着宏伟的宫殿和瑰丽的花园。士兵们被认为神圣的使者，收到了很多礼物和贡品。西班牙人一意识到这种情况，就精明狡猾地利用了蒙特祖马二世，并在一连串血腥的战斗中，击溃了前哥伦布时期中美洲的最后一个帝国。

阿兹特克及其文字记录、物质文化和传统在短短几年内就被残忍地消灭。当时墨西哥 2000 万到 2500 万居民中，只有十分之一的人幸存了下来。战争和疾病消灭了那里的人。蒙特祖马二世的继任者死于天花，而特诺奇蒂特兰最后一位统治者库瓦赫特莫克，在英勇抵抗入侵者之后，最终于 1521 年投降。科尔特斯的胜利令西班牙王权统治了整个阿兹特克帝国，"新西班牙"殖民地由此建立。

左上图　当蒙特祖马二世听说"大胡子白皮人"从海上来到这里时，派遣了信使带着礼物去迎接他们，并将这一事件解释为神话中的英雄魁扎尔科亚特尔承诺的回归。这张图片取自迭戈·德·杜兰的著作，图片描绘了当地信使将一条项链赠送给了科尔特斯。

左下图　这张血腥的图片记录了特诺奇蒂特兰战役的一个场景，在那场战役中，阿兹特克军队被西班牙征服者歼灭。墨西卡人的历史以皇帝被杀和首都特诺奇蒂特兰的彻底毁灭而告终。1521 年，国家的领土被并入西班牙。

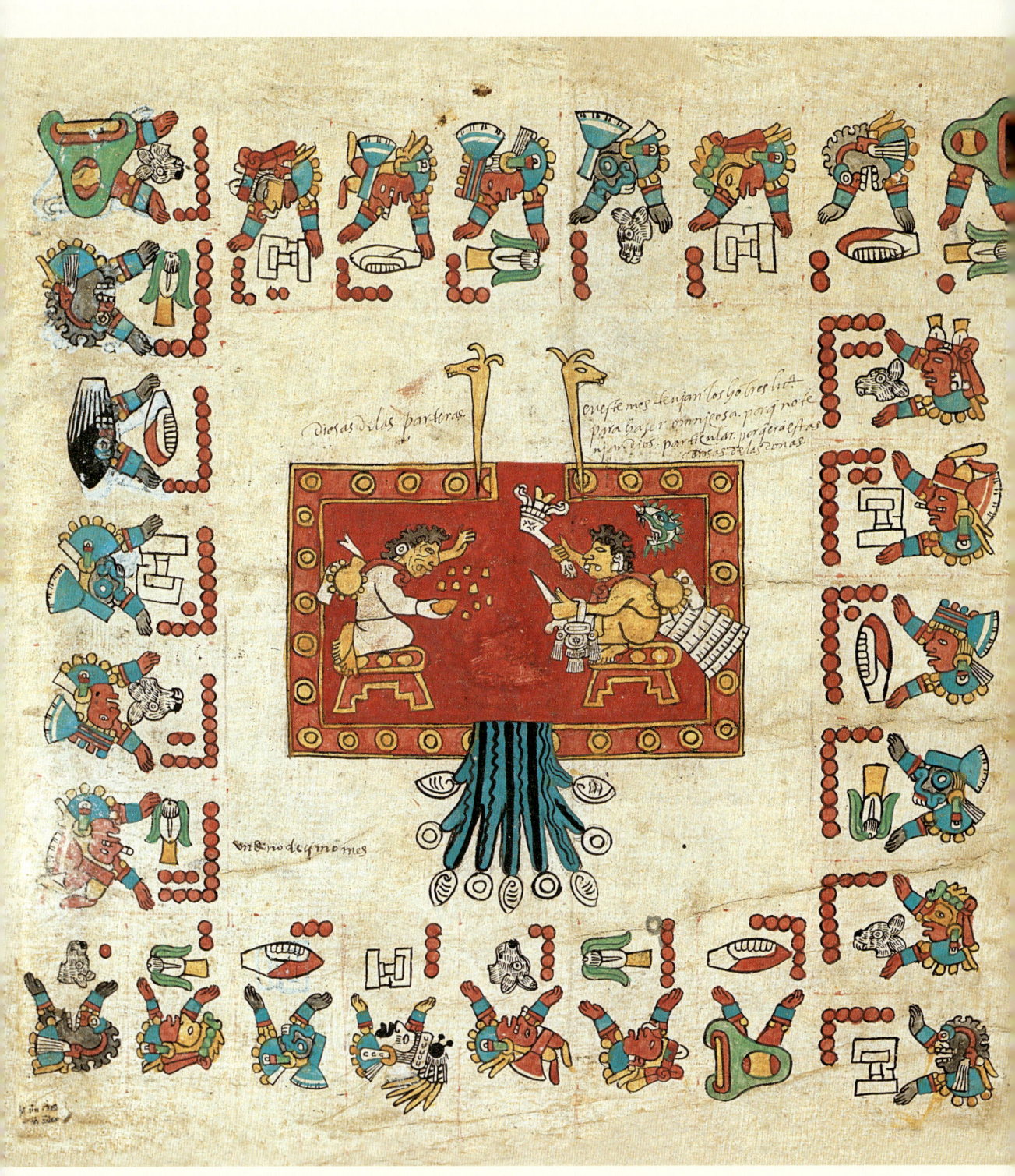

阿兹特克人的神话、历史和日常生活的细节都记录在彩绘手抄本里，流传到了我们手中。这里再现的 21 号插图取自《波旁尼克手抄本》，描绘了一幅有创世神和女神参与的场景，周围是历法的象形文字。

中美洲人民的日常生活、艺术和宗教

羽蛇神是中美洲诸神中最杰出的代表之一。这幅栩栩如生的羽蛇神画像出自迭戈·德·杜兰的《印第安历史》。

起源	82	死亡以及葬礼	116
家庭、教育、食物、住宅	86	文字、天文和时间计算	120
服饰	92	神灵和宗教	125
音乐和舞蹈	98	祭祀和自祭	130
游戏	102	神圣建筑	132
工艺品	104	球赛	136
战争	112		

起源

我们对前哥伦布时期文明历史事件和文化的了解一部分来自考古学,来自仪式中心挖掘出来的神庙和宫殿,来自墓穴中的雕塑、陶瓷和陪葬品。前哥伦布时期,在人们使用的各种形式的文字中,只有玛雅文字和阿兹特克文字被破译了出来。但是,这两种文字尚未揭示出更多秘密。

到16世纪初期,欧洲侵略者和中美洲世界开始接触,很多古文明早已衰落,抑或是被阿兹特克文明吸收。在阿兹特克人文化发展和领土扩张的高峰期,西班牙人才与他们有了直接接触。我们可以从侵略者自己的记录中得知,他们对瑰丽的特诺奇蒂特兰城、蒙特祖马二世的宫廷以及普通人的日常生活感到震惊。

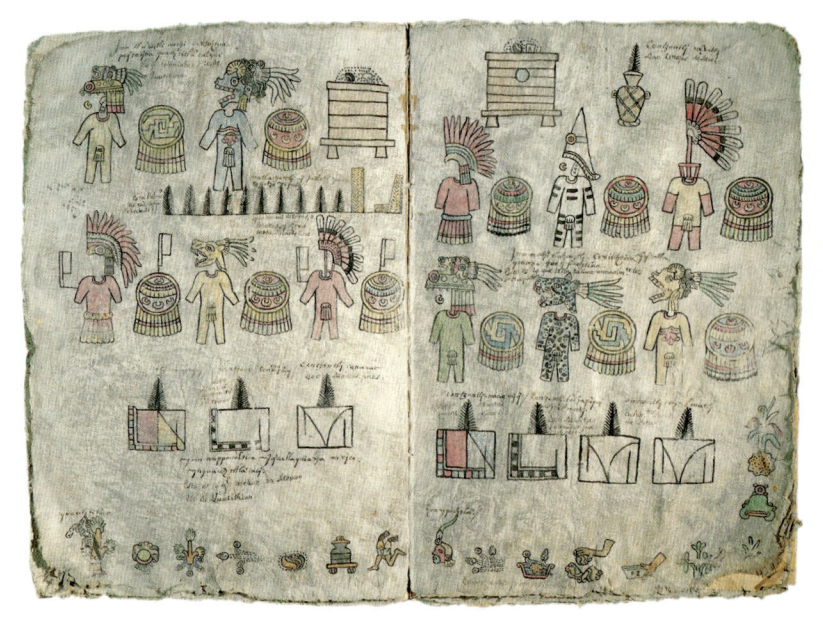

阿兹特克人是我们了解最多的中美洲人,这都要归功于他们手抄本中有趣的绘画插图。本页取自《门多萨手抄本》,描述了献给特诺奇蒂特兰城统治者的贡品,包含了家具、衣服、战服、武器和一箱箱食物。

大约在同一时间,在尤卡坦,欧洲人开始接触后古典时期玛雅文明的幸存者。经历多年的血腥镇压,当地人直到1546年才接受西班牙的统治。

玛雅人、阿兹特克人以及一小部分米斯特克人和奥尔梅克人至少把他们的部分历史传到了今天,不仅可以从他们物质文化的考古遗迹,还可以通过前殖民时期的书面记录,以及大征服后几个世纪传教士收集到的记录看到这些人的部分历史。

《波旁尼克手抄本》共36页，内容包括了260天的阿兹特克仪式历以及与之相关的节日和仪式图像，其象征意义十分复杂。这一页描绘了一项与丰产仪式以及特拉洛克崇拜相关的仪式。

尽管这些记录有着种种遗漏和不足，但还是揭示了这些文明的历史、思想和日常生活的很多方面。玛雅人和阿兹特克人流传下来的传统帮助人们收集到了很多关于其他中美洲人的信息。历史的片断夹杂着传奇故事，其中一部分资料还可以与考古证据相结合。

关于玛雅的书面资料更为稀少，主要是前殖民时期的四本著作，也被称为"手抄本"。还有一些古代宗教法典，这些法典是在西班牙大征服之后由有文化的当地人用罗马字母誊写，其中包括《波波尔乌》和《奇兰·巴兰之书》。

还有一些西班牙祭司的证词，其中记载最全面翔实的就是西班牙主教迭戈·德·兰达在16世纪下半叶编写的《尤卡坦半岛纪事》。兰达在根除了人们对玛雅的崇拜，强行让人们皈依天主教之后，还将保存在神庙中的神像和古书全部烧毁。那些无价之宝也付之一炬。在犯下这一大错之后，主教也许意识到了尤卡坦的文化和人民实际上有着极大的价值，因此，他又编写了一部作品，忠实详细地记载了他所遇到

的玛雅幸存者的生活。

我们阅读兰达的作品时，不能忘记他的一些解读是基于他基督教徒的身份及其欧洲人的观点。尽管如此，他的著作也让我们了解到很多在 16 世纪仍然通行的日常生活方式、节日、服饰、日历和古老的宗教习俗。需要强调的是，这些资料只限于玛雅文明的最后时期，也就是后古典时期的最后几个世纪，这段时间长期以来一直受到托尔特克文化的影响。然而，关于古典时期普通人的日常生活，我们几乎一无所知。目前仍在破译中的石刻铭文讲述着玛雅统治王朝的历史，而花瓶上的画则勾勒出一幅幅宫廷生活之景。

很多阿兹特克手抄本保留了下来，有些是西班牙大征服之前写的，而其他的则是在西班牙人开始对被征服的民族的文化感兴趣后，由有文化的当地人誊写在欧洲的纸张上的。这些手抄本由图画文字写成，详细地记载了阿兹特克人的历史，并附有相关日期，还有日常生活的方方面面，宗教习俗以及与各种崇拜相关的节日和历法。

还有很多书籍是由西班牙修道士或者皈依天主教的当地人撰写而成。西班牙修道士主要有贝尔纳迪诺·德·萨阿贡和迭戈·德·杜兰等人。这些作者积累了大量与阿兹特克人习俗相关的书面资料。其中有一些是他们亲眼所见，而还有一些则是借鉴了更早的资料或者当地人的叙述。尽管这些书籍和兰达的作品一样，渗透了基督教和欧洲的视角观点，但这些作品是了解蒙特祖马二世统治时期生活和习俗方面的渠道，其中记载的资料非常丰富、有趣。

在我们开始研究尤其是后古典时期玛雅人和阿兹特克人的社会和日常生活最有趣的方面之前——就时间和环境而言，这是个非常遥远的世界，我们必须了解在前哥伦布时期的美洲，即使最普通的事情也有其深刻的宗教意义。婴儿的出生、空中的闪电或是玉米的生长，这些都没被看作简单的事情，而是被解读为神意的显灵。战争、舞蹈、研究星体及其运动轨迹，都是和超自然世界沟通的方式。通过研究玛雅的方方面面，我们了解到一个离我们所处的世界很遥远的世界观，开始与古代前哥伦布时期的文明碎片建立起知识联系。

上页图 《科斯比手抄本》（*Codex Cospi*），也叫《博洛尼亚手抄本》（*Codex Bologna*），后一名字来自其保存的城市。这是一本图画文字占卜书籍，是用五张鹿皮粘在一起制成的一本长册。它首先记载了关于260天的仪式日历，名为托纳尔波瓦利历（*tonalpohualli*），日历符号如图所示。

右上图 这幅插图出自《波旁尼克手抄本》，这本手抄本是阿兹特克手稿中最丰富、有趣的一本。这里描绘了四位祭司正在特诺奇蒂特兰的新火仪式上点火。在迭戈·德·兰达记载中，玛雅人也有举行类似的仪式。

右下图 《波旁尼克手抄本》是一本用树皮纸做成的折页书。它的大部分页面都绘有托纳尔波瓦利历，又称仪式历。这个场景描绘了一个宗教仪式，中间是一位玉米和大地之神。

家庭、教育、食物、住宅

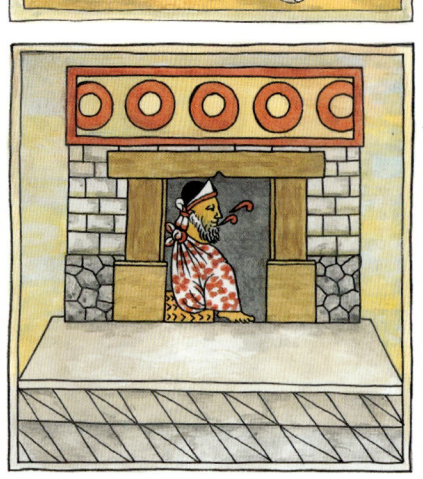

古典时期的玛雅铭文上记载了皇室成员的确切资料，这些人居住在城邦的宫廷里。在某些情况下，例如在帕伦克，成为皇后的女性，她们在王位继承中起着主导作用。分析表明，在某些情况下，王位的继承是通过母系传递的。

在贵族阶层中，一夫多妻制相当普遍，我们发现国王的名字与不同妻子的名字有关。然而，这种习俗在下层阶级中似乎并不常见。即使对于最贫穷的家庭来说，婚礼也是一个盛大的仪式，人们会精心准备庆祝活动和典礼。对

上图 最后几位阿兹特克统治者规定，即使下层社会阶级的孩子也必须接受义务教育。这幅来自萨阿贡的插图中，一些父亲陪同他们的孩子去往特尔波奇卡尔利（telpochcalli，意为"青年之家"），这是一所面向平民子女开放的学校。

中图 一位母亲和助产士正准备给一个新生婴儿洗澡。这张图片来自于萨阿贡的《新西班牙诸物志》。孩子的出生是一件大事，家人会为孩子举行洗礼仪式。

下图 这幅画也是来自萨阿贡，描绘了特拉托阿尼（tlatoani，意为"发言人"）或者总督的豪华住宅，从他嘴里冒出的两个图画符号表明他正在说话。

于男人来说，选择未来妻子的基本标准之一是星座：夫妻出生时任何星相的不相容都是婚姻不可逾越的障碍。一旦"占星"显示关系和谐，就会有人来协商年轻女性必须带给未来公婆的嫁妆。嫁妆通常包括有价值的物品，比如羽毛、**可可（Cacao）**、宝石、棉布。婚礼仪式不一定由神职人员主持。如果父母不够富有，就会由村里的长者或地方长官代替。

司仪会将这对新人的斗篷下摆系在一起，为他们祝福祈祷，并劝告他们要和谐相处。仪式结束后会举行一场宴会，大家一起唱歌跳舞。巴尔托洛梅奥·德拉斯·卡萨斯（Bartolomeo de Las Casas）记录了关于新婚之夜一件不寻常的事：两位老妇人负责陪伴一对年轻夫妇回家，整晚陪伴他们，指导他们今后的性生活。

关于阿兹特克人复杂的婚前仪式还有更精确的资料。年轻男性年满20岁，女性年满16岁就可以举行婚礼。在比较富裕的阶层，父母并不是唯一有权批准或者不批准结婚的人，学校的教育工作者也拥有这项权力。

上图 一个阿兹特克家庭聚在一起吃饭，他们坐在地板上的垫子上，垫子上还放有盛着食物的碗盆。阿兹特克人的房子没有椅子和桌子这类家具。

下图 在早期，玉米就是中美洲人民的主食来源。萨阿贡的这幅画描绘了人们收获玉米的场景。

在玛雅世界里，除非夫妻之间占星上显示星象相容，否则婚姻不可能继续。一旦宗教仪式和婚礼后的豪华宴会结束，婚姻就算圆满了。随后，年轻的丈夫将从卡尔波利（意为他所属的"家族"）那里得到一部分土地。他可以为自己和家人保留一部分农产品，通过这种方式，这对夫妇就融入了社会。对阿兹特克人来说，通奸类似于谋杀：如果伴侣以外的任何人目睹了这一行为，犯罪方将立即遭受酷刑，并被判处石刑。

在玛雅和阿兹特克文化中，家庭是基本的社会单位。当代编年史家记录了很多这两个社会中有关怀孕和分娩的有趣故事。女性分娩时，会有一位或者多位助产士帮助她，这些助产士还负责举行巫术和宗教仪式。她们的任务就是将草药制成特殊药剂，这些药剂带有镇定作用，能够减轻准妈妈的痛苦，并把一块先前净化过的温暖的石头放在她的腹部。举行仪式是为了供奉掌管出生和女性生育的神灵。玛雅人信奉伊希切尔（Ixchel），阿兹特克人崇拜特拉佐尔特奥特尔（Tlarolteotl），这都是为了确保婴儿身体健康，得到神灵的保护。还有另外一种为新生儿举行的净化仪式，需要用到"水"这一工具。这一仪式类似于基督教的洗礼仪式。

考古已经证实，前哥伦布时期，美洲的许多民族都会对非常年幼的孩子进行颅骨变形术。迭戈·德·兰达在描写玛雅人的这种行为时写得很有意思，他解释说，婴儿出生几天后，依然柔软的头会被两块木板夹住，一块放在后脑勺上，另一块放在前额上。这种把头盖骨压扁的做法符合那个时代的审美偏好。

阿兹特克儿童在青春期之前一直由他们的父母进行教育。从15岁开始，年轻男性会在一所名为特尔波奇卡尔利的军事学院继续接受教育。特尔波奇卡

阿兹特克人的房子主要是用易腐材料建造的，所以很少能保存下来。然而，我们可以按照手抄本中的图像将某些建筑类型再现出来。这些图像都是来自萨阿贡的作品，从上到下依次展示了一座木屋，一座用稻草铺屋顶的房屋，和一座用石头建造的房屋。

88

尔利在纳瓦特尔语中的意思是"青年之家",从蒙特祖马一世开始,所有男孩都必须接受义务教育,不管他们属于哪个社会阶层。每个卡尔波利都有自己的特尔波奇卡尔利,这是以学院的形式运作的,男孩们会在那里接受双重教育,目的是把他们培养为模范公民和臣民,同时也训练他们学习如何作战。老师们教导学生要尊重老人、贵族和君主,并为他们服务。阿兹特克人的教育包括学习音乐、歌唱和舞蹈,这些都是所有节日的基本活动。然而,课程轻松的部分并没有免除学习战争技术、军事纪律和武器使用等部分。

第二种类型的学校是神学院卡尔梅卡克(*calmecac*),总体上是为上层阶级的孩子开设的学校。一般来说,卡尔梅卡克附属于一座寺庙,由祭司成员管理运行。他们传授的内容比公立学校要复杂得多。孩子们15岁时入学,学习写作、历算、天文和占卜。这些都是为少数特权阶层保留的学科。有意愿的年轻人可以放弃婚姻,继续学习,随后从事宗教事业。这些学校也向贵族的女儿开放,尽管她们会与男孩严格分隔开来。她们接受女教师的教育,学习舞蹈、音乐、烹饪和编织。她们的严格训练只有在到达适婚年龄时才会结束。

有关玛雅教育的资料比较稀缺,但人们认为教育是富裕阶层的特权。迭戈·德·兰达曾提到女孩必须非常尊重她们的母亲。人们还期望母亲能教育她们的女儿,教她们一门手艺,如果女儿不听话,就要严厉地惩罚她们。

农耕是中美洲人民主要的获取食物的方式,狩猎和捕鱼为辅。种植最广泛的植物以及主要的食物来源就是玉米,在发现美洲之前,欧洲并不知道这种作物。玛雅人和阿兹特克人以及其他群体,会向玉米之神献祭、送上贡品;人们认为抛洒鲜血是养活大地和确保丰收的必要条件。玉米可以煮着吃,也可以烤着吃,而玉米粉则会用来制作玉米饼和玉米卷等一些主食。其他常见的农作物包括西红柿(纳瓦特尔语为*tomatl*)、多种豆类、南瓜、辣椒、菠萝和鳄梨。这些大部分作物直到16世纪之后才出现在欧洲。

在早期,除了玉米以外,最有价值的作物就是可可。在玛雅社会,可可种植者享有的特权以及为可可树之神举行的庆祝活动都能证明可可这种植物意义重大。将可可豆磨成粉末,然后与水混合,得到一种可口的饮料,阿兹特克人称之为*xocolatl*(意为"苦水")。他们像玛雅人和其他群体一样,喝着冰凉、苦涩的饮料,还加入了各种各样的调味,有香草、辣椒。在古典时期玛雅贵族和米斯特克贵族的墓穴中,考古学家发现了用来盛放巧克力饮料的彩绘容器，形状千姿百态。

种植的其他植物还有棉花，它和从龙舌兰的叶子中获得的纤维一样，都是可以用来编织的。与丰富的水果和蔬菜相比，古代的中美洲人几乎不养牲畜。但驯养火鸡和狗等动物用于食用。丰富的野味解决了大部分吃肉的问题，湖泊中也有大量的鱼类和贝类。另一个广泛的农业活动是养蜂。蜂蜜被用来制作各种食物，还能增加酒精饮料和其他饮料的甜味。事实上，在前哥伦布时期的美洲，甜菜和甘蔗都是闻所未闻的。

在发掘古典时期的玛雅城市中，发现了大量的石头建筑，这些建筑通常集中在大庭院周围，可能是达官贵人或者贵族成员的住所。相比之下，几乎没有看到普通人住房的痕迹。他们的房屋位于城市之外，应该是用易腐材料建造的。然而，许多后古典时期的图片展示了当时尤卡坦的民房建筑。最著名的就是有一些浮雕刻画了拉布纳拱门两侧作为装饰的独特房间。奇琴伊察有一幅壁画展示了一座圆形小屋，可能是按照当地的风格建造的。

关于特诺奇蒂特兰的建筑，我们还有更多的资料。在首都的郊区，渔民们住在用藤条和稻草搭建的小屋里；而在城市里，房子从简陋的石砌房屋到高贵的宫殿，应有尽有。中产阶级的住宅是用土坯、晒干的泥砖或者石头和土坯筑成的。由于特诺奇蒂特兰这座城市建立在一个湖上，所以这些建筑都建在一个石头平台上，为了与地面的水相隔。

阿兹特克人的房屋平面呈矩形，墙壁通常装饰成白色或者明亮的颜色。房间的数量随着家庭的社会地位而变化，这些房屋面向一个大天井，一个可以收集雨水的中央庭院，院子里狗和火鸡四处走动，鲜花盛开。房子里面通常有一间或者多间供全家人使用的卧室，一个小神龛，一间浴室和一间厨房，厨房里还装有壁炉。再简陋的房屋也会有一个简单的多功能的房间，壁炉安装在庭院里，顶上有一个遮棚做庇护。房子里最精心打理的部分就是供奉祖先神灵的小神龛。蒸汽房是典型的阿兹特克风格，尽管玛雅人也有桑拿房或蒸汽房。不断清洁身体和头发不仅仅是个人卫生问题，还与净化仪式有着非常密切的关系。最广泛使用的净化方法是蒸汽浴，这是一种在中产阶级家庭、贵族家庭和公共的**蒸汽浴室（Temazcalli）**中使用的蒸汽浴。

这些房子里几乎没有什么家具：没有桌子、椅子和床。人们睡在一个垫子上，这个垫子名为 petatl，是用棉被包裹着的垫子。在较冷的月份里，除了用来做饭和房屋取暖的壁炉，厨房里还有各种各样的器皿、用具、一台织布机和米塔特（metate，意为"磨盘"，也就是一张用火山岩做成的矮桌，在上面用铁杵磨碎玉米）。

考古发掘让我们能够拼凑出玛雅村庄布局图，这样的村庄遍布整个乡村。这幅复原图展示了一些房屋，还有左侧的公共卫生建筑，剖面图显示了建筑的内部。前面是一座用来储存食物和设备的建筑，包括储存粮食的容器，妇女们用来编织龙舌兰和棉絮的织布机，以及用来装玉米的麻袋。在这栋建筑的右边是用来睡觉的小屋，左后方是厨房，里面有一个火盆，一张矮桌，还有一个婴儿用的摇篮。这些房子里几乎没有什么家具，床也只是一些垫子和吊床。图中小小的圆形建筑是一个桑拿房或蒸汽房。中美洲人会花很多时间用在净化身体的仪式上。小屋所在的圆形平台上堆积的石头是燧石，这是一种用来制造斧头、刮刀和小刀等工具的石头。田地没有翻耕过，而是用一根削尖的棍子打出一些小洞来，把种子种在洞里。

房子没有窗户，光线和空气从铺着草席的门口进来。屋顶没有铺瓦，而是由木杆构成，上面覆盖着一层茅草。许多房子是沿着运河搭建的，几乎所有的居民都拥有一艘独木舟，他们将独木舟停泊在靠近入口的地方。从结构上看，贵族的宫殿和平民的房屋没什么不同，只是规模更大，用具更加精致。

服饰

陶器装饰、壁画、浮雕和陶土雕像提供了很多古典时期玛雅宫廷贵族服饰的资料，非常详细，不仅有华丽的仪服，还包括战服。

分析这些图像，我们可以很清楚地发现服饰只是人们装饰的一部分，而且并非最重要的。国王和贵族们穿着一种简单的缠腰布，由白色棉布制成，缠绕在腿部和腰部之间，通常会用珍珠和彩色羽毛做装饰。肩膀上披着一件精致的斗篷，上面绣有或覆盖着羽毛。在一些图像中，比如博南帕克的壁画，这种棉质衣服变成了美洲豹皮，只有在仪式上才会穿。然而，玛雅贵族区别于其他人群的是他们的头饰、发

上图 古典时期，杰纳岛的玛雅人会制作精致而新颖的陶器，特别是一种人形黏土小雕像。这些艺术品经常描绘那些达官贵人、贵族、萨满，但也有比较低微的人，比如著名的"织工"。这一雕像刻画的是一位女性，她手中的权杖和扇子无疑透露出她上层阶级的身份。

中图 这些精致的玛雅珠宝是一对贝壳耳饰。耳饰上面刻着一位男性的形象。

右图 这个杰纳岛风格的泥塑细节上展现了古典时期玛雅贵族精致奢华的服装和珠宝。耳盘和精制的头饰，仍然保留着蓝色的痕迹，特别引人注目。

型和珠宝。

杰纳岛的玛雅人制作的精致陶塑有许多带有华丽的头饰——圆锥形、螺旋形或带有羽翼的头冠。人们推测，这些头饰是由坚固的木头或芦苇作为骨架的。羽毛与珠宝一样有着极高的价值：最珍贵的皇室象征就是用绿咬鹃翠绿色羽毛制成的羽饰。绿咬鹃是一种热带鸟类，在整个中美洲地区被视为神圣珍宝，如今几乎已经绝迹。

男女贵族都用翡翠、蛇纹石、骨头和珍珠母制成的戒指、脚镯、耳饰、手镯、项链和胸甲来装饰自己。直到后古典时期，通过与中美洲低地的接触，黄金和白银才出现在奇琴伊察，人们才知道它们。

古典时期女性图像中刻画较少的可能

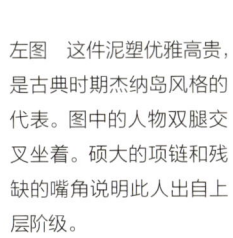

这个可爱的托托纳克黏土小雕像年代在 500 年左右，它让我们对前哥伦布时期中美洲妇女所穿的衣服和佩戴的珠宝有了新的认识。

左图　这件泥塑优雅高贵，是古典时期杰纳岛风格的代表。图中的人物双腿交叉坐着。硕大的项链和残缺的嘴角说明此人出自上层阶级。

右图　这个玛雅人像气势庄严、雄伟，表明了他的身份是位神职人员。雕塑清晰地展现了他那圆锥形的头饰、羽毛斗篷和一块腰布。人物双腿交叉、手臂高高举起和若有所思的神情暗示着他正在冥想。

有女祭司和女王。这些人物像男性一样披着斗篷，戴着华丽的头饰。其中一个例子是亚斯奇兰 24 号门楣上的浮雕装饰，描绘了盾豹王（Lord Shield Jaguar）的妻子"霍克夫人"（Lady Xoc）精致的服饰，细节很丰富。

兰达在描述 16 世纪玛雅尤卡坦的服装时，展示了沿海村庄妇女所穿的一种非常朴素的服装：一条长长的棉布裙子和一个系带斗篷，披在肩膀和胸部。然而，在内陆地区，妇女穿的是一种长长的、收腰的棉质上衣，两边开叉，这已经演变成当代玛雅妇女的传统服装，名

左图　杜兰的手稿《印第安历史》中的插图详细地描绘了阿兹特克贵族的服装。这幅画描绘的是一位身穿棉质缠腰布和彩色斗篷的男子，手里拿着一把奢华的羽毛扇。

跨页图　在中美洲人民中，头饰和珠宝比衣服更受重视，它们是权力的象征。这个华丽的羽毛头饰可能是蒙特祖马二世送给科尔特斯的，科尔特斯随后把它送给了国王查理五世。

右下图　玛雅人和阿兹特克人在羽毛工艺方面的技术非常出色。这把扇子由许多不同颜色的羽毛制成，这些羽毛在切割后，粘在一个木制的支架上，在中间形成独特的蝴蝶图案。

叫惠皮尔（*huipil*）。

根据历史资料和手抄本上的绘画插图，阿兹特克人的服饰与玛雅人的服饰没有很大的不同。男性主要穿两种衣服：*maxtlatl*（一块绣花棉缠腰布）和 *tilmatli*（一块系在左肩上的长方形棉布。坐着的时候，这件斗篷会

上图 米斯特克人在加工黄金方面技艺高超。他们经常将其与宝石（如绿松石）一起合成加工，制造出华丽的珠宝，正如这件精致的吊坠。

中图 在阿尔班山的墓穴中发现了一些非常绚丽夺目的珠宝，它们都是用黄金和宝石制成的，比如这条由黄金和绿松石制成的项链。加工黄金的技术知识来自厄瓜多尔。

下图 这是由黄金、珊瑚和绿松石制成的一种极其典雅的米斯特克胸饰。在中美洲，男人和女人都会佩戴首饰，这是他们服饰中非常重要的一部分。

铺在膝盖前面，覆盖整个身体）。斗篷通常是白色的，上面点缀着彩色镶边的几何图案或者动物图案。上流社会的主要成员偶尔会穿着绿松石色的斗篷，或者披着羽毛和兔毛制成的斗篷。某些资料，特别是萨阿贡的《马格里亚贝奇亚诺手抄本》和《佛罗伦萨手抄本》，非常精确地再现了特诺奇蒂特兰贵族和神职人员的服装，色彩十分鲜艳。下层社会的人们穿着用龙舌兰织成的斗篷，材质粗糙。阿兹特克妇女通常穿着长棉质束腰外衣，腰部系着一条有装饰边的布带，称为 cueitl，以及一件三角形的棉质上衣，也就是如今玛雅人依然会穿的惠皮尔。

最珍贵的纺织品来自韦拉克鲁斯地区，那里的瓦斯特克纺织工会在他们白色的棉布衣服上点缀一些鲜艳的动物图案。

在鞋子方面，最常见的鞋形是仙人掌形，这是一种凉鞋，鞋底用是植物纤维或者动物皮制成的，用绳索将鞋子系在脚踝上。

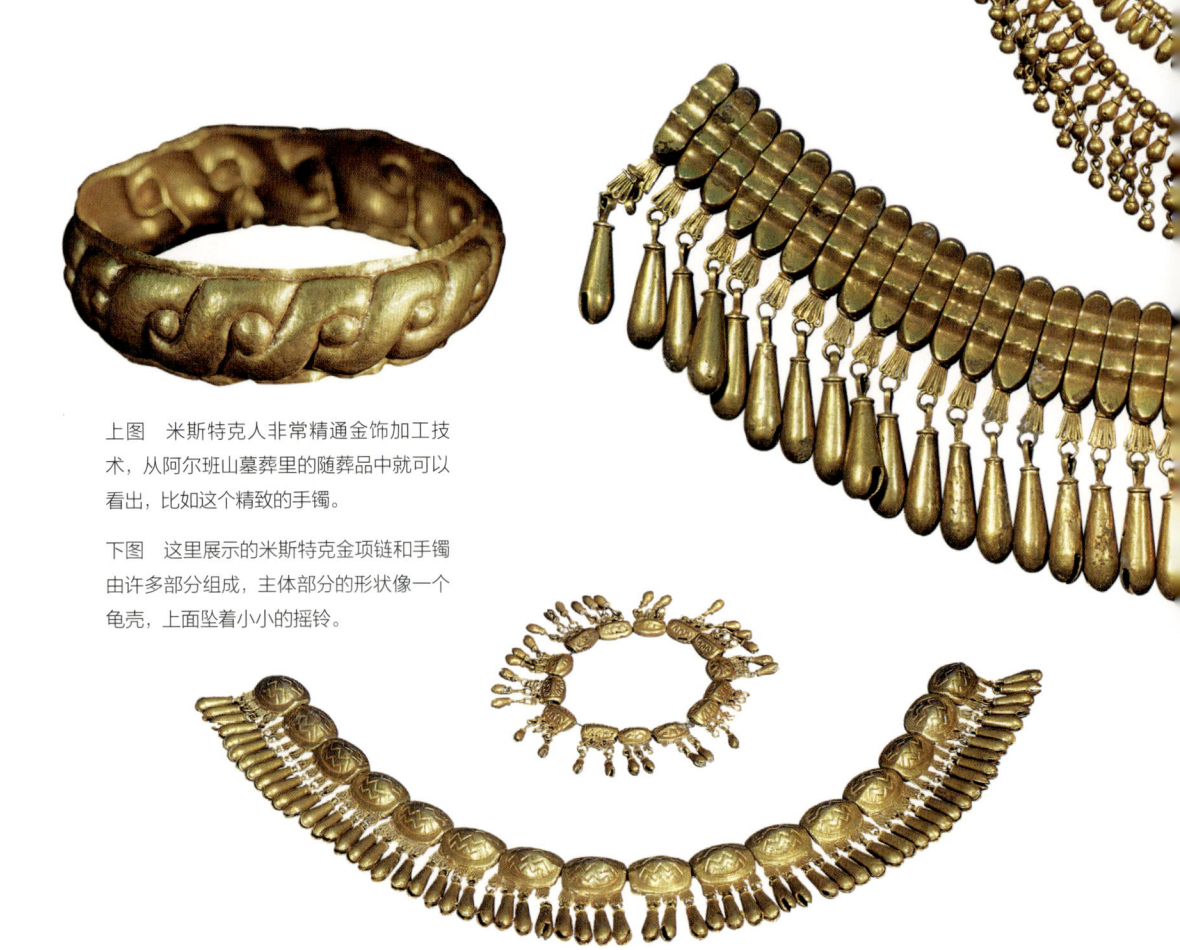

上图　米斯特克人非常精通金饰加工技术，从阿尔班山墓葬里的随葬品中就可以看出，比如这个精致的手镯。

下图　这里展示的米斯特克金项链和手镯由许多部分组成，主体部分的形状像一个龟壳，上面坠着小小的摇铃。

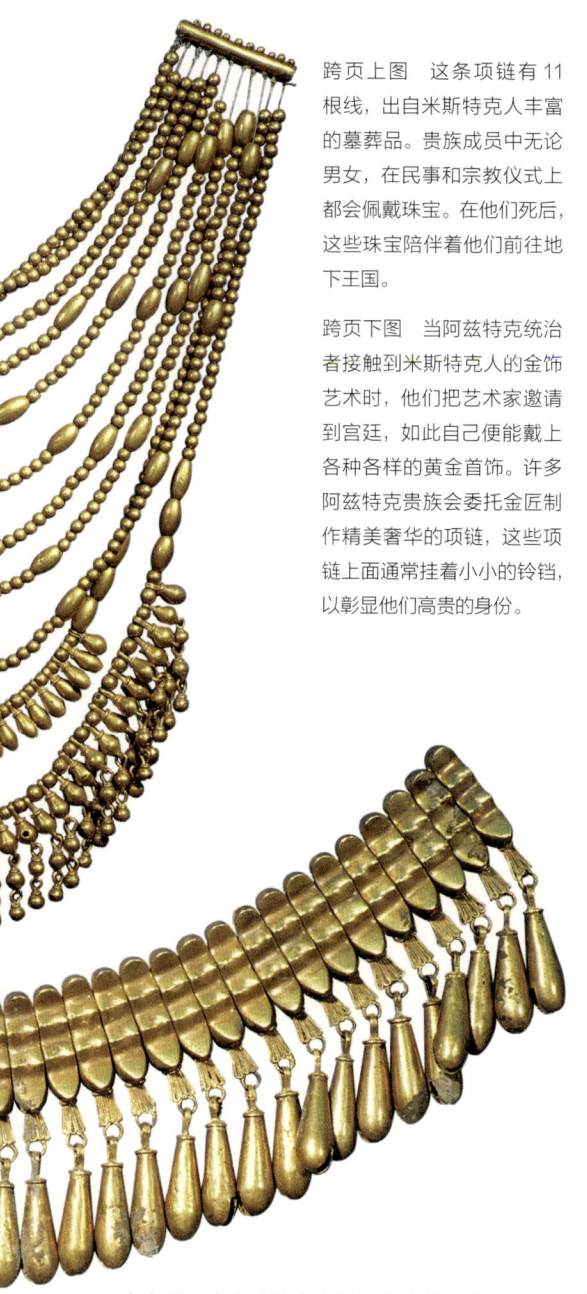

跨页上图　这条项链有 11 根线，出自米斯特克人丰富的墓葬品。贵族成员中无论男女，在民事和宗教仪式上都会佩戴珠宝。在他们死后，这些珠宝陪伴着他们前往地下王国。

跨页下图　当阿兹特克统治者接触到米斯特克人的金饰艺术时，他们把艺术家邀请到宫廷，如此自己便能戴上各种各样的黄金首饰。许多阿兹特克贵族会委托金匠制作精美奢华的项链，这些项链上面通常挂着小小的铃铛，以彰显他们高贵的身份。

在阿兹特克文化和玛雅文化中，各种用宝石、珍珠母贝和绿咬鹃羽毛制成的珠宝和装饰品，以及头饰、发型和文身，总会反映出佩戴者的社会地位，具有明确的象征意义。

与早期文明相比，阿兹特克人也会加工金银饰品，这些饰品都是技艺高超的米斯特克和塔拉斯坎（Tarascan）的工匠制作的。

右上图　这个吊坠来自阿尔班山墓葬品最丰富的米斯特克墓 7 号墓。1932 年，考古学家阿方索·卡索（Alfonso Caso）在这座古墓中发现了大量黄金制品。

右中图　同样来自阿尔班山 7 号古墓，这个金吊坠和上面的一样，都是使用了金丝和失蜡法制作而成的。

右下图　这串迷人的项链上挂着好多小铃铛，也许没有其他图示的那么奢侈，但同样很精致。它也是用失蜡法加工的。

音乐和舞蹈

与所有古代文明一样，音乐和舞蹈在中美洲人民的日常生活中占有重要的地位。考古发现和历史资料证明，不同地区的乐器和舞蹈种类繁多。玛雅文明和阿兹特克文明可能和其他民族一样，在宗教仪式、婚礼、葬礼、祭祀和加冕仪式中，以及与历法周期有关的节日庆典上，音乐、唱歌和舞蹈是重要的活动。

其他文化也留下了证据：墨西哥西部的很多陶器上

左图　这件赤裸的男性玛雅人陶塑，手持鲜花，头戴土狼面具，全身心地投入舞蹈中。

右上图　由一名歌手和两名吹管的男子组成的阿兹特克三人组音乐家为节日演奏音乐。这幅插图来自殖民地时期的手稿。

右下图　这幅插图来自16世纪的一份手稿，一支由阿兹特克音乐家组成的"乐队"在为舞者伴奏。音乐家们在用打击乐器演奏，可能是木头和鹿皮制成的鼓，而舞者则手持扇子和鲜花。

描绘了音乐家以及个人或集体舞蹈的场景，这些通常与自祭仪式有关。韦拉克鲁斯中部的很多雕像都描绘了一种神圣的舞蹈，雕像上的人物几乎都举着双手，仿佛在进行祈祷。米斯特克的《塞尔登手抄本》（*Codex Selden*）中有很多描绘婚礼上复杂舞蹈的图片。最近碑铭研究者对古典时期玛雅宫廷中的一些神圣舞蹈有了新的认识。其中一种舞蹈会和蟒蛇一起表演，令人进入恍惚的状态。

舞蹈也会伴随着许多自祭仪式：贵族和国王在精神药物的作用下，用一对木棍刺穿自己的生殖器，木棍上覆盖着名为"舞者的翅膀"的彩色布条。一旦

左图　这个迷人的玛雅赤陶口哨出自古典时期晚期，正如雕像中的玉米棒所暗示的，它表现的是一位舞者为了纪念玉米之神而呈现出优美的姿势。

右图　口哨和其他管乐器、打击乐器一样，对于所有的中美洲人来说都很常见，而弦乐器则很少有人知道。这个彩陶口哨是玛雅人制作而成的，描绘了一位沙槌演奏者。

他们进入幻觉状态，舞者就开始翩翩起舞，并献上自己的鲜血。另一种舞蹈是献给玉米之神：这种舞蹈，达官显贵们的身旁会有一群仆人——他们都是一些侏儒和驼背者——挥舞着手臂，模仿玉米叶在风中摆动的样子。古典时期许多玛雅花瓶上的图画描绘了西巴尔巴（Xibalba，死亡王国或者地下世界）骷髅、神话人物和动物的舞蹈场景，令人恐惧。这些场景让人想起圣经《波波尔乌》中对"恐怖之地"的描述。

殖民地时期的资料中记载了精彩的舞蹈表演和游行活动，地点是在城市和村庄的街道上，都是为了纪念古代神灵。一年中各个月份相关的节日也会举办这些活动。这些记载非常有趣，揭示了远古的文化元素与尤卡坦地区当时新接收的外来影响之间的共存现象。

贝尔纳迪诺·德·萨阿贡记载了大量关于阿兹特克舞蹈和节日的资料，特别是为庆祝各个月份而举行的舞蹈。有些舞蹈是单独为男性、女性准备的，还有一些则是对男女两性都开放的。一般来说，游行都是在神庙脚下进行的，这些神庙供奉着仪式上尊敬的神灵。在许多情况下，舞蹈演员都会戴着面具，这一传统可能起源于奥尔梅克时代或者更早。

有一种表演在后古典时期非常普遍，但几乎可以肯定起源于非常古老的时期，那

上图　在玛雅和阿兹特克，那些在宗教节日和民间典礼上演奏的乐器通常是真正的艺术作品，设计精美，装饰丰富。这个树缝鼓是阿兹特克人使用的一种横木鼓。这个鼓要用天然橡胶球击打，能产生两种不同的音调。这件艺术品可以追溯到 16 世纪。

下图　这个精美的树缝鼓，是由空心树干制成，其表面雕刻成了猫头鹰的形状。

上图 这件陶笛属于阿兹特克乐器，刻画的是一只独具风格的鸟。

下图 这件艺术品是阿兹特克的乐器，一种鹦鹉形状的笛子。吹口在长尾的末端，而声音则由背部的小孔调制，从喙部出声。

就是由杂耍艺人、杂技演员和小丑组成的演出。这些人通常是侏儒或驼背。他们会在宫廷里表演疯狂的舞蹈、喜剧和闹剧，也会在最贫穷的村庄的街道上表演。这样的表演和舞蹈会有音乐和歌唱伴奏。

最古老的与音乐家有关的图像发现于墨西哥西部。彩绘手抄本和考古遗迹提供了很多关于中美洲众所周知的乐器的详细资料，但是没有发现记载音乐符号的书籍。打击乐有高大的皮制单鼓或者双鼓，玛雅语称之为 *pax*，纳瓦特尔语称为 *panhuehuetl*。

另一种名为特波纳斯特里（*teponaztli*，意为"树缝鼓"）的鼓，阿兹特克人认为它是神圣的，后古典时期的玛雅人也对这种鼓颇有了解。"树缝鼓"可能起源于厄瓜多尔，但是这点仍然存在争议。管乐器包括口哨、陶笛和简单的笛子，以及木制或者陶制的烟笛。玛雅人用海龟和甲壳类动物的外壳制作了另一种常见的乐器。各种类型的喇叭是由木头或者兽皮制成的。在西班牙征服之前似乎一直未出现过弦乐器。

游戏

历史资料和文学资料提到，除了贵族和广大民众都喜欢的音乐和舞蹈之外，还有一些其他的娱乐形式。一种叫作帕托利（patolli）的运气游戏在普通人中最受欢迎。早在古典时期，这种游戏就在墨西哥中部和玛雅地区流行过。

关于游戏的描述首先可以在米斯特克和阿兹特克手抄本中找到，还有《维也纳手抄本》（*Codex Vindobonensis*）。通常情况下，帕托利不仅仅是一种消磨时间的游戏，还是一种仪式，具有明确而深刻的宗教意义。玩这个游戏，需要在一块布料上画一个平面图并准备12个彩色小石头棋子：6个红色和6个蓝色。十字形的棋盘细分为52个正方形，玩家沿着这些格子移动他们的棋子到达中心格子。棋子的移动是根据一种黑豆骰子的投掷来进行的，骰子涂成了白色。第一个将棋子移到十字架中心的玩家（或者两名玩家）就是获胜者。根据西班牙编年史记载，到了征服时期，帕托利这种游戏非常流行、火爆，在特诺奇蒂特兰的大街上随时都有人在玩。其他不太流行的游戏还有一种使用黑白棋子的跳棋，以及一种类似于现代台球的游戏。

阿兹特克人也效仿其他民族的体育运动，这些民族都是被他们征服过的。其中就有"飞人舞"，最初来自纳瓦特尔，但是还不知其叫法。精彩的表演展示了人们的技巧和勇气，四位绑在坚固绳索上的人从杆顶跳下，迅速旋转着坠落到地面。

跨页图　这一场景来自《马格里亚贝齐亚诺手抄本》，展示了蒙特祖马的臣民最常玩的游戏之一——帕托利。这是一种运气游戏，在墨西哥中部和玛雅地区非常流行。

右上图　《马格里亚贝齐亚诺手抄本》中的另一个场景展示了阿兹特克人进行的一项冒险运动。勇敢的年轻人爬上一根高高的杆子顶端，然后系着一根绳子旋转着下降着地。

右下图　这幅来自《波旁尼克手抄本》的场景展示了在 Xocotlhuetzi（"给死者的盛大宴会"）节举行的一个特别的庆典，这个庆典是纪念神明韦韦特奥特尔（Huehueteotl）的。（阿兹特克太阳历有18个月，每个月第一天都会举行与当月同名的节日庆典，纪念每个月各自的主持神明，其中10月称为 Xocotlhuetzi。）年轻的选手们必须爬到一根杆子的顶端，抓住固定在那里的徽章。

工艺品

考古挖掘中发现的前哥伦布时期中美洲各种文化的文物，证实了早在前古典时期，其各种艺术表现形式就达到了极高的技艺水平。每种文化都创造出了自己独特的工艺品。这些艺术品之所以得以保存，首先要归功于死者墓穴中放置了很多他们生前的物品。

陶器生产可能是最广泛的工艺活动。各种样式的容器、人的雕像以及动物雕像在所

上图 这个精美的玛雅四脚壶来自蒂卡尔，时间可以追溯到古典时期。形状是一只火鸡，这种鸟类在西班牙征服时代之前对于欧洲人来说还很陌生。

中图 古典时期，玛雅人制作了很多令人印象深刻的陶器，包括一些容器，上面绘有色彩鲜艳的场景。这个小碗上面刻画的是一位贵族，碗身还刻有很多象形文字。

下图 玛雅陶瓷中经常出现动物图案。这个精致的容器上就绘有鹦鹉的图案，鹦鹉的头也是盖子的把手。一些鸟类，比如鹦鹉和蜂鸟，中美洲人认为它们都很神圣。

上图 这只蝗虫是阿兹特克工艺品，发现于查普尔特佩克。虽然动物形象在中美洲艺术中是非常普遍的，但那些被认为是神圣的或者在日常生活中具有重要作用的动物会出现得更频繁一些。

中图 这只装饰简单的碗上雕刻着一种奇特的动物，看起来像结合了人类和猴子的特征，年代可以追溯到玛雅文化的最后几个世纪。

下图 古典时期的玛雅陶器也会用作书写工具。这杯子上的很多象形文字是在解释画像。

有的文明中都很普遍，但是最精致和典雅的代表就属古典时期玛雅人制作的那些工艺品。许多彩绘器皿上描绘了日常生活的场景，又或是以神话和宗教为主题。杰纳岛的玛雅人制作的雕像以其精美和细致脱颖而出。在阿尔班山的墓穴中，尤其是在萨波特克人的坟墓中，经常发现带有盖子和称为"骨灰瓮"的特殊容器。然而，这些容器里并没有死者的骨灰（他们是土葬而非火化），但可能具有祭祀功能，容器上描绘了瓦哈卡的神灵。

特奥蒂瓦坎人制作了各种类型的器皿。其中，最特殊的两种分别是有盖的香炉和圆柱形的三足瓶。这两种容器在中美洲其他地区，特别是玛雅地区，大受欢迎，远销各地。

墨西哥西部生产的陶瓷可能比较粗糙，但它们的写实风格意味着它们极具研究价值，提供了有关很多文化的宝贵信息。这些文化与墨西哥中部的文化相比，仍然处于边缘地位。

最广泛使用的制陶技术就是模铸法。我们要知道，直到西班牙征服之前，陶轮在美洲一直无人知晓。

中美洲最古老的艺术表现形式之一是雕刻那些中美洲人视为珍贵的石头。奥尔梅克人、玛雅人和特奥蒂瓦坎人擅长加工玉石、蛇纹石和黑曜石，他们用这些石头来制作陪葬面具、雕像和各种各样的珠宝。最近分析表明，许多长期以来被视为纯玉的艺术品实际上是由透辉石或贵橄榄石等矿物制成的，这些矿物在颜色和硬度上与玉石非常相似。这些石头颜色为半透明绿色，被视为象征着水、肥沃、天空和植被。整个中美洲，没有任何其他材料像玉和类似的绿色宝石一样珍贵。这既是由于它们的象征意义，也是由于它们的稀有性以及雕刻的难度。

玉石通常发现于高地，因此缺乏玉石

中美洲的所有民族都认为玉是一种珍贵的材料，因为它象征着纯洁、水和生命。玉石会用来制作精美的珠宝和漂亮的面具，比如这个来自阿尔班山的吊坠。它描绘了一位蝙蝠神，由贝壳加工而成的眼睛透露出可怕的目光。

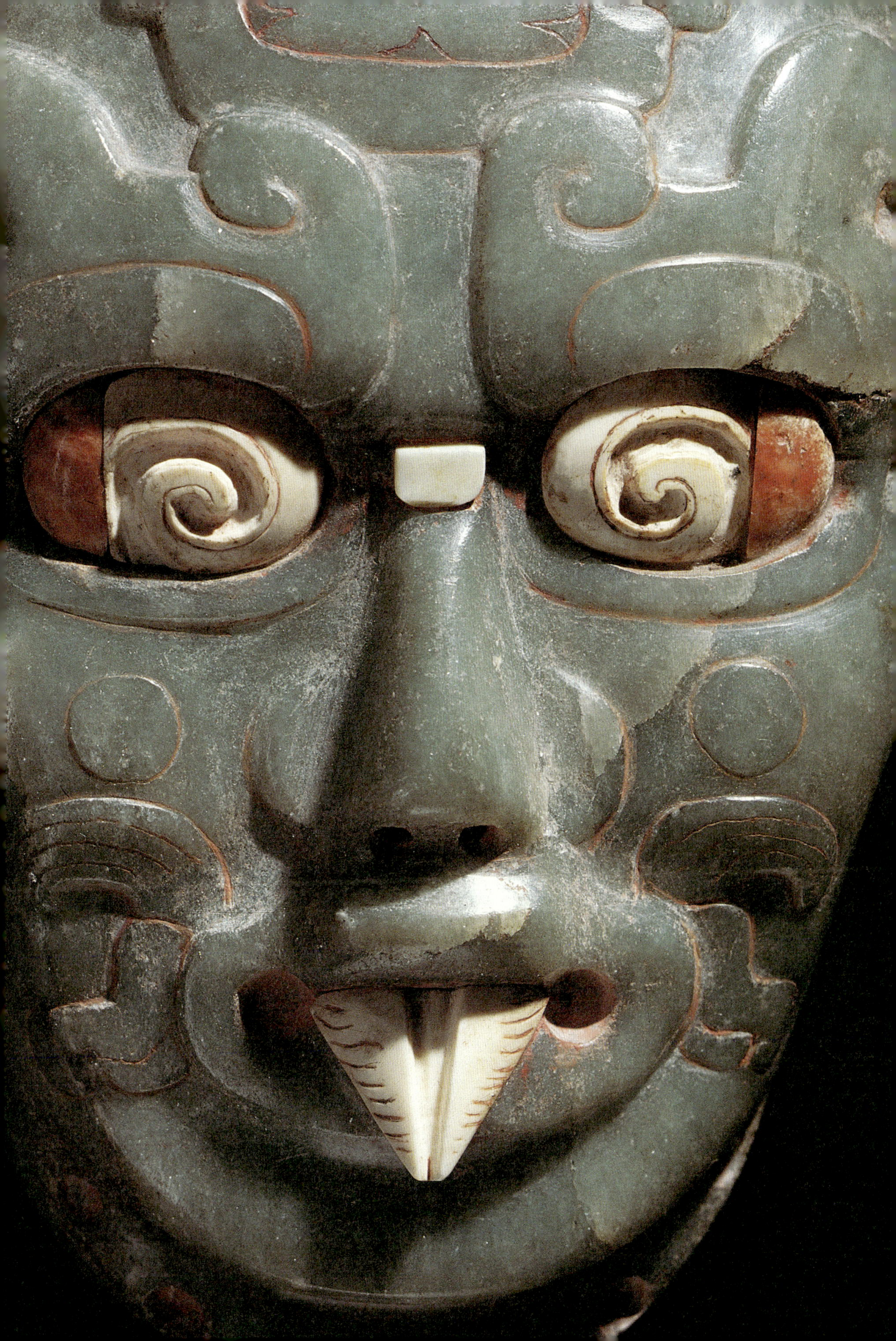

上页图 这个玛雅神灵的面具也是用玉制成的,看上去令人害怕。其面部特征用浮雕和红色凸显出来。眼睛和舌头都镶嵌着贝壳。直到后古典时期,黄金的加工技术在中美洲才为人所知,而玉被认为是最珍贵的材料。

本页图 绿松石最初是由托尔特克人带到中美洲的,但是是由米斯特克的工匠开始用它制作华丽的艺术品的。这个由绿松石、黑曜石和黄铁矿组成的马赛克木制面具,令人惊叹。

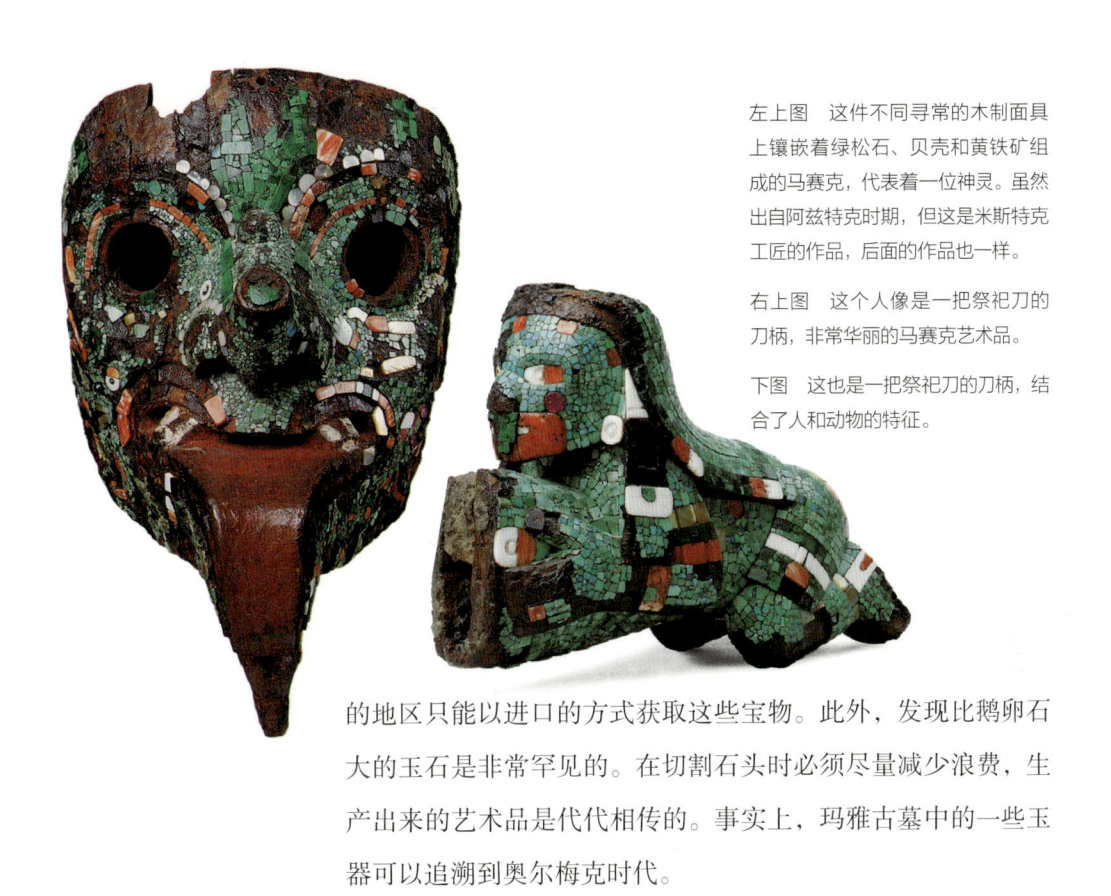

左上图 这件不同寻常的木制面具上镶嵌着绿松石、贝壳和黄铁矿组成的马赛克，代表着一位神灵。虽然出自阿兹特克时期，但这是米斯特克工匠的作品，后面的作品也一样。

右上图 这个人像是一把祭祀刀的刀柄，非常华丽的马赛克艺术品。

下图 这也是一把祭祀刀的刀柄，结合了人和动物的特征。

的地区只能以进口的方式获取这些宝物。此外，发现比鹅卵石大的玉石是非常罕见的。在切割石头时必须尽量减少浪费，生产出来的艺术品是代代相传的。事实上，玛雅古墓中的一些玉器可以追溯到奥尔梅克时代。

后古典时期，托尔特克人开始从奇瓦瓦北部（今美国新墨西哥州）进口绿松石。米斯特克的工匠最擅长用这种石头制作马赛克——再加上黑曜石、珍珠母、黄铁矿和骨头碎片——用来装饰面具、盾牌、祭祀刀柄和人类头骨。这些艺术家中许多人都曾在特诺奇蒂特兰宫廷工作，创作出了很多杰作。这些艺术品被阿兹特克统治者珍藏。统治者的发带上会装饰蓝绿色的珠宝,作为皇室的象征。

有的工匠专门制作羽毛制品,这也许是前哥伦布时期最蔚为大观的艺术表现形式。在秘鲁,用亚马孙地区热带鸟类华丽的羽毛装饰的织物和工艺品也备受推崇。中美洲图画中有很多人穿着覆盖着羽毛和羽翼的衣服,还有羽毛和宝石镶嵌而成的马赛克。在众多用于装饰的鸟类形象中,最受欢迎的是绿咬鹃,因为它尾部的羽毛呈青绿色,具有极高的价值。今天,这种鸟类在少数几个自然保护区勉强生存着。

在阿兹特克社会中有一类特殊的工匠,名为"阿曼特卡"(amantecas),专门从事羽毛加工工艺。手抄本上详细记载了用于制作羽毛饰品或装饰服装、头饰和盾牌的方法。每根羽毛都用一根棉线非常精致地连接在芦苇或者帆布底衬上,制作出极其精湛的彩色马赛克图案。在宗教

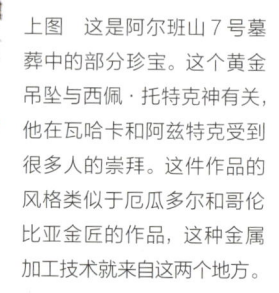

上图 这是阿尔班山7号墓葬中的部分珍宝。这个黄金吊坠与西佩·托特克神有关,他在瓦哈卡和阿兹特克受到很多人的崇拜。这件作品的风格类似于厄瓜多尔和哥伦比亚金匠的作品,这种金属加工技术就来自这两个地方。

左图 前哥伦布时期的中美洲人和秘鲁人擅长羽毛加工工艺。这个阿兹特克盾牌上描绘了一只土狼。皮革的背面覆盖着绿咬鹃和火烈鸟的羽毛,还有金线。

仪式和祭祀舞蹈中，人们会穿上装饰着闪闪发光的羽毛和鸟儿翅膀的服装。

最后，我们来看看引进到中美洲的最后一项工艺技术——金属加工。在南美洲国家，虽然人们很早就知道金银加工技术，但是直到后古典时期，随着瓦哈卡米斯特克艺术家的出现，金银加工才传到中美洲。

技艺高超的米斯特克工匠使用了一系列技术——失蜡法、花丝和凸纹技术，生产出了大量的珠宝、面具、胸饰和金银器皿。阿尔班山的墓穴起源于萨波特克，但后来米斯特克人重新利用了起来，墓穴中有大量的贵重金属，这些都是祭品。在奇琴伊察圣井底部发现的祭品也同样丰富。

米斯特克的金匠，和加工绿松石的工匠一样，有很多人曾为阿兹特克统治者服务。然而，由于西班牙征服者的掠夺，从特诺奇蒂特兰流传至今的贵金属物品寥寥无几。阿兹特克人的金匠之神是西佩·托特克，纳瓦特尔语中的黄金是 *teocuitlatl*，意为"太阳的排泄物"。但需要注意的是，在印加文化中，黄金象征着太阳，因此也是最珍贵的材料。与此相反，在中美洲，黄金的地位却不如玉石或者绿咬鹃羽毛。

上图　这个精致的米斯特克黄金胸牌是采用金银细丝工艺和压花技术制成的。它描绘了一位胸前装饰着历法符号的战士。

中图　在中美洲，项链、手镯和戒指并不是唯一的珠宝佩戴样式。Tentetl 是一种鼻子或者嘴唇的装饰物，也很常见。这件珍贵的黄金艺术品采用了鹰头的形状。

下图　在举行庆典和节日之际，古代中美洲的统治者和贵族们会用华丽的珠宝和头冠来装饰自己，比如这件艺术品一定是某位米斯特克贵族佩戴的。

战争

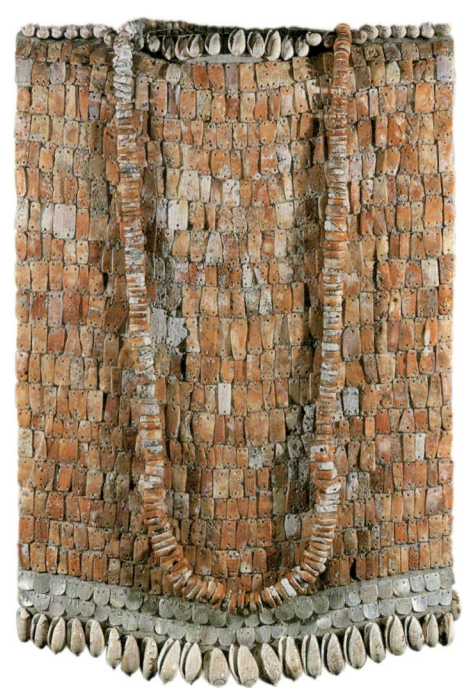

古典时期的玛雅铭文记载了无数的战争和格斗,赞扬了统治者的丰功伟绩,他们开疆扩土,征服邻国,从而提高自己的威望。刻在石柱上的浮雕经常展现敌人向胜利的国王投降的场景,然后国王将他们变成奴隶或者将他们作为祭品献给神灵。

人们发现了许多玛雅武士的图画,形式多种多样,有绘画和陶瓷雕像,能够重现当时他们所穿的战服。在战斗之前,士兵通常会穿着美洲豹皮,戴着面具,这都是为了吸收动物的力量和神力。

玛雅盾牌一般是圆形和凸形的,很少是矩形的。它们可能是用木头或者皮革制成的,那些用于仪式的盾牌则会覆盖着用宝石或者羽毛镶嵌而成的马赛克。虽然我们只找到了一些玛雅盾牌相关的图画,但已经发现了一些阿兹特克和米斯特克盾牌的实物,非常典雅,后者仍然保留着绿松石马赛克的痕迹。

在古典时期,最常用的武器是一种用极其坚硬的

这幅插图展示了古典时期的军服，内容丰富。威武的陶土战士穿着棉质盔甲，可能带有羽毛。他的背上长出了两只翅膀，也许这意味战士象征着飞鸟。他一只手拿着一个长方形的盾牌，这在玛雅人中是很少见的，玛雅人更喜欢圆形盾牌。可以很清楚地看到他的耳盘、大项链和手镯。

上页左图　这个阿兹特克战士的上半身陶瓷雕塑展示了那个时期典型的保护装备。这件盔甲是用羽毛编织的棉垫制成的。

上页右上图　在图拉发现的这个铁甲上面装饰着贝壳和珍珠母，可能具备纯粹的祭祀功能。

上页右下图　这个玛雅雕像，可能描绘了一位神灵，一手拿着一根棍棒，另一只手拿着一个圆形盾牌，身穿长长的护胫和一种护胸甲。

木头制成的长矛,其尖端有一个黑曜石或者燧石磨成的尖头。铁器是由欧洲人带到中美洲的。后古典时期,随着奇奇梅克人的入侵,一种新型武器——弓箭,传入了墨西哥,并相继被米斯特克人和阿兹特克人采用,士兵们会用特制的棉衣保护自己抵挡攻击。有一种古老的武器是投矛器,在纳瓦特尔语中名为 *atlatl*[参见**投矛器(Atlatl)**]。另一种常用的武器是顶端镶有黑曜石的木剑。

玛雅战争习俗中有一个奇怪的细节,那就是给战败的敌人弄一个特殊的发型。俘虏们在被带到国王面前之前会打扮一番,在国王面前他们必须表现出屈服的姿态。中美洲最好战的民族无疑是阿兹特克人,阿兹特克最后的那些国王一旦实现了他们的扩张目标,巩固了他们的边界,就会发动一系列的战争,唯一的目的就是抓获尽可能多的战俘,献祭给维齐洛波奇特利。这些经常发生的战争名为"鲜花战争",战争会带来大量俘虏用于牺牲献祭,牺牲者注定用他们的血喂养战神,以满足神灵嗜血的渴望,并确保太阳继续在轨道上运行。

俘虏们会被带到 *temalacatl*,也就是寺庙顶端的石头祭祀平台,四名祭司将牺牲者固定在平台上,第五位祭司打开他们的胸膛,将仍在跳动的心脏献给神灵。《门多萨手抄本》描绘了一幅战争场景,场景中战士们拽着俘虏的头发,把他们活捉到特诺奇蒂特兰。

军事训练在阿兹特克

跨页图 许多玛雅图画保存了下来,这些画像都与战俘有关:一个例子是彼得拉斯内格拉斯(Piedras Negras)的12号石碑上刻画的浮雕场景,这可以追溯到古典时期结束时。这个细节展示了俘虏们被绳子绑在一起,头发被盘起来向后拉拽,这是他们失败和屈辱的标志。

左图 这是古典时期晚期的一个玛雅陶塑,来自杰纳岛,描绘的是一位面露凶相的战士。他额头上的印记可能是划痕或者文身。引人注目的头饰代表鹿头,玛雅人认为鹿是神圣的动物。

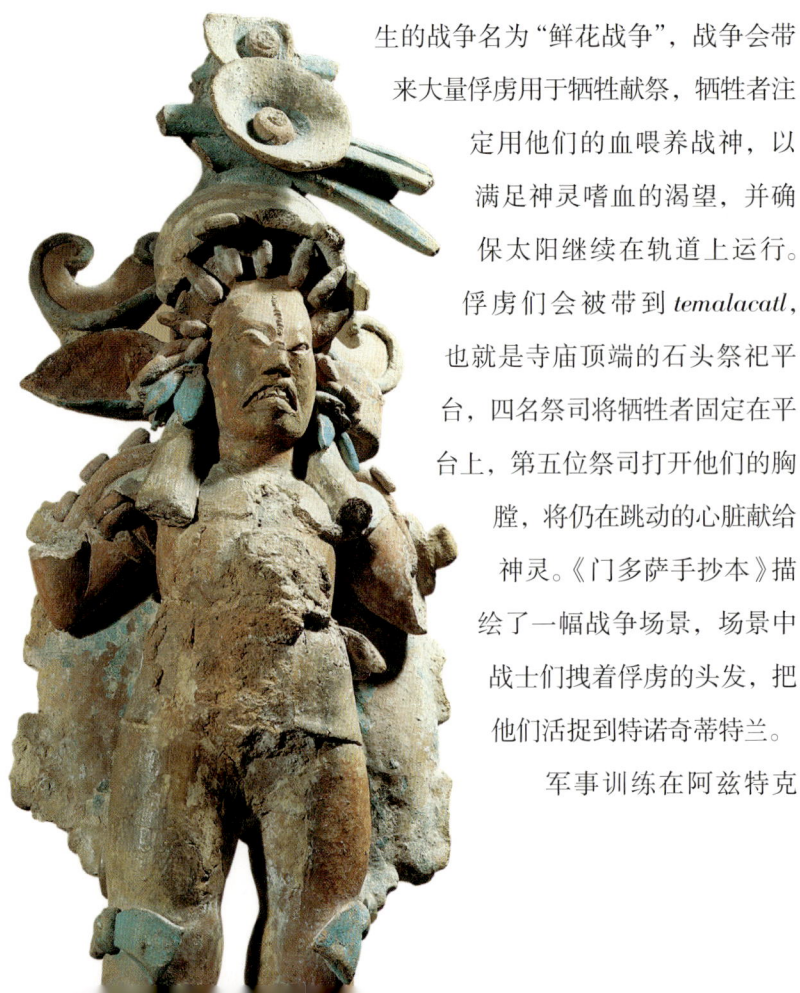

这尊杰纳岛风格的小雕像穿着简单的缠腰布，塑造了一位高贵优雅的战士。他戴着仪式用的头饰和面防护具，右手拿着一个装饰着羽毛的圆盾。

这一场景来自殖民地时期的西班牙手稿，展现了一场血腥的"鲜花战争"，这种仪式性战争深深地震撼了欧洲人。

人的教育中起着主导作用，他们从15岁起就接受最严格的训练。一旦他们长大成人，就没有理由不参加军事行动了。阿兹特克建立了各种各样的军团或者社团，包括"鹰勇士"和"美洲虎勇士"，还有一些名为 quachictin 的职业士兵，也就是"剃头兵"。他们经常在战斗中处于最危险的位置，并享有很大的特权。

死亡以及葬礼

我们对古代中美洲文明的了解大多来自考古挖掘中发现的完整墓穴及其里面的物品。从前古典时期开始，统治阶层埋葬在地下墓穴中，一般是埋葬在神庙建筑的地下。丰厚的陪葬品能够超度死者，帮助他们通往彼岸世界，这些都是了解各种民族物质文化和习俗的重要信息来源。

瓦哈卡州、韦拉克鲁斯墨西哥湾沿岸以及玛雅地区，在这些地区繁荣的文明中，土葬是最普遍的丧葬仪式。死者身上裹着长长的殓服，脸上戴着面具。最有名的死亡面具可能是在特奥蒂瓦坎发现的。然而，在后古典时期，考古发现表明某些地区的丧葬习俗发生了一些根本性的变化。与其他民族相反，托尔特克人和阿兹特克人实行火葬：将尸体用长绷带包裹好，将其烧成灰，和铜斧一起埋葬。

在阿尔班山的仪式中心，萨波特克的贵族们安葬在一个天井围绕着的墓穴中，通过长长的阶梯进入墓穴。墓室的墙壁上装饰着五颜六色的壁画，壁龛内放置着供奉的祭品，陪伴死者步入彼岸世界。同样在瓦哈卡地区，米特拉墓穴里挖掘出了一系列十字形坟墓，这些坟墓位于仪式建筑的地下。

米斯特克人通常将大量的黄金和器皿作为祭品和死者一起安葬。除了这些珍宝，墓穴中还发现了狗和人类的遗骸，人通常是陪葬的奴隶，陪伴死者走完人生最后的旅程。

墨西哥西部文化中也有不同寻常的丧葬习俗。

这个绿松石和黑松石镶嵌而成的面具是以真实的人类头骨为基底制作的，看上去十分可怖，面具与可怕的阿兹特克神特兹卡特利波卡"烟镜"有关。在墨西哥人民的传统中，特兹卡特利波卡代表邪恶，而他的哥哥魁扎尔科亚特尔则是善良和正义的化身。无数牺牲者曾作为祭品献祭特兹卡特利波卡，他们的头骨则悬挂在架子上，或者如本图所示，制成祭礼用具。

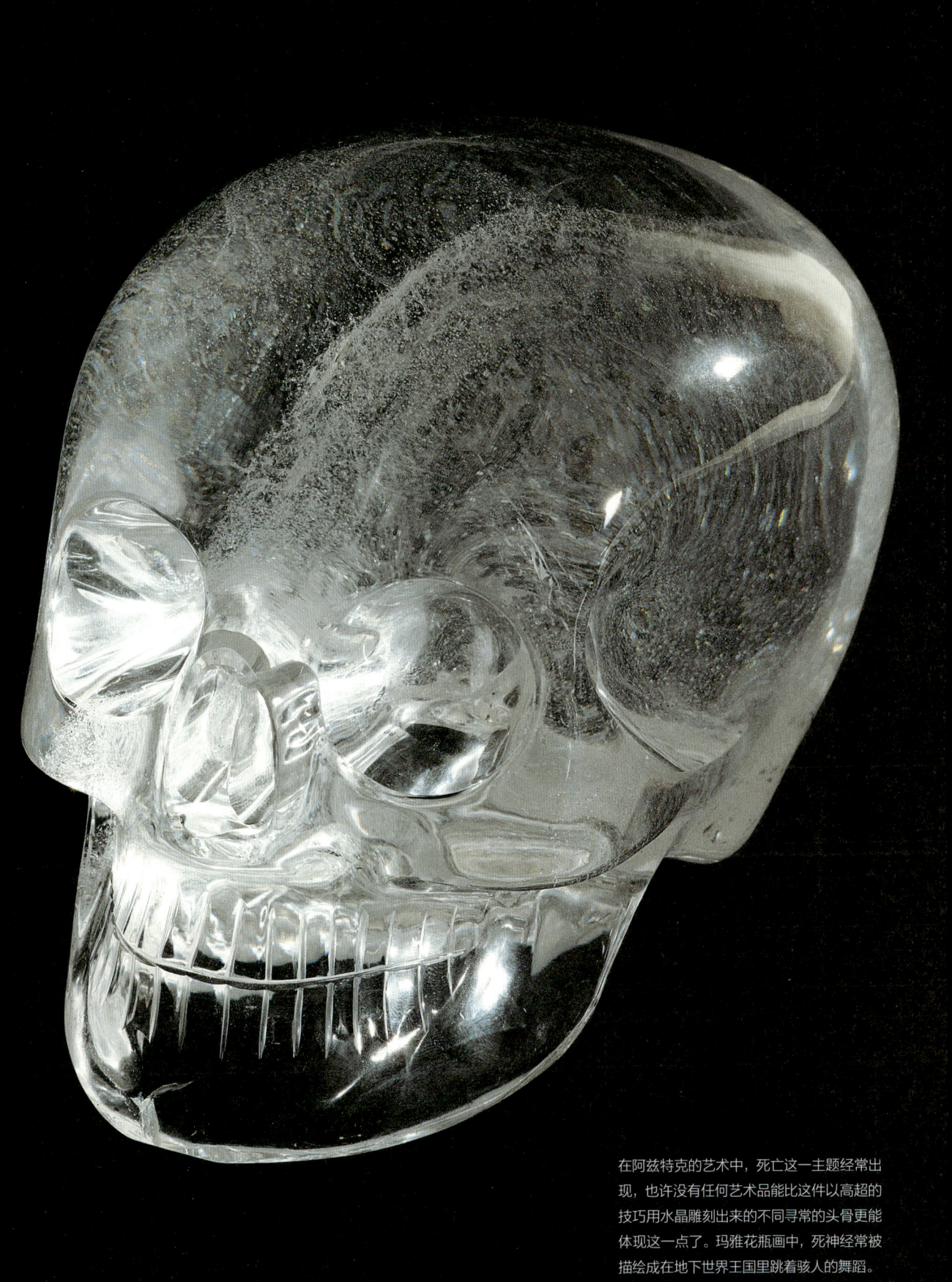

在阿兹特克的艺术中,死亡这一主题经常出现,也许没有任何艺术品能比这件以高超的技巧用水晶雕刻出来的不同寻常的头骨更能体现这一点了。玛雅花瓶画中,死神经常被描绘成在地下世界王国里跳着骇人的舞蹈。

这座巨大而又相当坚硬的雕像就是阿兹特克女神科亚特利库埃，即"蛇裙"。这位女神是阿兹特克部落神维齐洛波奇特利的母亲，她与大地、黑暗和死亡存在一定关系，这一点从她那张看起来像骷髅的脸可以看出。

这个陪葬面具来自特奥蒂瓦坎，陪葬面具是放在死者的脸上的。中美洲的各个民族相信死后会有来生，因此他们在死者的墓穴里摆放了很多陪葬品，以便他们在最后的旅途中什么也不缺。

公元前1千纪，哈利斯科州、科利马州和纳亚里特州，这三州的人们遵循源自厄瓜多尔的传统，将死者安葬于坚固岩石中挖凿的壁龛中。这一习俗再加上和其他文化的相似之处表明了在很早之前，南美洲和中美洲的人民就已经展开了一系列的接触。墨西哥西部的墓穴一般配有多个墓室。据推测，这些墓穴的主人都是来自同一家族，合葬在一起。在这些集体墓穴中，我们可以发现很多动物和人类的陶塑，这些雕塑栩栩如生，表情传神，带有地方的造像特色。成排成排的石头通常围绕着墓地作为界限，这种设计的目的或许是为了将死者与生者的世界划分开来。

考古界已经发现了大量关于玛雅丧葬习俗的资料。玛雅人恢复了奥尔梅克的传统，将权贵显要们的尸身安葬在大型石棺中，并在尸体上及其周围放置一些珠宝、蛇纹面具、羽毛、织品和各种器皿。祭司和抄写员与他们的工具和仪器一起安葬，以便他们在"灵界"可以继续工作。古典时期，玛雅很多城市中的金字塔神庙具有双重作用。这些建筑既是祭祀的场所，也是为国王和贵族们预留的陵墓。最著名也是最重要的一个代表就是帕伦克的碑铭神庙，神庙地下埋藏着帕卡尔国王的大型陵墓。

里奥阿祖尔陵墓（Río Azul tomb）的墙壁上装饰着精美的壁画，上面画有一些与玛雅宗教和宇宙世界有关的符号词汇。地下世界西巴尔巴里血水交融的河流肆意流淌着，这一点曾在圣经《波波尔乌》中提到过。

遗憾的是，我们对于下层人民葬礼的了解并不多。16世纪，西班牙主教迭戈·德·兰达曾讲过，最贫困的家庭会把死者包裹起来，在死者的嘴里放上玉米粒或者玉珠作为他们行程中的祭品和食物。

上图 这个容器的盖子上有三只蓝色的小绿咬鹃,非常迷人。它是一个陶制的骨灰瓮,作为祭品保存在古典时期的玛雅墓穴中。

中图 这幅场景取自《马格里亚贝奇亚诺手抄本》,描绘了在阿兹特克人的葬礼上,人们围绕着一具被缠绕在王座上的木乃伊举行仪式。

下图 古典时期,描绘骷髅舞蹈和举行特殊仪式的视觉形象经常出现在艺术作品中。这个陶塑出土于韦拉克鲁斯地区,描绘了一个坐着的骷髅,双臂交叉着。它欣喜的姿态和怪异的头饰给人一种不协调的活泼感觉。

死者埋在他们的房屋附近或地下,这些房屋随后会被遗弃。贵族们奢华的陪葬品被简朴的泥塑和死者营生行当的工具所取代。兰达还记录了另一个与祭祀死者有关的习俗,这个习俗曾在尤卡坦的一个禁区实行过。在这里,按照托尔特克人的传统,贵族们火化后,骨灰会放在木制或陶制小雕像后脑勺的空洞中。这些人形骨灰瓮并没有像其他地区那样埋在地下,而是保存在亲属的家中,供奉为祖先。

最后,想想这些不同的中美洲民族创造的死亡概念是很有意思的。根据阿兹特克人的思想和传统,生与死是一个统一的整体,他们的葬礼仪式和庆典仪式一样,与欧洲过去和现在的文化形成了鲜明的对比。

西班牙修道士迭戈·德·杜兰曾说过,在16世纪的"献花月",为了纪念前一年死去的儿童和成人,人们会举行长时间的庆祝活动。尽管墨西哥世界已经基督教化,但是"快乐死亡"的概念和相关的仪式并没有在几个世纪后消失,而且至今仍然和通常的天主教仪式一起保留了下来。亡灵节那天,墨西哥城市和乡村的公墓里会举行有音乐和舞蹈伴奏的宴会,让亡灵再次与他们的亲人一起享受尘世生活的乐趣。

文字、天文和时间计算

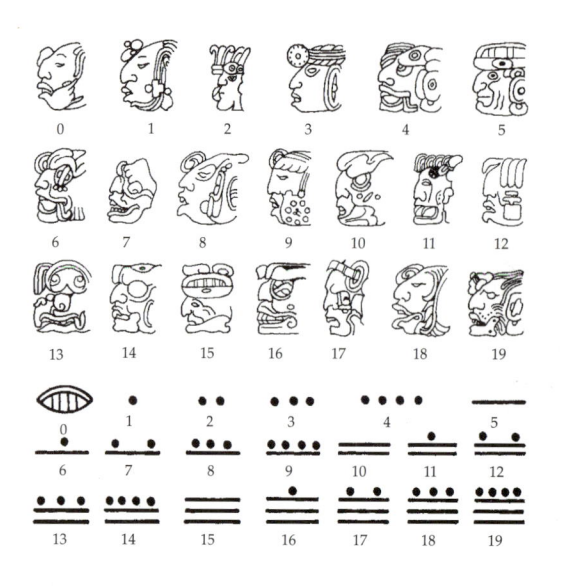

中美洲文字最古老、确凿的证据要归功于瓦哈卡的萨波特克人,可追溯到公元前 600 年。许多石碑上已经发现了历法的象形文字符号,但还有其他符号尚未破译。人们推测,萨波特克的文字系统起源于奥尔梅克文字,但是对于这一点也并不是很确定。

还有证据表明,米斯特克人的图画文字系统继承了后古典时期的萨波特克文化,在鹿皮手抄本上可以看到这些图画文字。文字符号通常用来表示绘画场景中的神话人物或历史人物的名字和日期。因此,在这些资料中,图画元素也有叙述的功能。

有两件来自韦拉克鲁斯地区的文物带有另一种文字系统的痕迹,这种文字

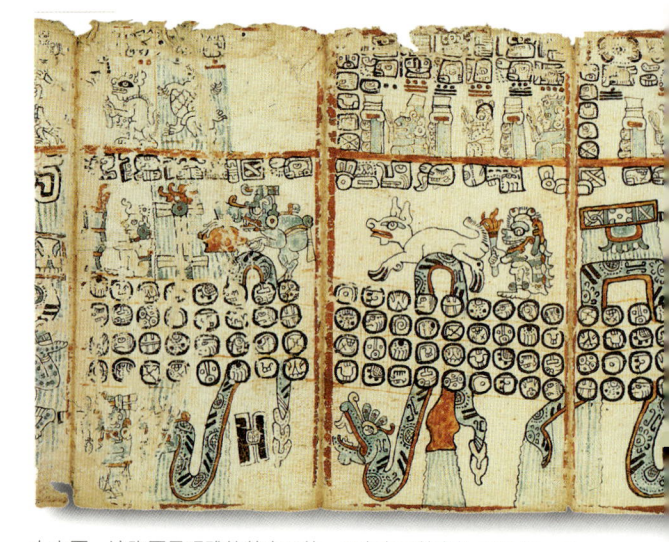

左上图　这张图是玛雅的数字系统,用来表示数字从 1 到 19。圆点表示数字 1,一条横线表示数字 5。数字 20 用月亮的象形文字表示,0 用贝壳的象形文字表示。每一个数字也可以用一个图画式的变体符号来表示。

右上图　玛雅象形文字经常刻在陶器装饰上,比如这个来自瓦哈克通的精美陶罐上就有很多符号。

跨页图　神灵图像和彩绘象形文字点缀着《马德里手抄本》的这几页残篇,《马德里手抄本》是四本著名玛雅手抄本中的其中一本。

系统的结构比萨波特克文字更为复杂，这两件文物分别是拉莫哈拉的1号石碑和图斯特拉小雕像，年代大约在公元前2世纪左右。这两件文物上雕刻的文字混合了不同的功能的字符——由象形字符和表音字符组合而成。这些文字符号已被破译出来，似乎与米塞－索克语中的一种语言有关，据一些专家称，奥尔梅克语也属于这一语系。由于原始资料有限，因此仍然很难将这一文字系统置于一个准确的文化背景中，但可以肯定地说，它是由奥尔梅克语衍生而来的。

低地的玛雅人采用并修改了由象形文字和表音文字组成的同类文字系统。古典时期的浮雕、陶器和壁画上的雕刻图像中，经常发现很多铭文记录。这些基本上都是历史记载，旨在颂扬统治家族的生活，并附有一些历法符号。这些丰富的叙事文献，直到20世纪60年代才被人们破译出来，这都要归功于美国、俄罗斯和其他欧洲国家的碑铭研究者的辛勤工作。

在西班牙主教迭戈·德·兰达的蓄意破坏

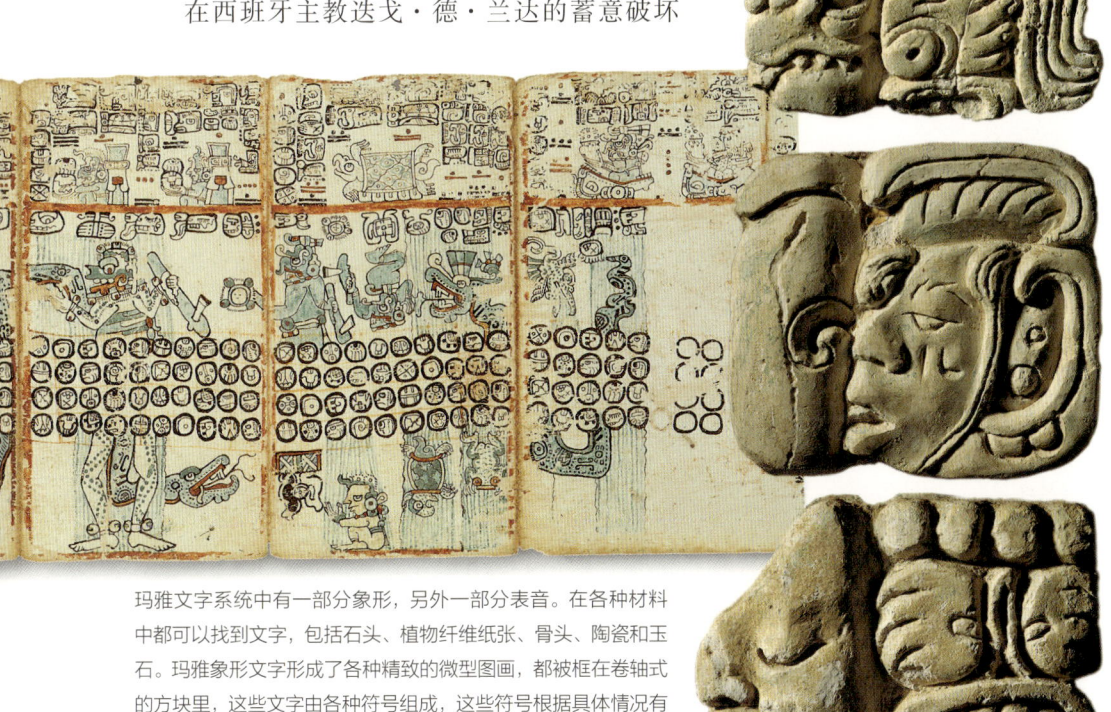

玛雅文字系统中有一部分象形，另外一部分表音。在各种材料中都可以找到文字，包括石头、植物纤维纸张、骨头、陶瓷和玉石。玛雅象形文字形成了各种精致的微型图画，都被框在卷轴式的方轴里，这些文字由各种符号组成，这些符号根据具体情况有不同的解读。右侧的三个象形雕刻文字都来自帕伦克。

下，只有四部玛雅手抄本幸存了下来，它们可追溯到后古典时期。这些手抄本页数众多，由许多龙舌兰或者无花果树皮纤维制成，可以折叠起来，而且书里绘有占卜、宗教和天文等活动和文字符号。虽然这些手抄本都是在西班牙征服前的几个世纪里编纂的，但是作者可能参考了更古老的资料。

阿兹特克很多手抄本，包括详尽得令人叹为观止的《门多萨手抄本》，都幸存了下来。它们记载了丰富的历史和神话资料，显示出人们对时间流逝的浓厚兴趣和高度发达的天文学知识——这些知识在玛雅时期也达到了令人不可思议的高度。研究天体运动和日历计算也意味着需要相当多的数学技巧。

学者们仍在探索知识的起源以及获得知识的工具。一种观点认为，不断观察天体现象并利用这些观察来计算时间的流逝是出于农业社会普遍的需要，这个社会的经济和财富来源于土地上的作物。对于中美洲人民来说，根据他们的天文观测预测洪水和干旱等事件具有重大意义。有人提出了其他想法，但目前仍有许多问题没有得到解决。

玛雅人无疑是中美洲最伟大的天文学家和数学家，这从石碑铭文和现存的手抄本中可以看出。他们对太阳、月亮周期以及太阳系中许多行星运行的知识，了解得非常详细，特别是金星，还可能有木星、火星、水星和土星。

《巴黎手抄本》和《德累斯顿手抄本》是其中最完整、最古老的两篇文稿，其中有许多页记载了金星的周期。人们认为金星不是一颗行星，而可能是天空中最重要的恒星，具有"昏星"和"晨星"的双重作用。金星与战争有关，是一名伟大的战士的化身。日食被认为是非常重要的现象，在《德累斯顿手抄本》中有详细的描述。玛雅人很了解星体的运动，认为北极星特

这个翡翠吊坠的两面如图所示，它是以现在保存它的荷兰城市命名的，取名为"莱顿玉片"。由于这件艺术品有着特殊的意义，它不仅精巧美丽，而且不同寻常。其中一面刻有精致的图像，描绘了一个玛雅贵族将一个俘虏踩在脚下的形象，这个贵族人物被认定为蒂卡尔国王。另一面所刻的是日历铭文，按照长计历算，相当于320年。

别重要，因为它是旅行者和商人的指明灯。

在尤卡坦语中，银河被称为 Zac Beh，意为"白色之路"，玛雅人认为这条路是灵魂去往西巴尔巴的通道。有几位神灵与银河有密切关系，其中最著名的是被称为"云蛇"的托尔特克神米斯科亚特尔。遗憾的是，在《巴黎手抄本》中有一页只零碎地记载了一些最初构成十二宫的人物。

正如宇宙中的所有元素一样，太阳、月亮、行星和恒星都被认为是神圣的存在。古典时期的铭文告诉我们，只有在发现星体结合之后，人们才会举行仪式、战争和祭祀活动。

这是蒂卡尔 31 号石碑上的细节。碑铭讲述了统治这座城市最著名的国王之一——暴风天（Stormy Sky）的故事。20 世纪 50 年代末，玛雅碑铭还没有被破译出来，后来碑铭学家塔蒂亚娜·普罗斯库里亚科夫（Tatiana Proskouriakoff）首先成功地破译了历法符号，这表明玛雅人留下了一系列的碑铭历史文献，专家在他们的手抄本中也发现了很多占卜书。

中美洲的天文学家在专门建造的建筑中履行他们的职责，奇琴伊察的"卡拉科尔"天文台可能就是其中的一座建筑。前哥伦布时期的美洲还没有玻璃和镜头，现存的图像表明，他们使用的工具由一对交叉的手杖制成：星星的位置和运动是根据木头上的凹槽来记录的。

玛雅数学计算使用的是二十进制，几乎可以肯定这是从萨波特克人那里继承而来的。从 1 到 19 的数字用点和横线组成的系统表示，或者用神话中怪物的头表示。月亮的符号用来表示数字 20。有一件或许令人惊讶的事是，玛雅人比古时的印度数学家早许多世纪发现了 0 的概念。

中美洲的艺术作品与宗教诸神有关的图像极其丰富，其中一些神灵，比如月亮女神和雨神，受到所有文明的崇拜，而另一些则更具地域性。这座陶土雕塑代表了韦韦特奥特尔神，阿兹特克人称之为"老神"，其形象和人们对他的崇拜可以追溯到远古时代。

神灵和宗教

中美洲的宗教神灵既多又复杂。石刻浮雕、陶器装饰和壁画中，以及在后古典时期的各种玛雅、阿兹特克和米斯特克手抄本中，都描绘了各种神灵和女神。这些神灵中有许多是各种文明所共有的，他们的崇拜随着时间推移而保存了下来，在不同的地区经常呈现出不同的特征。必须记住的是，中美洲的"神灵"和"宗教"是无法与旧世界的概念相比较的。对于中美洲人来说，一切万物、宇宙的每一元素、人类赖以生存的大地、太阳、月亮、星星，以及构成大自然的一切——动物、植物、水和山脉，都是"神圣的"，都代表着超自然的现象。

从前古典时期开始，在所有中美洲文化中都形成了一系列与自然元素各方面相关的崇拜。这些崇拜的痕迹保存在各种艺术形式的图画中。在整个中美洲都曾发现与美洲豹和玉石有关的崇拜。玉以其半透明的绿色，与水一起被视为生命和丰饶多产的象征。另一个古老的崇拜与山和洞穴有关。许多奥尔梅克和玛雅神庙的入口处都装饰了用石头或灰泥制成的面具。面具非常大，嘴巴大张，具有明显的怪物特征。这些入口象征着山脉两侧的洞穴，这些洞穴可以通往大地母亲的深处，连通着通往地下世界的阴暗道路，地下世界在玛雅圣经《波波尔乌》中称为西巴尔巴。

这座雕塑也是"老神"韦韦特奥特尔神，他的图像在中美洲很多地方都很常见。这位神灵就像韦拉克鲁斯的这件作品一样，通常被描绘成一位弯腰驼背的老人，盘腿而坐，双手放在膝盖上。他的眼睛半闭着，像是出现失明的症状。

在这里，我们只讨论中美洲地区蓬勃发展的不同文明崇拜的最重要的神灵。尽管在时间和地理上存在差异，但这一宗教神灵体系的基本内容是所有民族共有的，诞生于一个共同的文化基础。至高无上的创世神在玛雅人和阿兹特克人那分别演变成了伊察姆纳和奥梅特奥特尔这两位神祇。这两位神灵都体现了二元论的概念，也就是说，他们作为超自然神灵既有积极的一面，也有消极的一面；既是男性又是女性。

正如世界各地的许多古老民族一样，人们对代表生命和光明之星的太阳神有着特

玛雅人将血和香作为祭品供奉给神灵。香首先具有净化的功能。先从软木的树脂中把它提取出来，然后放在用彩陶制成的特殊容器中焚烧，如图中这件蒂卡尔的容器，年代可以追溯到古典时期。

殊的崇敬。玛雅人称这位神灵为克尼切·阿瓦，意思是"伟大的太阳神"。在夜间，他则是美洲豹神：太阳隐藏在人眼之外。阿兹特克人，也许还有托尔特克人，他们称太阳神为托纳蒂乌（Tonatiuh）。他被描绘成头戴鹰冠，这是权力的象征，太阳盘散发出光芒。太阳男神和月亮女神皆为互补。在古典时期的玛雅文化中，月亮女神是由一位年轻女子为代表，她象征着处于满月期的月亮，而女神则坐在一轮新月上，手里抱着一只兔子。在米斯特克和阿兹特克的手抄本中，月亮也与兔子有关，因为中美洲人相信在月亮斑驳的表面可以看到兔头的轮廓。

在后古典时期，年轻女子的图画消失了，据某些学者说，对月亮的崇拜与古代女神伊希切尔的崇拜合二为一，伊希切尔女神与医学和女性生育有关。与之对应的阿兹特克月亮女神可能是柯约莎克（Coyolxauhqui），但这还未能确定。

由于中美洲人通过农业种植获得大部分食物，最令人敬畏的神也许是雨、水之神。干旱意味着天灾和死亡，而生命和财富完全依赖于雨神。整个中美洲都可以找到与这位神灵有关的图画，而且名称各异。对于瓦哈卡的萨波特克人来说，他是科奇乔（Cocijo），而从古典时期开始，在墨西哥中部，人们称他为特拉洛克。特奥蒂瓦坎可能是这位农业神灵崇拜的中心，这种崇拜可能被托尔特克人和阿兹特克人继承了下来。特诺奇蒂特兰大神庙顶部的两

在前哥伦布时代，中美洲一个广受崇拜的神灵是玉米之神，通常被描绘成一位戴着玉米穗头饰的年轻人，充满魅力。这件骨灰盒描绘的就是萨波特克的玉米之神。

个圣坛中，其中有一个就是供奉特拉洛克的。对于玛雅人来说，掌管雨、闪电的神灵是查克神，他的特征就是长长的、卷曲的鼻子，可以追溯到古典时期。公元1000年以后，随着托尔特克人的入侵，在奇琴伊察和尤卡坦的其他中心形成了对圣井的崇拜。竖井是一种天然井，受害者会作为祭品扔进去献给查克神。那些幸存下来并从深渊中爬出来的人会从神灵那里得到回应和预言。

玉米作为主要的农业作物，也有它的守护神。对于玛雅人来说，玉米神是尤姆卡什[1]，起源于古代。他是一位五官清秀的年轻人，头上顶着一株玉米。在墨西哥中部，没有发现早于后古典时期的类似图像，当时人们发现了与玉米和农业有关的各种男性神灵，其中最重要的可能是辛特奥特尔（Cinteotl）。

除了上面提到的那些神灵，还有无数其他神灵也受到了人们的崇拜。由于资料匮乏或者存在矛盾，这些资料往往难以考证。其中值得特别注意的是战神和死神，在阿兹特克人那里分别是特兹卡特利波卡和维齐洛波奇特利，以及代表商人和可可的神灵，特别受到玛雅人的崇拜。公元1000年以后，尤卡坦的托尔特克入侵者把自己的文化带到了玛雅城市，

这尊阿兹特克女性雕像展现的是一位屈膝跪地的女神或者女祭司，戴着珠宝。从她的脸上可以看到在祭祀仪式上留下的疤痕，这是中美洲人的一种习俗。

这座不同寻常的石雕是特卡利（tecalli），一种象征"太阳飞镖"的仪式用品。据萨阿贡所说，这些物品能够让祭司"看见人的灵魂"。

这个彩色陶塑上相当严肃、庄重的人物是阿兹特克神纳帕特库特利（Nappatecuhtli），其名字的意思有点像"四时之主"（Four Times Lord）。这位神灵图像的某些方面让人想起了雨神特拉洛克。阿兹特克人从墨西哥南部地区引进了这种崇拜。

---

[1] 实际上，尤姆卡什（Yum Kaax，"森林之主"）是野生植物和动物守护神，但长期被误认为是农业神，或与玉米神"E神"（God E）混淆。

同时也效仿了一种"外来"崇拜，其历史和起源至今仍是许多研究的主题。魁扎尔科亚特尔是纳瓦特尔语中这位神灵的名字，意思是羽蛇神。在玛雅－尤卡坦语中，他被称为库库尔坎。这位神灵是一个神秘的蛇形人物，身上覆盖着神圣的绿咬鹃的翡翠羽毛。

虽然这种崇拜在后古典时期随着托尔特克人的繁荣而兴盛起来，但是蛇鸟混合生物的图像却有着悠久的渊源，可以追溯到奥尔梅克文明时期。拉文塔的19号纪念碑上就刻着一幅长着鸟喙和鸟冠的蛇形图像。随后，在古典时期，羽蛇神就作为装饰图案出现在韦拉克鲁斯和科潘，3世纪特奥蒂瓦坎有一座重要的神庙供奉着这位神灵。

在西班牙征服之前的几个世纪里，羽蛇神崇拜在整个墨西哥地区十分狂热，最初是受到托尔特克人的影响，后来在阿兹特克人的统治下占据主导地位。在后古典时期的阿兹特克手抄本和玛雅手抄本中，魁扎尔科亚特尔－库库尔坎被描绘成一位有血有肉的人，还被认为是风、知识和艺术的守护神。曾有传说，神话中

在中美洲发现的崇拜中，羽蛇神（也就是这里看到的阿兹特克雕像）崇拜是最复杂和神秘的崇拜之一。与这位神灵有关的图像早在前古典时期就已经存在，但首先随着托尔特克人的崛起而传播开来。

这个浮雕来自奇琴伊察的鹰神庙。它描绘了一只美洲豹正在吞噬一个人的心脏。美洲豹的图像在中美洲艺术中会以多种形式出现。在这个特殊的例子中，托尔特克人一直将美洲豹与死亡和牺牲联系在一起。

与其他崇拜一样，西佩·托特克崇拜也被托尔特克人所吸收，但它的根源是米斯特克文明，在那里他被尊为多产之神和金匠的守护神。正如上图这尊雕塑所展现的那样，他的阿兹特克名字翻译过来就是"我们的剥皮之主"。在纪念他的特拉卡西佩瓦利兹特利（Tlacaxipehualiztli）节日期间，一名受害者会被活剥皮，之后一名战士会穿着这层皮肤长达20天，也许这种仪式象征着种子发芽时破裂的外壳。

上图、下图　阿兹特克的主要神灵都可以在手抄本中找到。这些图像来自萨阿贡的《佛罗伦萨手抄本》，描绘了许多神灵以及他们的特征。

中图　这张羽蛇神的图像也来自《佛罗伦萨手抄本》。后古典时期，阿兹特克人和其他民族把羽蛇神的形象附加在其他神圣的人物之上。因此，他被尊为掌控风、艺术和知识的神灵，承担着至高无上的创造者和文明之神的角色。

浅色皮肤、留着胡子的魁扎尔科亚特尔被他邪恶的兄弟、阿兹特克战神特兹卡特利波卡赶下了王位，然后逃到墨西哥湾，在那里他化为火焰，升上天堂，变成了晨星，或者说金星。在另一个版本中，他乘着巨蛇木筏横渡大海，并承诺他终将回来。阿兹特克国王蒙特祖马二世可能受到了这个传说的误导，认定埃尔南·科尔特斯就是大胡子神。

祭祀和自祭

这个阿兹特克石匣子是用来放置供奉神灵的祭品的。这些祭品会根据当时的情况和供奉者的经济条件而有所不同。盖子里面是"宇宙中心"的标志。

中美洲人举行祭祀仪式，要用鲜血来祭祀神灵。阿兹特克人使用的工具之一是燧石刀（*tecpatl*），这是一种与西佩·托特克神崇拜有关的刀，专用于神圣的祭祀活动。这里展示的就是两把燧石刀，上面装饰着贝壳和黑曜石的碎片。

亚斯奇兰的24号门楣上雕刻着一幅自祭的浮雕。盾豹王站在他的妻子霍克夫人前面，王后正在用一根带刺的绳子刺穿自己的舌头，以献出自己的鲜血，进入幻觉状态。

在前哥伦布时期的中美洲宗教环境中，祭祀仪式发挥着重要的作用。献祭的目的是为了向神灵献上一份礼物，而最珍贵的礼物就是血液。人们认为它是生命再生的精华。

考古证据表明，从早期开始，动物和人类就被用来喂养神灵，感谢神灵，或者在饥荒和干旱的时候安抚神灵的愤怒。对玛雅人来说，最高的祭祀动物是美洲豹，它象征着神圣的力量，但是狗、蜂鸟和火鸡也是祭品。各种各样的仪式上都会有祭祀活动：历法节，加冕仪式和皇室婚礼，建筑的献祭仪式和天文活动。

此外，许多中美洲人都会进行自祭。这是一种从身体各部位自残的伤口中放血的仪式。古典时期的玛雅浮雕和铭文都曾记载过这种令人毛骨悚然的仪式：统治者和他们的妻子，或者祭司和萨满，用黑曜石刀和龙舌兰刺等锋利的工具从自己身上放血。这种行为，再加上跳

从古典时期结束开始，在中美洲各地都可以找到查克穆尔石像，特别是在图拉和奇琴伊察。这些石雕雕刻了一位男性仰面躺卧，双腿交叉的样子。胸前的容器里装着祭品，也许是人类的心脏。

舞和服用药物，会让人处于恍惚的状态，产生幻觉，看到这个世界和地下世界之间的接口。自祭也是为了用生命之血哺育大地，从而确保玉米的丰收。

在后古典时期，许多城市，特别是图拉和奇琴伊察，都建有查克穆尔石像。这些石雕雕刻了一位躺卧着的男性，手里拿着一个盛放祭品的容器，祭品有时候可能是人类的心脏。

书面记载显示，在阿兹特克帝国的最后阶段，为了满足维齐洛波奇特利神的要求，一天之内就在特诺奇蒂特兰的大神庙献祭出成千上万的囚犯。圣殿的墙壁和楼梯上沾满了鲜血，浓郁的血腥味令贵族们不得不用鼻烟壶捂住他们的鼻子。这种习俗引起了臣民的仇恨，破坏了帝国本身的根基。

迭戈·德·杜兰详细记载了阿兹特克人进行的活人祭祀活动，令人感到恐惧。这幅插图来自他的《印第安历史》，展现了祭司正在切开祭坛上牺牲者的胸膛。

131

神圣建筑

宗教和崇拜在古代中美洲人民的生活中占据主导地位，民间力量的一些代表也被认为是神圣的存在。正因为这一点，神庙和陵墓是中美洲主要的建筑遗迹。

神庙——在玛雅语中是"*nah*"（意为"广厦"），在阿兹特克纳瓦特尔语中是"*teocalli*"——城市的中心[参见**神庙（Teocalli）**]。最古老的神庙建筑可以追溯到前古典时期中期，属于奥尔梅克文化。中美洲所有主要的中心，比如阿尔班山、特奥蒂瓦坎、帕伦克、蒂卡尔、埃尔塔欣、奇琴伊察以及其他许多中心，都是以金字塔式神庙为主，其中一些神庙规模巨大。它们的结构象征着一座山，在那里凡人可以接近神灵。山，在玛雅语中称作 *witz*，在墨西哥中部称作 *tepetl*。它在古代就受到了人们的崇拜，不仅在中美洲，前印加秘鲁的许多民族中也都有此习俗。

奥尔梅克和玛雅地区的许多神庙在入口处有不少怪物面具，他们的嘴巴都是张开的。这些神庙象征着代表神奇之地的洞穴。还有一些，比如拉文塔的古代凹槽金字塔，很可能象征着火山。

虽然许多神庙中只有地基保存了下来，但还是发现了一些陶土模型，比如这里看到的例子。

这个常见的建筑结构起源于特奥蒂瓦坎，但随后传遍了整个中美洲。这里展示的就是斜坡-平板，是将一块垂直于地面的面板，也就是平板，放置在一面倾斜的墙上，也就是斜坡上。

这座玄武岩雕塑名为"神圣战争纪念碑"（Monument of Sacred War）或者"石头神庙"（Temple Stone），献祭于1507年墨西哥谷的新火仪式，是阿兹特克人至高无上的象征。它可能是一个王座，结构看上去是一个小型神庙。

阿兹特克和米斯特克人的手抄本展示了许多神圣建筑的结构。这一页来自殖民地时期瓦哈卡的一本米斯特克手抄本，展示的是一些独具风格的神庙。

真正的祭祀场所，也就是祭司和贵族们举行典礼、献祭和宗教仪式的圣坛，位于金字塔的顶端，通过一条陡峭的楼梯可以到达。在仪式和节日期间，普通人可以待在神庙的台基处。在某些情况下，因为这些神殿是用易腐烂的材料建造的，所以没有留下任何痕迹。

许多统治者，比如著名的帕伦克国王帕卡尔，就埋葬在神庙里或者神庙下面，这样他们的尸体就可以安息在神圣的建筑里。在庞大的礼仪中心和城市中，神庙从来不是一个孤立的建筑。它几乎总是建在一个由广场、球场和宏伟建筑组成的建筑群内，如今这些建筑常常被简单地称为"宫殿"，但它们可能具有多种功能，毫无疑问是与神庙的功能相结合的。组成这些仪式建筑群的各种建筑不是随意安排的，常常根据四个方位基点规划的。

除了神庙之外，一些金字塔还具有与时间计算和历法周期有关的特殊功能，埃尔塔欣的壁龛金字塔就是其中一个典例。还有一些建筑结构也与精确的宇宙观有关。蒂卡尔的1号神庙和帕伦克的碑铭神庙都建在九层之上，象征着地下世界的九层。然而，其他具有不同寻常的建筑特征或者结构的建筑暂时确定为天文观测台。其中最著名的有阿尔班山的建筑物J、奇琴伊察的"卡拉科尔"、帕伦克的宫殿塔楼和乌斯马尔的总督府。正如前面已经提到的，观测星星和解读天体现象是中美洲文化的重要活动，与

中美洲人没有真正的拱券，而是使用了"假拱"或者**叠涩拱（Corbel）**。如图所示，这个假拱每块连续的石砖要稍微比下面的石砖突出一点，直到顶部的窄缝被水平板覆盖。

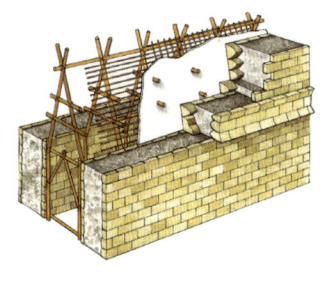

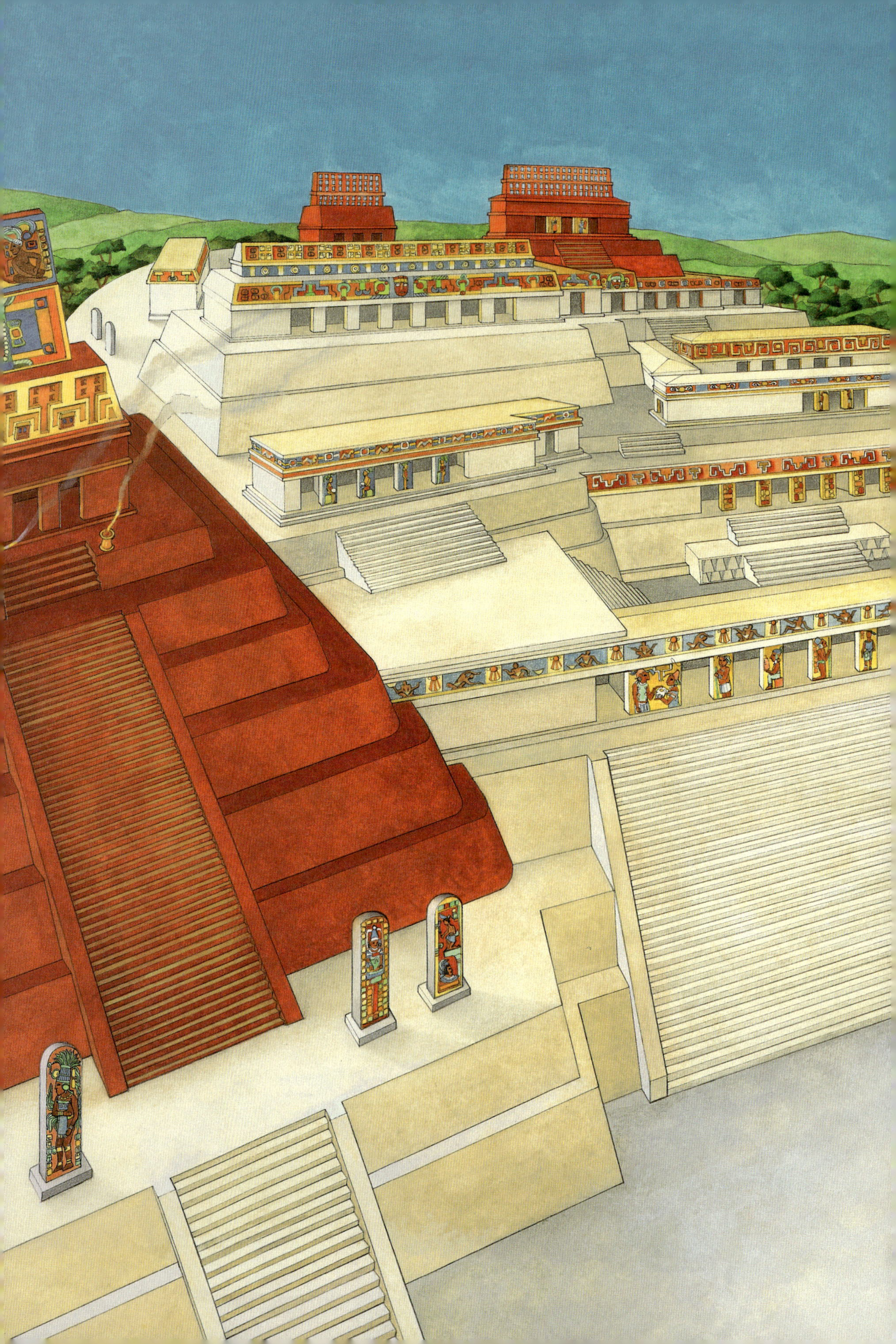

中美洲神庙的形状象征着山，人们认为这些都是神圣的建筑，因为他们能够让人类接近神灵。最古老的神庙可以追溯到奥尔梅克时期，神庙建筑经过几个世纪的发展，逐渐变得更加精致。这幅图再现了危地马拉的彼得拉斯内格拉斯的遗址，展示了古典时期神庙建筑的各种元素。卫城由一系列平台组成，宽阔的楼梯穿过这些平台。顶部建有院子或者"广场"，通常呈长方形，还有住宅楼宇、阶梯金字塔形状的神庙。最高的地方是圣坛，屋顶通常架有**条脊**（Roofcomb）。整座建筑粉刷上明亮的颜色或者覆盖着彩色灰泥。

宇宙创世、演化论和宗教密切相关。因此，在这种情况下，天文台也可以被认为是"神圣"建筑。在某些手抄本和绘画中已经发现了阿兹特克人和米斯特克人建造的天文台的插图（没有留下实物痕迹）。在阿兹特克首都特诺奇蒂特兰，神庙建筑的两侧通常是供祭司成员居住的地方和神学院。最后，完整的中美洲宗教建筑必须有球场，它是专门用来举行仪式性球赛的。

我们还应该记住，就目前所知，中美洲并没有使用过真正的拱券。所有留存下来的拱券都是使用了所谓的"假拱"或者叠涩拱建造出来的。

球赛

球赛是中美洲最古老的仪式性运动，至今仍会在墨西哥西北部地区举行。它可能起源自墨西哥湾沿岸地区，时间追溯到公元前1千纪。奥尔梅克人是第一个观察到从橡胶树上采集到的乳胶具有弹性的民族。在圣洛伦索的奥尔梅克遗址发现了一个早期的球场，非常简朴。中美洲各地的球场都证明这种仪式性运动非常重要，直到西班牙征服之前，阿兹特克人仍然在举行这种运动。

大多数球场由石墙包围的竞技场组成，平面图呈大写字母I形，细分为两个界限分明的平行区域。观众会经常对比赛结果下注，他们坐在台阶上较长的一侧。两个巨大的石环固定在离地面相当高的侧墙上，通常是在球场的中间位置。

比赛会在两个队之间进行，每个队由两个或三个队员组成，选手都是男性贵族。

仅在亚斯奇兰这一处遗址发现了与球赛有关的女性形象。

球员必须将一个沉重的实心橡胶球直接踢到对手的半场，还不能让它反弹至自己的半场。他们的手或脚不能触碰到球，只能用他们的头、大腿和膝盖去触球。这些部位会用鹿皮护垫带保护好，来吸收重达几公斤的球的剧烈撞击。尽管每个地方

上图　一位体格健壮、神情庄重的运动员系着保护带和其他装备，准备参加球赛。这个精美的玛雅雕像来自危地马拉。

下图　所有中美洲文明中都有关于球员的描述。这个墨西哥西部的陶塑是科利马文化的产物，它描绘了一位戴着头盔和保护带的球员。

右图 在这个纪念石盘的中央，浮雕上刻画了一位球员。"球员"周围的长螺旋形铭文上刻着日期，可换算为公元590年。

这件不同寻常的艺术品来自特奥蒂瓦坎，是一块边界石，用来标出举行仪式性球赛的球场。

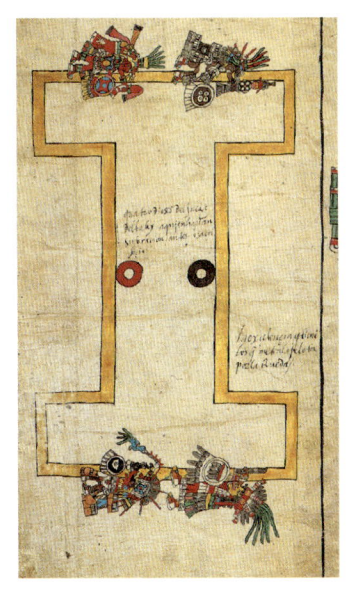

这张图片取自《波旁尼克手抄本》，球员在I形球场的两端各排成一行。插图中间可以看到用于计分的石环。

的比赛规则都不一样，但都是球穿过对手的石环才能获得最高分。

球赛不仅仅是一项简单的运动，还具有重大的宗教意义。球的运动反映了太阳的运动，球员们在太阳走过白天和黑夜的过程中扮演着"支持者"的象征性角色，他们的任务是确保太阳永远不会落到地上。一场比赛可能会持续几天，在某些情况下，输掉比赛的队伍会因为没能支撑住太阳而被斩首。

对玛雅人来说，球赛与人祭活动密切相关。在古典时期，球员可能是战俘或者奴隶：在游戏结束时，输者会被绑在一起变成"球"，沿着梯田被扔出去。同样令人毛骨悚然的还有后古典时期玛雅人的一个传统：胜利者斩下失败者的头颅，然后把他们的头挂在骷髅架上。

在中美洲，人们发现了无数的球场，它们的结构和规模各不相同。然而，特别是在韦拉克鲁斯地区，仪式性球赛非常重要，可以从球场的数量以及与球赛相关的东西看出来，比如石制的"轭""斧头""掌状石"，这些都表明当时举行了各种锦标赛，整个地区的人们都来参加了比赛。

中美洲的考古路线

这是奇琴伊察的一尊查克穆尔石像,位于武士神庙阶梯的顶端。这个人物也许是玛雅－托尔特克文明的象征,后古典时期,玛雅－托尔特克文明在尤卡坦的这一处遗址曾经繁荣过。

发现迷失的世界	140	博南帕克,彩绘勇士之城	234
比亚埃尔莫萨,奥尔梅克巨像的故乡	150	亚斯奇兰,一个充满活力的城市	238
阿尔班山,神秘象形雕刻文字之城	155	瓦哈克通,太阳观测台	241
米特拉,石头马赛克宫殿	167	蒂卡尔,玛雅金字塔的巅峰	245
埃尔塔欣,光影下的建筑	171	科潘,石碑之城	254
特奥蒂瓦坎,众神之城	175	乌斯马尔,建筑平衡的杰作	263
图拉,传说中的托尔特克之都	186	卡巴,对查克的崇拜	271
霍奇卡尔科和日历	189	拉布纳,普克风格的瑰宝	274
奇琴伊察,美洲豹和羽蛇	193	萨伊尔,王宫之城	276
特诺奇蒂特兰,湖中大都市	206	埃兹纳,不同风格的聚会	280
卡卡斯特拉,一个未解之谜	216	兹比尔查尔顿,一段动荡的历史	282
帕伦克,帕卡尔国王的骄傲	221	图卢姆,海边的堡垒	284

发现迷失的世界

在西班牙征服之前的几个世纪里，中美洲的各种文明相继出现，通过各种建筑留下了他们的无数痕迹，这些建筑的美丽和规模至今仍然让游客叹为观止。因此，我们很容易理解 18 世纪和 19 世纪的旅行者和探险家们所感受到的惊喜和奇妙，因为他们目睹了玛雅人在遥远的过去建造的奇异而雄伟的建筑所呈现的奇观。这些建筑荒废了几个世纪，其中大部分都湮没在了繁茂的热带植被中。

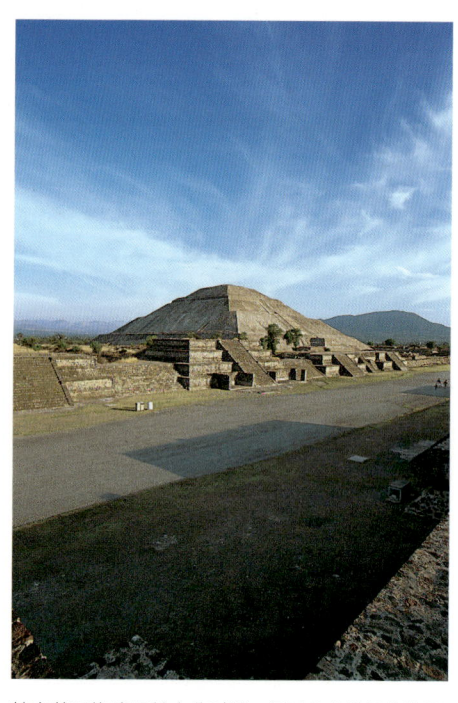

特奥蒂瓦坎建于前古典时期，经过几个世纪的发展，成为一座真正的大都市。在这里看到的太阳金字塔是继乔卢拉金字塔之后墨西哥最大的神庙建筑。这座神庙建在一个山洞上，从设计和遗迹来看，这里是一个泉水崇拜的圣地。

这些旅行者中有位美国律师，名叫约翰·斯蒂芬斯（John Stephens），和一位名叫弗雷德里克·卡瑟伍德（Frederick Catherwood）的画家。1836 年至 1850 年间，卡瑟伍德去玛雅地区游玩了几次，发现了许多遗址，他将这些地方精心地用素描和水彩画记录了下来。具有古老根基和神秘特征的文明第一次展现在一个西方人的眼前。这位西方人对那些征服的历史早已淡忘，他开始对那些遥远的时代和异国的土地进行"奇妙科学"的探索。

如今，多年的考古研究已经表明，许多仪式中心和城市是由于火山爆发和地震等自然灾害而消失的；其他建筑则是由于入侵、饥荒或者未知的原因而被遗弃。最引人注目的代表就是传说中的阿兹特克首都特诺奇蒂特兰，在埃尔南·科尔特斯率领下，只有少数遗迹在西班牙人毁灭性的贪婪和愤怒中幸存了下来。

在研究了古代中美洲文明的历史和文化的主要内容之后，我们现在可以对保存下来的遗迹——神庙、"宫殿"和其他纪念性建筑，展开一次考古之旅。这些遗迹是这些

上图　奇琴伊察的卡斯蒂略是一个坐落在方形底座上的大型金字塔。共有四条梯道，每边一个，都可以通向顶部的圣殿。这座金字塔神庙是建在一个年代更古老、规模更小的神庙建筑外面。而内部那座更古老的神庙从来没有被拆除过，现在仍然被外层的建筑结构包裹着。

左下图　位于阿尔班山的J号建筑是萨波特克人在前古典时期建造的。它与五车二（御头座α）星排成一条直线，可能是一个天文观测台。

右下图　在托尔特克图拉神庙的亚特兰蒂斯人柱子上仍然可以看到色彩的痕迹。这些巨大的雕像柱曾经支撑着平台上方圣殿的屋顶。

城市宗教力量和公民力量的象征，在时间的长河中沉浮。旅程开始于公元前 2 千纪，中美洲人民在一个乡村建造了第一座伟大的石头建筑，乡村位于墨西哥湾沿岸韦拉克鲁斯和塔巴斯科的热带地区。在这里，奥尔梅克人建立了中美洲最古老的礼仪中心，其中最壮观的无疑是拉文塔的仪式中心。今天，拉文塔的建筑陈列在比亚埃尔莫萨的考古公园里。

尽管奥尔梅克文化的许多方面依然尚未揭晓，但它的文化似乎并没有完全消失，而是被一代又一代的文明继承了下来。比亚埃尔莫萨考古公园里有一些最能代表古代墨西哥的古迹：巨大的玄武岩头像，有着独特的身体特征。

我们的行程将继续前往瓦哈卡地区的主要中心：萨波特克首都阿尔班山，以及在后古典时期最繁荣的米特拉。韦拉克鲁斯地区的埃尔塔欣最初可能是托托纳克的中心，后来由瓦斯特克人接管。这是一个非去不可的目的地，原因有很多，但主要是因为它与仪式性球赛有关。在其他任何地方都没有发现那么多的球场，也没有发现那么多与球赛有关的遗迹。

"众神之城"特奥蒂瓦坎是古典时期中美洲最大的城市，建有很多壮观的金字塔和大道。也许这是一个伟大的朝圣中心，其政治影响力和文化影响力延伸到了中美洲的其他地区。然而，直到今天，这座城市建造者的身份仍然是个不解之谜。

特奥蒂瓦坎被废弃之后，它的文化遗产由霍奇卡尔科和图拉的居民继承下来。在图拉，从 900 年开始，托尔特克人热衷崇拜古老的羽蛇神，把它叠加在他们自己的文化英雄托皮尔岑身上，后者被称为托皮尔岑·魁扎尔科亚特尔。现存的图拉遗址与原本对这座托尔特克首都神话般的描述相比，显得简朴多了，它包含了后古典时期典型的建筑特色：亚特兰蒂斯人[1]雕像、查克穆尔石像和特

蒂卡尔的 1 号庙高约 45 米。一条非常陡峭的梯道通向顶部的圣殿，其屋顶建有一个雄伟的条脊，这是许多玛雅建筑的特色。

---

1 希腊泰坦神阿特拉斯因反对奥林波斯神而被罚在极西处以肩顶天，而传闻中亚特兰蒂斯（大西洲）的统治者就是阿特拉斯。

上图　帕伦克玛雅仪式中心的景观：左边是碑铭神庙。在这座神庙的地基下面隐藏着帕卡尔国王的陵墓。中间是"宫殿"遗址，可能是一个住宅区。神庙的最高处耸立着一座四层塔楼，这可能是一个天文观测台或者瞭望塔。

左下图　两根巨大的圆柱，顶部是长方形的柱头，装饰着尤卡坦的玛雅中心查科穆尔敦宫殿（Palace of Chacmultún）的正门，代表了普克建筑朴素典雅的风格。

右下图　门上的装饰是查克神的面具，他的鼻子又长又卷，俯瞰着尤卡坦斯拉帕克宫殿（Palace of Xlapak）的主入口处。这处遗迹也属于普克风格。

143

佐姆潘特利，展现了一个由武士贵族统治、祭祀仪式盛行的社会。在令人印象深刻的奇琴伊察中心，我们可以找到许多相同的元素，这里比其他任何地方都能证明古玛雅文化融合了源自墨西哥的新托尔特克元素，并与之共同发展。12世纪左右，奇琴伊察和图拉开始衰落，与此同时，前哥伦布时期墨西哥最后一个强国阿兹特克帝国正在发展壮大。

接下来我们前往特斯科科湖和特诺奇蒂特兰 – 特拉特洛尔科这座双子城。如今，只有少数遗迹可以证明蒙特祖马二世古都的辉煌，1521年埃尔南·科尔特斯占领了这

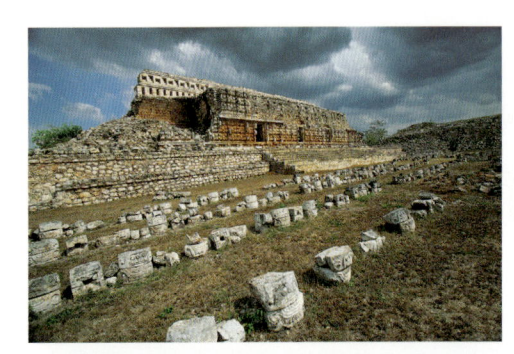

左上图　卡巴面具宫殿的前面装饰着数百个巨大的查克神面具石像，这座建筑因此而得名。

右上图　在尤卡坦的奇卡纳，建筑都是普克风格，最著名的是2号建筑，它的主入口是由一个大地怪物张开的大嘴形成的。

下图　埃兹纳（Edzná）的建筑融合了各种风格，给这个地方增添了不少独特的魅力。这里看到的五层金字塔建筑结构复杂，这在玛雅建筑中并不多见。

座古都。

广阔而又部分未知的玛雅世界需要制定独立的旅游路线。许多遗址被从热带植被的遮蔽中解救出来后，至今仍能激发游客对古典时期这些城市所享有的财富的憧憬。已经证实，与阿兹特克人相比，玛雅人从未建立过真正的帝国，而是在各个城邦之间建立各种联盟。这些城市虽然有着共同的特征，但又各有不同，每个城市都有自己独特的建筑风格和建筑物。我们从最富有和最负盛名的城市之一帕伦克开始。这座城市在帕卡尔和他的儿子强·巴鲁姆（Chan Bahlum）的领导下发展得十分昌盛。

然后，我们继续穿过恰帕斯地区，向墨西哥和危地马拉之间的边界前进，到达博南帕克。这里的废墟保存着很多非凡的壁画。

科潘的H号石碑是洪都拉斯众多纪念碑中的一个，它们代表了这座玛雅城市的特征。纪念碑上大都描绘着统治者的正面特征，表情庄重。这一图像上还刻有代表宇宙和神话的符号，使得整个雕塑几乎呈现出巴洛克的风格。

然后我们将参观三座著名的城市，它们都坐落在富饶的佩滕（Petén）地区，分别是亚斯奇兰、瓦哈克通和蒂卡尔。继特奥蒂瓦坎之后，蒂卡尔是前哥伦布时期中美洲最大的城市之一。科潘位于玛雅的最东部，坐落在现在的洪都拉斯。科潘的纪念性建筑虽被毁坏了，但是它们的壮丽从未让游客失望，这些建筑原本都是为了庆祝统治王朝的荣耀而建的。

在800年到1000年之间，玛雅文化的中心转移到了尤卡坦，那里的城市比如乌斯马尔、卡巴和拉布纳，在普顿人和琼塔尔人等墨西哥人的影响下繁荣了起来。这些遗址因其典雅的普克式建筑风格而备受关注。

奇琴伊察和玛雅潘的玛雅-托尔特克城市衰落后，尤卡坦地区建立了一些防御中心。其中，远眺加勒比海的图卢姆是我们考古行程的最后一站。这是后古典时期最后的玛雅据点之一，直到1518年，西班牙征服者登上尤卡坦的海岸。他们的船长，胡安·德·格里哈尔瓦（Juan de Grijalva），被图卢姆的建筑深深吸引住了，他形容这些建筑"比塞维利亚还要美丽"。

乌斯马尔四方"修女院"的建筑细节，展现了巨大的查克神石像，张开的大嘴，突出的鼻子，栩栩如生。

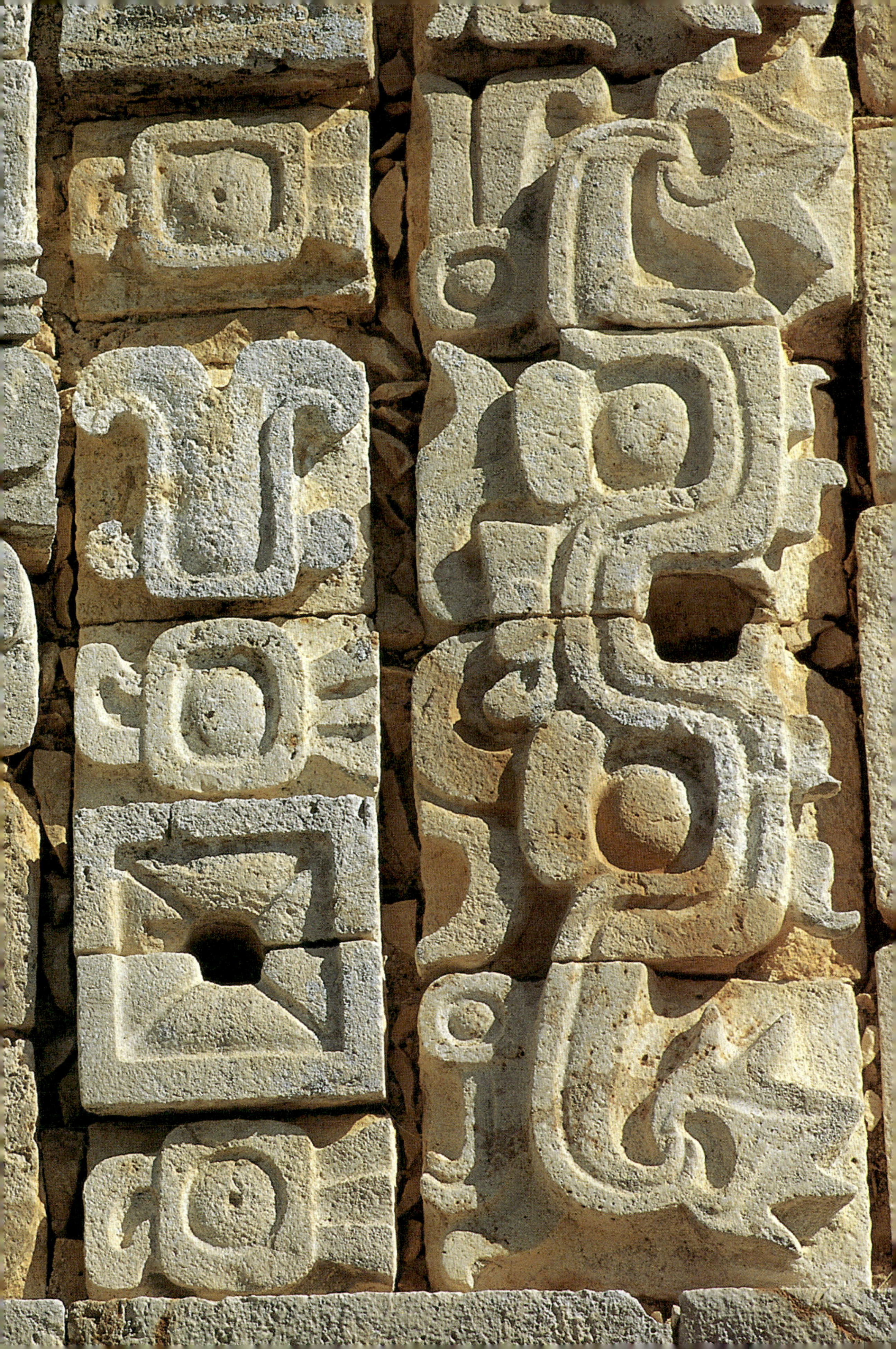

玛雅城市图卢姆位于加勒比海岸的绝佳位置，坚固的城墙，再加上严密的建筑结构，使得这座城市看起来像一座堡垒。

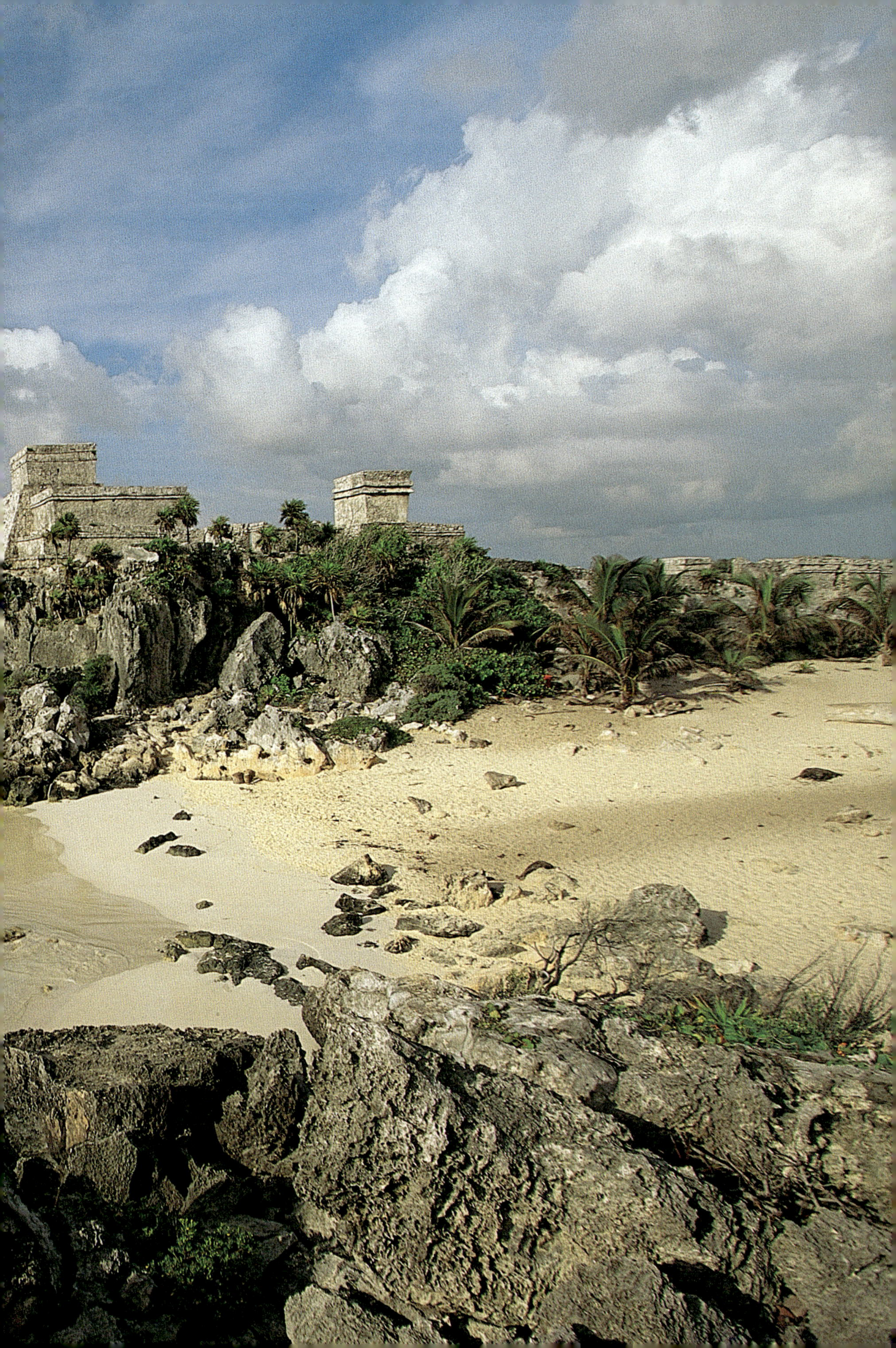

比亚埃尔莫萨，
奥尔梅克巨像的故乡

这个巨石头像与其他的有些不同，因为石像上的面部特征几乎没有勾勒出来，头像上的许多切口似乎代表着脸上的划痕。

在前古典时期，奥尔梅克文明的三个主要中心：圣洛伦索、拉文塔和拉古纳－德洛斯塞罗斯，建立在墨西哥湾沿岸地区的热带低地地区，逐渐开始发展起来。随着圣洛伦索突然神秘地被摧毁之后，拉文塔可能在公元前900年左右达到了文化顶峰。拉文塔建立在奥尔梅克文化区东部的边缘，靠近托纳拉河沼泽中的一个小岛。农民、工匠和渔民可能就生活在离岛不远的河岸上。这座城市面积超过5平方千米，在公元前900年到前400年间是一个相当重要的政治中心和宗教中心。

拉文塔的建筑沿着南北轴线排列，展现了许多圣洛伦索不为人知的建筑和创新风格。其中包括三块复杂的蛇形马赛克地板，一些学者认为它们描绘的是美洲豹面具。拉文塔遗址最令人印象深刻的纪念性建筑是一座气

左上图　比亚埃尔莫萨考古公园发现了一些奥尔梅克石碑，令人印象十分深刻。这是一个祭坛，或者说是王座，上面雕刻着一位抱着孩子的人物形象。

左下图　奥尔梅克文明的独特之处在于用火山石雕刻的巨石头像，正如这里所看到的一例。它们刻画的可能是达官贵人，也许是战士或者国王。

势恢宏的圆锥形建筑，高 34 米，由夯实的泥土建成，位于城市的最南端。它独特的凹槽结构被解释为象征着一座火山，也许是图斯特拉地区其中一座火山，而这个地区可能是奥尔梅克人的家园。

位于今塔巴斯科州的比亚埃尔莫萨考古公园里有象征奥尔梅克文化的石头建筑：石碑，也就是所谓的祭坛，更有可能是王座；还有具有独特面部特征的巨石头像，这些头像也许刻画的都是统治者的肖像。制作这些巨石的火山石是跨越了相当遥远的距离，从图斯特拉地区经河流运送过来的。

奥尔梅克宗教信仰的细节在很大程度上依然知之甚少，但是其中一个重要的方面传承给了历代文化：对美洲豹的崇拜。在讨论奥尔梅克考古时无法不对这一方面展开研究，这也是构成前哥伦布时期中美洲历史的基本内容。在中美洲最古老文明的图像中，以及在南美洲的一些地区，比如秘鲁，我们发现一直存在着一种具有猫科动物特征的动物。在中美洲地区，这被称为对美洲豹的崇拜。美洲豹生活在炎热潮湿的热带森林中。墨西哥、危地马拉、伯利兹和亚马孙河流域的部分地区一直是这种动物理想的栖息地。这种动物在安第斯山脉无人知晓，但是在那里发现了另一种大型猫科动物：美洲狮，它的名字"puma"来源于克丘亚语，这是印加人使用的一种语言。

最古老的美洲豹图像可以追溯到奥尔梅克人，他们是中美洲文明的"文化之母"。考古发现仅仅给我们提供了关于奥尔梅克众神的信息。有证据表明，奥尔梅克人崇拜一位混血神，它是人类和猫科动物的结合体，人们将它描绘成"美洲豹人"。美洲豹图像在装饰石碑的浮雕中反复出现，经常与其他动物形态的神灵，比如鸟类、蜥蜴和蛇联系在一起。

拉文塔的奥尔梅克式的巨石头像重达数吨，至今仍然是个未解之谜。分析表明，雕刻石像的火山岩来自图斯特拉山脉。

左上图　拉文塔所谓的祭坛有可能是王座。上面的浮雕和立体装饰与人类或美洲豹的形象有关。图中展现的是一个蹲伏着的两者的混合体。

右上图　这个巨大的奥尔梅克火山石雕像展现了一位戴着头饰的人，安静地坐着，双腿交叉，双臂放在膝盖上，摆出庄重的冥想姿势。

下图　这是拉文塔的一个巨大祭坛或者王座，有一个壁龛，里面有位盘腿而坐的人，也许是萨满或者国王。雕像上方的石板上刻有装饰，似乎是美洲豹的下巴。

奥尔梅克的传统，包括对美洲豹的崇拜，在接下来的几个世纪里都影响了中美洲文化。这些文化中的美洲豹神都结合了他们自己的改良。美洲豹崇拜也许在玛雅众神中最为突出，在韦拉克鲁斯、特奥蒂瓦坎、阿尔班山和周边地区，也都有崇拜美洲豹的习俗。在后古典时期，这种崇拜也被托尔特克人和阿兹特克人继承了下来。

因此，我们必须知道为什么这种特殊的动物神灵如此重要，它广为传播的原因又是什么。正如我们已经讨论过的，中美洲宗教是建立在"纳瓦尔之道"和萨满仪式的基础上的。纳瓦尔这个词是阿兹特克语，意思是"伪装"，而在玛雅语中是 *Uay*，翻译过来就是"动物朋友"。

在萨波特克人和玛雅人的宗教信仰中，精英和萨满是类似于神灵的存在，在动物王国中具有一个对应的自我。通过化形为这些动物，他们可以与神灵和超自然世界进行沟通。萨满，仍然存在于今天的中美洲，可以说是一种与巫医结合的祭司。他们不是通过简单的供品和祈祷与神灵交流，而是通过举行特殊的幻觉仪式。在跳完规定的舞蹈、放血和服用药物之后，萨满会进入一种恍惚的状态，并呈现出他们的 *Uay*（动物朋友/动物他我[1]）的样子，这会使他们与特定的神灵进行直接接触，并让他们体验到超自然的幻象。对于奥尔梅克人和玛雅人来说，美洲豹是最为重要的动物他我，这一点从许多描绘国王和萨满以及类似美洲豹的生物的图像中可以看出。

此外，美洲豹体现了太阳神夜间的一面，因此与夜间崇拜也有关。在这方面，它是大地深处、农业丰收和洞穴的守护者，而洞穴是进入地下世界的途径。

拉文塔有很多马赛克，人们认为这是美洲豹的头像，非常独具特色，比如这里看到的一例。

---

[1] 他我（alter-ego）或称同我、异我、另（一自）我，人类学概念。古代萨满教相信草木禽兽与人命运密切相关，这些草木禽兽便是人的"另一自我"。动物他我即一类他我。

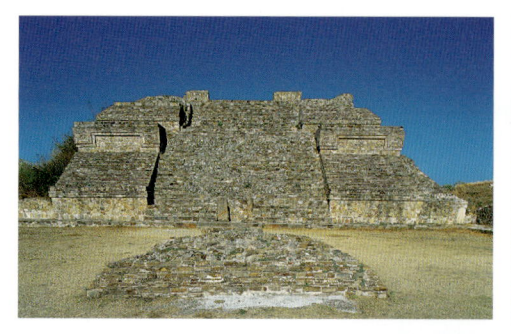

左上图　阿尔班山的阶梯式金字塔建筑名为建筑群 M，使用了斜坡－平板结构，表明受到了特奥蒂瓦坎建筑风格的影响。

右上图　这张阿尔班山的照片展现了巨大的主广场的一角，还有建筑群 M 和舞者神庙。

下图　从前古典时期到后古典时期，瓦哈卡地区的阿尔班山是萨波特克人的"首都"。这张全景照片展现了从 N 平台看到的主广场。

阿尔班山，
神秘象形雕刻文字之城

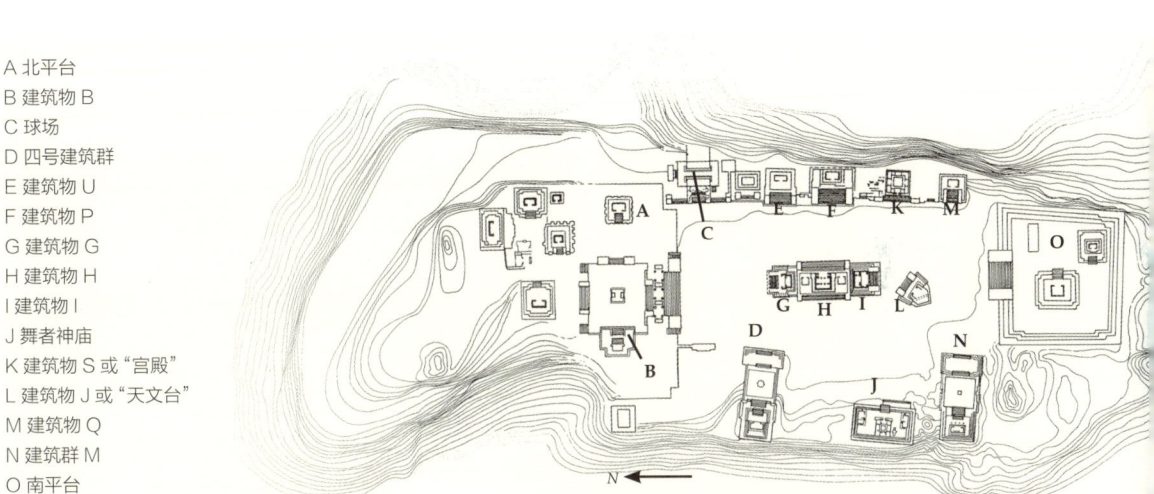

A 北平台
B 建筑物 B
C 球场
D 四号建筑群
E 建筑物 U
F 建筑物 P
G 建筑物 G
H 建筑物 H
I 建筑物 I
J 舞者神庙
K 建筑物 S 或"宫殿"
L 建筑物 J 或"天文台"
M 建筑物 Q
N 建筑群 M
O 南平台

在阿尔班山发现了美洲豹崇拜以及与之相关的图像。正如这尊赤陶雕像所展现的，一只坐着的美洲豹，脖子上戴着"项圈"或是"围巾"。

北平台是阿尔班山最宏伟的建筑，这里展现的是其中的一个细节。它与北面的主广场接壤，分隔着神庙区和城市住宅区。

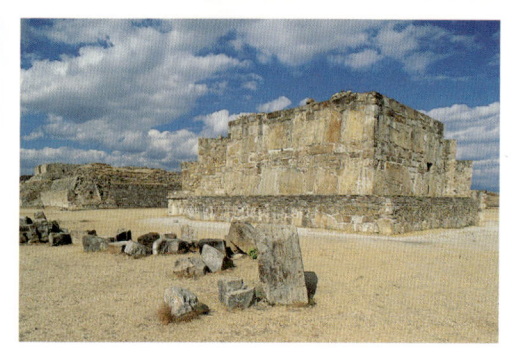

上图 阿尔班山现存的大多数遗迹可以追溯到古典时期这片遗址开始有人居住的时期。主广场中心是建筑物 H，广场中央另一侧是建筑物 J。

左下图 阿尔班山的建筑物 J，它那与众不同的箭头形状指向西南方向，可能曾经是天文台。萨波特克人在科学和天文学方面知识水平很高，这些知识后来都由玛雅人继承掌握了。

右下图 阿尔班山的建筑物 J 与明亮的五车二星的运动方向一致。其他中美洲的建筑，比如奇琴伊察的卡拉科尔和帕伦克塔楼，可能也是用来观测天文现象的。

瓦哈卡最重要的中心阿尔班山，于前古典时期中期，也就是公元前500年左右，由萨波特克人建立。瓦哈卡山谷居民一直与奥尔梅克人保持着密切的联系，他们在所继承的奥尔梅克文化的基础之上进行建设。考古研究表明，早在前古典时期中期，瓦哈卡地区的萨波特克人就已经"发明"了文字和历法计算方法，并向其他民族传播。在阿尔班山发现了中美洲最古老的历法的痕迹，也就是260天的仪式历。这些符号可以追溯到前古典时期的中期到晚期，并且还有一块尚未破译铭文的石碑。有一些证据可以表明奥尔梅克人使用了文字符号，创造了历法。萨波特克人可能从他们那里获得了这些知识，然而，目前还没有足够的证据可以确定。

萨波特克天文学研究与时间计算密切相关。公元前200年左右，阿尔班山特别的建筑之一，被考古学家称为建筑物J，矗立在主广场上。从平面图上看，这座建筑呈箭头状，从地平线上升到天顶，与明亮的五车二星精确地保持在一条线上。

阿尔班山位于一片高地之上，俯瞰着瓦哈卡山谷。阿尔班山早期（也称阿尔班山一期），时间可以追溯到公元前500年至前100年，当时已经建有许多石制建筑。从这时开始，这座城市在短短几个世纪的时间里发展成为瓦哈卡最重要的宗教中心和政治中心。

公元前100年至公元250年（阿尔班山二期），阿尔班山原始的中心改造成了一个广阔、复杂的城市中心，在山坡建造的多层平台上，住宅区在小型围地里逐渐发展了起来。

城市的中心是一个巨大的矩形广场，周围分不同阶段建造了无数神庙平台（宽阔的阶梯可以到达）和其他仪式建筑。正如其他重要的中美洲遗址一样，这里也有一片区域设计成了

建筑物J的这个细节展现了一面墙上雕刻的一些象形文字。它们最初都涂有颜色，现在仍然可以看到一些上色的痕迹。萨波特克的文字系统是迄今为止中美洲已知的最古老的文字系统。

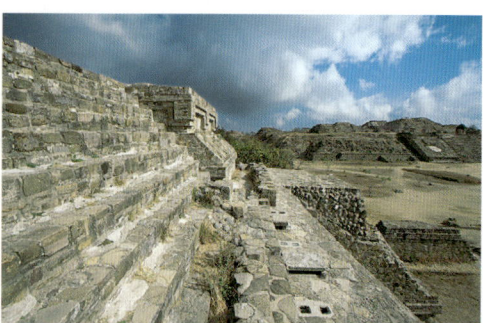

左上图　阿尔班山的神庙，如图中所示的四号建筑群和建筑群 M，都是阶梯状的金字塔结构，采用的是在特奥蒂瓦坎发现的斜坡－平板结构的改进版本。

右上图　这里展现的是建于古典时期的阿尔班山四号建筑群的细节，梯道底部的斜坡－平板结构清晰可见。

下图　阿尔班山是萨波特克人的首都，而我们对萨波特克人的了解大部分来源于考古发现，因为除了数学和历法符号，他们的文字系统还有待破译。在阿尔班山的鼎盛时期，它一定是一座令人印象深刻的城市，现在依然可见的遗迹就暗示了我们这一点。

球场，用于举行仪式性的球赛。阿尔班山球场沿袭了经典的大写字母"I"形状，特点就是设计了很多壁龛，可能是为了放置神像。

建筑物 J 是在阿尔班山二期工程期间建造的。然而，另一个更早的建筑可能是最著名，也最能代表萨波特克文化的建筑，它就是舞者神庙，位于广场西侧两个相似的建筑物之间的偏南位置，建造年代在公元前 400 年至前 200 年。

这个神庙的外部和外部楼梯的台阶上有很多石板，形状和大小各不相同。石板上雕刻了 140 位男性，形成一个长长的浮雕饰带，非常与众不同。这些人物展现了他们扭曲的身姿和动作，被认为是舞者——这座神庙也因此而得名。一些人身体异常，比如驼背；另一些人则留着短胡子。他们的面部特征与奥尔梅克人相似。然而，这些雕刻作品中最令人惊讶的是经常出现对性虐待的描绘。在许多例子中，性器官的位置已经变成了一些独特的符号，这些符号象征着四处飞溅的鲜血。根据这些细节，这些令人吃惊的浮雕最广为接受的解释是，这些人实际上是被杀害的俘虏，在某些情况下被肢解了。也许这是萨波特克人进行的某种可怕的仪式，他们将在战争中俘获的敌人献祭出来，用他们的鲜血"侍奉"大地。

这些图像上有大量象形文字，这些象形文字也出现在了其他石碑上。它们是中美洲最古老的文字系统，似乎都混合了不同的体系，既有象形元素也有表音元素，类似玛雅文字系统。到目前为止，只有与 260 天仪式历有关的象形文字被破译了出来，剩下大约 80 个象形文字的秘密还没有解开。如果将来解开了符号之谜，那么"舞者"之谜也可能会由此解开。

古典时期，阿尔班山城市大规模扩张，越来越多的纪念性建筑和住宅楼拔地而起，这可能是人口大量增长

四号建筑群的北侧矗立着一座高大、残缺的石碑：它是一个金字塔形的结构，前面是一个宽阔的平台，中间是一个庭院——这是典型的瓦哈卡建筑风格。这座建筑物也许是为阿尔班山的一位主神而建的。

这幅复原图展示了阿尔班山最辉煌时的样子，当时的仪式中心周围环绕着宽阔的阶台。阶台上住宅众多，房屋大多是简陋的小屋，但富人的房子环抱而建，会形成一个内部庭院。

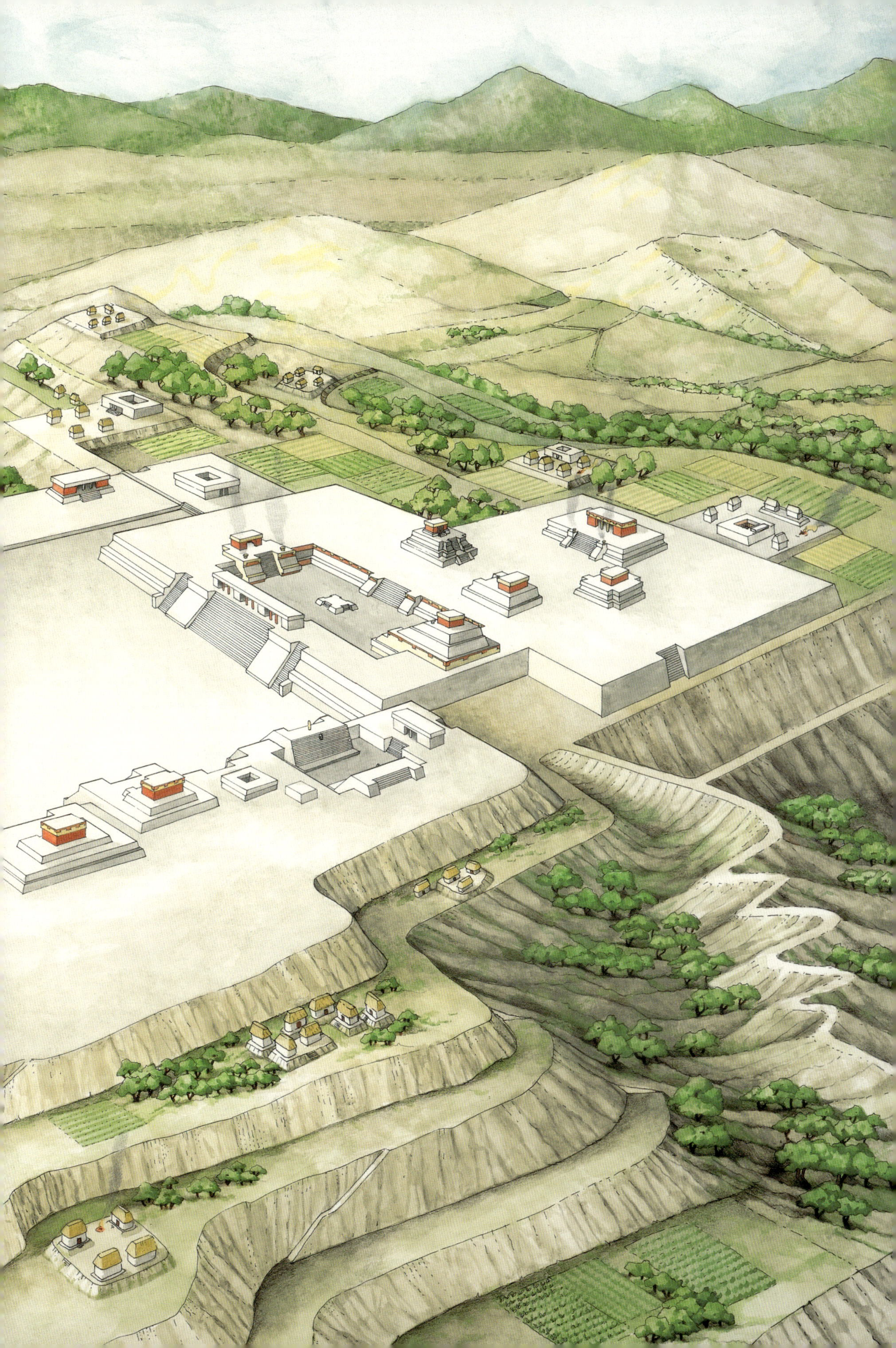

上图 从北部地区众所周知的"下沉庭院"（Patio Hundido）看到的阿尔班山的仪式中心，庭院原本周围环绕着柱廊。在左边可以看到北平台的一组建筑物。

下图 阿尔班山矩形主广场的中心区域是中央平台。背景中，除了建筑物 J，雄伟的南金字塔屹立在广场的南边。

带来的结果。

在很长一段时间里，萨波特克文化深受特奥蒂瓦坎文化的影响，在某些建筑特征中可以清楚地看到这一点，比如名为 talud-tablero 的斜坡 – 平板建筑结构，以及壁画的风格。在这个时期，对死者的崇拜具有重要意义，在城市里许多装饰复杂、华丽的墓穴埋藏在神庙和房屋下面。那些追溯到古典时期之初的建筑由地下洞室组成，天花板由石板制成。经过几个世纪的发展，这些建筑变得更加精致，它们都是由一些带有壁龛的墓室组成，屋顶上有一个假拱，或称叠涩拱。

彩色壁画与特奥蒂瓦坎的壁画在风格和主题上有不少相似之处。题材都是围绕着宗教主题和神话主题。在壁画中发现的一些图像在"骨灰瓮"中反复出现，这是萨波特克文明的特点。这些典雅精致的容器实际上并不像它们名字所表示的那样，用来装死者骨灰，因为萨波特克人的丧葬方式是土葬而不是火葬。相反，这些容器可能具有宗教功能。

从这些遗迹和壁画中，我们可以对萨波特克众神有一个相当广泛的了解，其中包括古代美洲豹神，以"风神"的形象呈现的羽蛇神，雨神科奇乔（这两位神灵相当于玛雅的查克神和阿兹特克

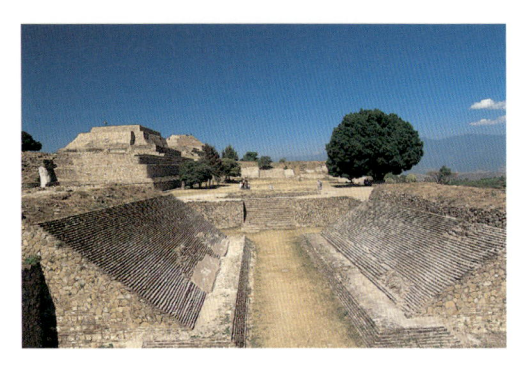

和许多中美洲的中心一样，阿尔班山也有一个球场用来举行仪式性球赛。这是迄今为止发现的最古老的球场之一，仅次于圣洛伦索的球场。阿尔班山的球场位于主广场的东北角，离北平台不远，通常呈现大写字母"I"形。

舞者神庙可能是阿尔班山最著名的建筑。此建筑可追溯到该遗址文化的第一阶段，其主要特点是有一个长长的浮雕石板，上面雕刻着身形扭曲的人物，名为"舞者"。

舞者神庙外墙石板的浮雕上描绘着很多奇形怪状的人物，他们都是被肢解或者被斩首的男性，似乎是被献祭的牺牲者——也许是战败民族的统治者。

这座金字塔是"北宫"建筑群中的一座金字塔，年代可以追溯到古典时期早期，建造时间晚于舞者神庙，展现了特奥蒂瓦坎建筑风格的影响。

在北平台下沉庭院周围，有一个由很多圆柱构成的柱廊，这里可以看到圆柱的底座。后古典时期之前，它们的圆柱结构在中美洲建筑中是非常罕见的。

建筑物 A（本节平面图中未标出），靠近北平台，有一个巨大的阶梯金字塔和一个正方形的基底。

的特拉洛克神），多产之神西佩·托特克，以及许多其他神灵。

大约在 900 年，富裕而强大的阿尔班山城开始陷入长期衰退，但没有显示出它经历过当时撼动了中美洲其他中心的那些创伤和破坏的迹象。萨波特克统治者将他们的首都迁到了萨奇拉，直到阿兹特克征服结束，萨奇拉一直是他们的首都。在米特拉也建立了一个新的萨波特克遗址，阿尔班山的文化遗产在那里得以延续。

900 年到后古典时期结束期间，米斯特克人遍布整个萨波特克地区。在阿尔班山，新移民把萨波特克贵族的墓穴重新用作他们自己的国王的陵墓。正是这些陵墓为考古学家提供了许多关于米斯特克人丧葬习俗的有用信息。一个新习俗就是献祭、埋葬奴隶和狗，来陪同他们的主人踏上通往地下世界的漫长旅程。死者也会"携带"一些食物和珍宝。1932 年，考古学家阿方索·卡索在阿尔班山发现了一座米斯特克陵墓，这是令人瞩目的一大发现，它是中美洲最大的墓葬宝藏之一。里面有大量的黄金，在后古典时期由米斯特克人带来黄金加工技术之前，中美洲还没有这项技术。米斯特克人的艺术品复杂精致程度令人啧啧赞叹，其中包括一些使用失蜡法制造的珍品。

左上图 在阿尔班山发现了许多带有浮雕和刻象形文字的石碑。这里展示的石柱,位于北平台的底部,具有拟人化的特点。

右上图 这块石碑上的画像可以解读为君主、战士或者球员,但是只有将这些象形文字完整解读出来才能更加准确地确认他们的身份。

下图 这里展现的是通往北平台的全景,位于阿尔班山仪式中心的北端。宏伟的梯道通向平台的顶部,在那里可以看到圆柱和仪式性建筑的遗迹。

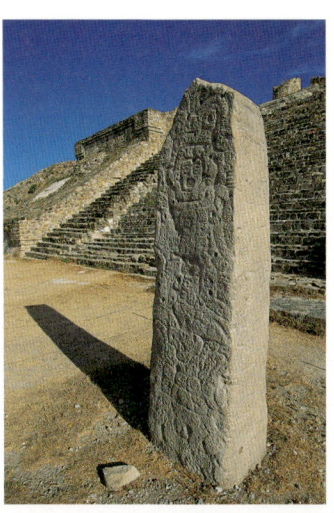

上图　米特拉取代阿尔班山成为瓦哈卡地区的主要中心。圆柱厅是米特拉最负盛名的建筑之一，建筑保留了色彩的痕迹，以及外墙上精美的石头马赛克饰带。

左下图　米特拉的考古研究发现了一些结构复杂的重要墓穴，正如这里展示的1号墓。遗憾的是，墓穴中所有原来的东西都已经不在了。

右下图　圆柱厅的名字来源于曾经支撑平屋顶的巨石柱。它是米特拉华丽建筑的典型代表。

米特拉，
石头马赛克宫殿

A 南建筑群
B 旱谷建筑群
C 石柱建筑群
D 黏土建筑群
E 教堂建筑群

1. 石柱建筑群的南院
2. 石柱建筑群的北院
3. 教堂建筑群的北院

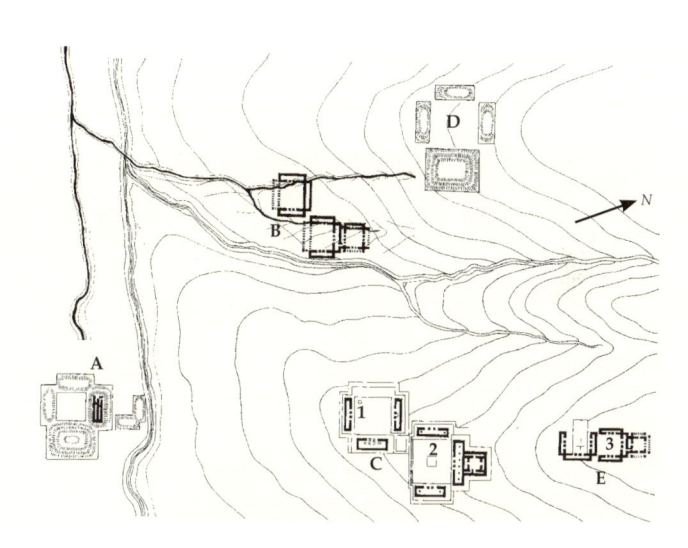

随着阿尔班山的衰落和废弃，新的萨波特克中心壮大起来，虽然规模较小，包括米特拉在内。当时其他地方也发生了巨大的动荡，许多城市成为一片废墟。在后古典时期，一个新的社会出现了，首先是由一个武士阶层主宰，而且越来越多的人崇尚战争，这似乎已成

右上图　米特拉的建筑因其典雅的风格和完美的石雕马赛克的独创性而备受赞誉。"圆柱厅"的这个房间因其墙壁上的马赛克装饰而被称为"饰带室"（Room of the Friezes）。

右下图　米特拉建筑的一个独特之处就在于墙上迷人的马赛克装饰，那些镶嵌的马赛克形成了几何和蛇形的图案，比如此处的"圆柱厅"。有些饰带让人想起同一时期尤卡坦地区城市的普克风格。

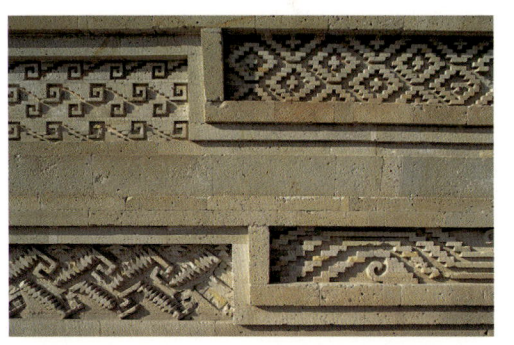

为当时的时代潮流。

在米特拉发现了五组名为"宫殿"的建筑群，分别建在地面和平台上。建筑内部被细分为若干个狭长的房间，最初屋顶结构是平面的，建筑环抱而建，围成巨大的庭院。

这里发现了一种新颖的装饰元素，就是那些迷人的马赛克。这些马赛克都是由一些小巧、精细切割的石头组成，这些石头不用砂浆就能在外墙饰带上形成几何图案和蛇形图案。所谓的石柱建筑群，由北院和南院组成，它们是米特拉最大、最精美的建筑群。

北院三面环绕着长长的大厅，每个大厅有三个入口：这些建筑的外墙角互不相连。穿过"圆柱厅"（它的名字来自支撑屋顶的六根巨石柱），是一个完全封闭的小院子，院子里有四个房间。这些房间就是这个城市最重要的祭司居住的公寓。"圆柱厅"是米特拉最具吸引力的建筑。它的建筑结构让人想起同时期的乌斯马尔总督府。

圆柱厅的一面外墙上仍然奇迹般保存着由石头马赛克镶嵌而成的带有几何图案的饰带。

圆柱厅，和米特拉许多其他住宅建筑一样，平面图呈长方形，坐落在一个低矮的平台上。

和阿尔班山一样，在米特拉也发现了一些墓穴，尽管数量较少，但是这些墓穴到西班牙征服之前一直在重复使用。这些墓穴平面图通常呈十字形，结构复杂，类似于地下房屋，甚至装饰方式也很相似，都是用石头马赛克和壁画装饰着墓穴。遗憾的是，由于墓穴重复使用，我们没有得到关于陪葬品的资料，这也意味着几个世纪以来，里面的东西已经丢失了。它们可能也与同一时期在阿尔班山的米斯特克墓穴中发现的陪葬品相似。

米斯特克人也是"云中人"，他们占领了萨波特克人的大部分领土，留下了一系列文献——美丽的手抄本，这些手抄本不像玛

人们认为，米特拉宫殿非常典雅，外墙上覆盖着精致的几何图案。宫殿是强大的祭司阶层的住所或行政中心，这个祭司阶层也许是由"大祭司"领导的。

雅人那样写在树皮纤维上，而是写在鹿皮上。其中有一本与宗教有关，而其他的则是以他们统治者王朝继承历史为主题。

因为米斯特克文字系统基本上是图画文字，所以很难破译。只有260天仪式日历中表示人物名字的符号和国王出生日期的历法符号完全破译了出来。

色彩鲜艳的图画比象形文字更通行，它们也许比萨波特克人和玛雅人的象形文字更简单，但却能够象形、表音，甚至两者兼具。图画文字手抄本的传统可能是由米斯特克人传给阿兹特克人的。

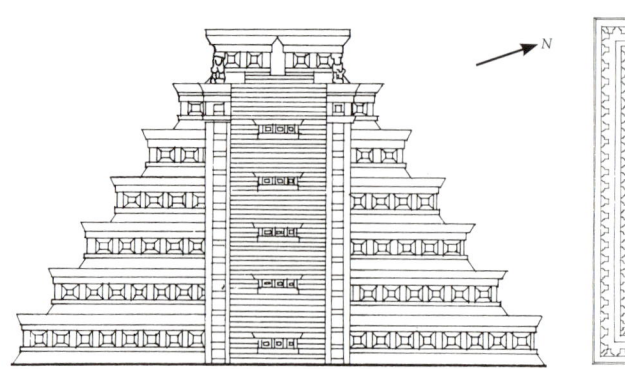

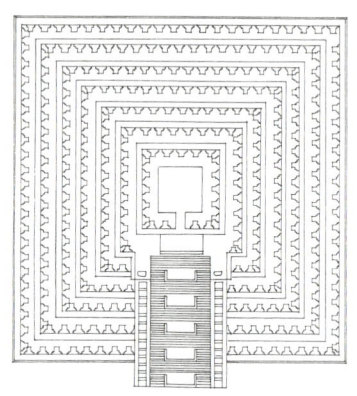

上图　壁龛金字塔可能是埃尔塔欣的象征，建于古典时期。

下图　埃尔塔欣壁龛金字塔的立面图和平面图显示该建筑塔基呈方形，共有六层。它的建筑形式和元素明显受到特奥蒂瓦坎建筑风格的影响，比如采用斜坡－平板结构，但是这座神庙的独特之处就在于 365 个壁龛会在光与影的作用下创造出明与暗的对比效果。

埃尔塔欣，
光影下的建筑

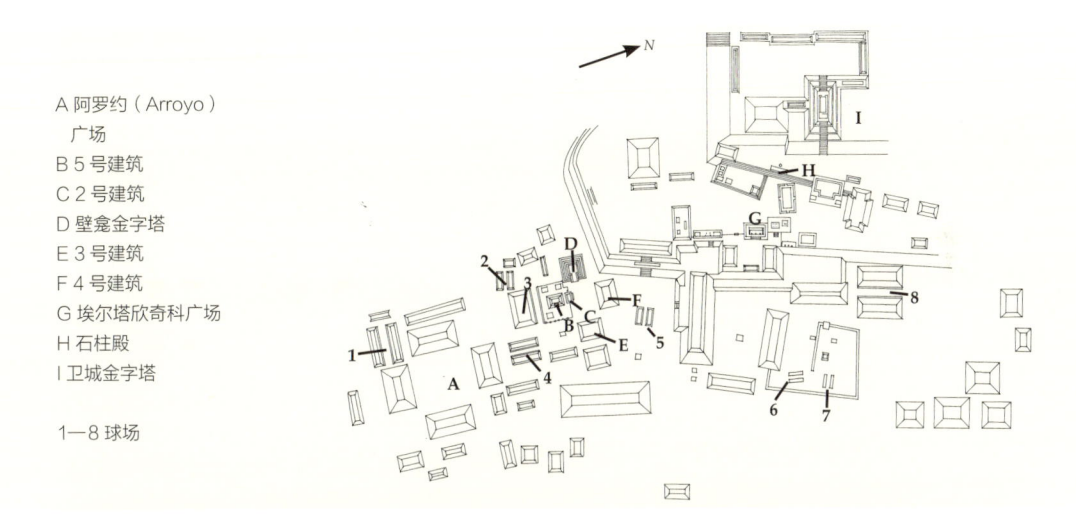

A 阿罗约（Arroyo）广场
B 5号建筑
C 2号建筑
D 壁龛金字塔
E 3号建筑
F 4号建筑
G 埃尔塔欣奇科广场
H 石柱殿
I 卫城金字塔

1—8 球场

埃尔塔欣仪式中心以中等规模的金字塔为特色，其中特奥蒂瓦坎风格已经为适应墨西哥湾沿岸地区的风格做了调整。从这张照片可以看到右边是16号建筑，左边是壁龛金字塔。

大约在 250 年，一个文明在韦拉克鲁斯沿海地区繁荣发展起来，具有丰富而别具一格的特征，因此人们常把它命名为古典韦拉克鲁斯。这一文明的创始人还没有确定，尽管有些人认为他们是托托纳克人。埃尔塔欣是该文明的主要遗址，以一位掌管雷、

左上图　装饰埃尔塔欣球场的石板浮雕，其中一个图案刻有明显的兔子特征。

右上图　埃尔塔欣的大型仪式中心有许多建筑物和球场。这张照片展现的是所谓的 C 建筑（171 页的平面图中未标出），共有三层叠加结构。墙壁上装饰着长长的回纹浮雕图案。

下图　埃尔塔欣建筑的规模不如古典时期特奥蒂瓦坎或者许多其他玛雅城市建筑那样雄伟壮观。前面左边的建筑是 16 号建筑，后面是壁龛金字塔。壁龛采用了斜坡－平板的结构来创造光与影的效果，这是韦拉克鲁斯建筑的一个特色。

雨和生产的托托纳克神命名。

在这个主仪式中心，计算时间的重要功能体现在建筑上。最令人印象深刻的神庙就是壁龛金字塔。这座宏伟的建筑，虽然规模不是很大，由六层塔叠加组成，其外墙装饰着365个壁龛，这些壁龛大概与太阳历的天数有关。因此，这座金字塔很可能在某种程度上与天文学有关，就像瓦哈克通、乌斯马尔和其他地方的建筑一样。

壁龛的内部原本漆成了深红色，而边缘则是绿松石色，在明亮的光线下非常耀眼夺目。现在的考古研究表明，这座城市的其他建筑物也曾经抹有这样一层色彩艳丽的灰泥。

和阿尔班山一样，埃尔塔欣占地广阔；然而，与阿尔班山不同的是，宗教建筑和行政建筑随意分布在许多广场周围的人造平台上。从特奥蒂瓦坎继承下来的斜坡－平板结构，为适应当地的风格做了调整，增加了丰富的独创装饰图案，令建筑物看起来精致华丽。

然而，埃尔塔欣主要是以其球场的数量而闻名，这些球场建于古典时期。正如之前讨论过的，早在奥尔梅克时代，在盛产橡胶的墨西哥湾肥沃地区就发现了仪式性球赛的证据。埃尔塔欣发现了大量的球场，这促使人们认为这个城市过去每年都会举办一次球赛，其重要性可与古希腊奥运会相媲美。来自邻近地区甚至更远地区的代表可能都会蜂拥而至参加这些比赛。这可能与特定的宗教崇拜和节日有关。

埃尔塔欣人制作的与仪式性球赛有关的物品出口广泛，有球员在比赛中使用的物品的石头复制品，今天被称为"轭""掌状石""斧头"。"轭"通常是马蹄形，最初是用软皮做的，戴在身上作为保护带。"掌状石"用作胸甲，而"斧头"则可能是记分器。这些石器上雕刻着复杂的浮雕装饰，涡旋、螺旋、植物和动物图案交织在一起。毫无疑问，这些都是用于宗教仪式的，主要发现于一些墓穴中。

韦拉克鲁斯另一个独特的古典工艺产品是所谓的"笑脸雕像"。这些黏土雕像很有吸引力，制作工艺娴熟，注重细节刻画。他们几乎算是大笑的笑容被解读为礼拜者在参加仪式时欣喜若狂。

16号建筑还采用了壁龛结构，这是埃尔塔欣的典型特色，呈现出水平和垂直交替的结构，颇具吸引力。

上图 这张图展示了占地广阔的特奥蒂瓦坎的一部分。背景中,漫长而笔直的亡灵大道的尽头,耸立着雄伟的月亮金字塔,两侧是一些小型建筑。

下图 这是从月亮金字塔顶部看到的特奥蒂瓦坎。左边紧挨着亡灵大道的是太阳金字塔,雄伟壮观。

特奥蒂瓦坎，
众神之城

A 月亮金字塔
B 祭坛建筑
C 月亮广场
D 魁扎尔帕帕洛特尔宫
E 亡灵大道
F 太阳宫殿
G 太阳金字塔
H 四神庙庭院
I 祭司之屋
J 维京建筑群
K 城堡
L 魁扎尔科亚特尔神庙
M 大型建筑群

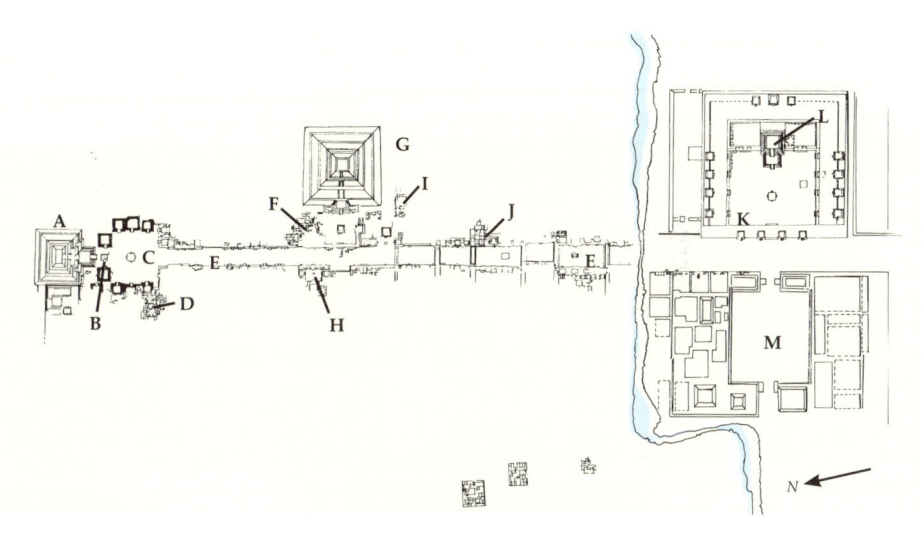

右图 在特奥蒂瓦坎发现了许多面具，它们是整个中美洲最精美的面具。这个城市的工匠在加工石头、玉石和陶器方面技艺精湛。这一个面具就是用石头雕刻而成，制作精美，面具上原本镶嵌着条带。

左图 这个特奥蒂瓦坎的陶土雕像代表了西佩·托特克这位神灵，即"剥皮之主"。阿兹特克人在西班牙征服时期仍然崇拜他。

175

上图　这幅图向我们展现了特奥蒂瓦坎太阳金字塔的规模和壮观。一条梯道逐级向顶部收缩，直达65米高的塔顶。原来的金字塔比现在更高，因为塔顶的圣殿现在已经消失了。

下图　这是特奥蒂瓦坎太阳金字塔的鸟瞰图，可以看到一座不加装饰却非常宏伟的阶梯金字塔。

距离墨西哥城不远处就是古城特奥蒂瓦坎的遗址，它被称为"众神之城"。许多起源于前哥伦布时期的墨西哥神话都会提到特奥蒂瓦坎，暗指这是一个特别、神奇的城市。根据其中一个神话，特奥蒂瓦坎是第五纪太阳的诞生地。第五纪是西班牙征服者到来之前，墨西哥人认为自己所处的时代。

与许多掩埋在火山灰下或者因战争摧毁且被长期遗忘的城市相比，特奥蒂瓦坎即使在衰落之后仍然留在中美洲人民的记忆中。直到今天，历史学家和考古学家仍在研究为什么这个地方产生的文化影响如此久远，正如他们正在探索这座城市的大金字塔的意义。

前古典时期，在特奥蒂瓦坎崛起之前，其他遗址发展得也很繁荣，包括奎奎尔科、特拉蒂尔科和特拉帕科亚。奎奎尔科遗址在公元前200年左右毁于希特尔火山的猛烈喷发，被火山灰掩埋的建筑，包括一个巨大的圆形平台，现在得以重见天日，这一切表明这处遗址非常重要。人们推测，奎奎尔科的幸存者来到特奥蒂瓦坎避难，为这个原始定居点带来了火神崇拜和新生活。前古典时期特奥蒂瓦坎地区一个村落最古老的痕迹可以追溯到公元前500年，这一时期相当于城市发展的前城市阶段。

公元前100年左右，随着奎奎尔科移民的涌入，一个真正的仪式中心开始形成，最古老的神圣建筑可能就是从这个时期开始建造的。

1世纪，亡灵大道铺设完成，伟

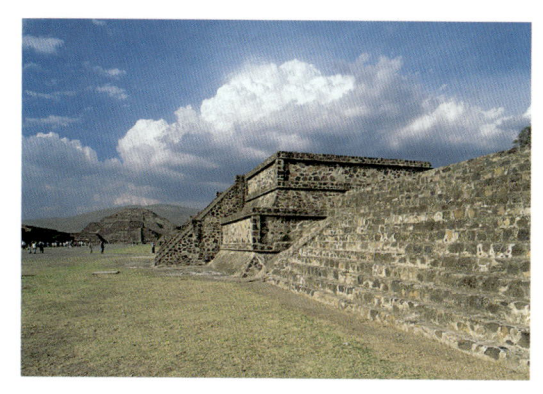

这张图清楚地展示了斜坡－平板结构，这是特奥蒂瓦坎建筑的标志，后来被许多中美洲人采用。

太阳金字塔旁边的这个平台被一些学者认为是古代住宅建筑的遗迹，也就是"太阳宫殿"。

太阳金字塔俯瞰着太阳广场，耸立在特奥蒂瓦坎其他宗教建筑群之上，这些建筑沿亡灵大道延伸开来。

上图　亡灵大道从北到南贯穿特奥蒂瓦坎，大约有4千米长。在其北端是月亮金字塔。

下图　月亮金字塔高达46米，俯瞰着月亮广场。和太阳金字塔一样，月亮金字塔共有五层。

大的太阳金字塔和后来的月亮金字塔这两座神庙都是沿着这条大道建造起来的。在太阳金字塔下面，考古学家发现了一个长长的隧道形洞穴，这也许可以解释为什么会选择这个特殊的地点来兴建这座巨大的神庙。

太阳金字塔是特奥蒂瓦坎最大的建筑，也是中美洲仅次于乔卢拉大金字塔的第二大建筑。如今，它高达 65 米，但是以前甚至更高，因为金字塔最初顶部建有一座神庙，可能是用易腐材料建造的。金字塔的主体由土砖和瓦砾堆建而成，外面用灰泥装饰。可能从前古典时期开始，在它的底部，一个像隧道一样的洞穴就已经自然形成了，经由人类改造和扩大成了如今的样子。它细分为若干个小房间，并且具有宗教功能。有人认为，这个古老的洞穴和阿兹特克人传说中的起源地奇科莫兹托克（意为"七洞穴之地"）之间可能有某种联系，尽管还没有证据表明这两种文明拥有共同的起源。

　　太阳金字塔特别有意思的一点是，它的方向是按照太阳从黎明到黄昏的运行轨迹以及昴宿星团在春分和秋分时从地平线上升起的位置设计的。因此，很有可能这个阿兹特克人告诉西班牙人的神庙名字，实际上由来已久。

　　月亮金字塔，也是阿兹特克人起的名字，建造时间略晚于太阳金字塔，规模也略小于太阳金字塔。它位于亡灵大道的北端，共有五层，并且内部有很多房间，这些房间都是祭祀场所。

　　在月亮广场的西侧有许多重要的建筑，包括魁扎尔帕帕洛特尔（Quetzalpapalotl）宫。它的结构和精致的建筑风格表明，这可能是城市统治阶级的个人宅邸——他们也许是祭司成员，同时也是贸易集团的老板。这里可以找到最好的特奥蒂瓦坎壁画，色调以红色为主。

　　宫殿里有许多天井。主天井周围有四个小房间，其中三个房间仍然保留着中央顶板支柱。这些柱子上装饰着华丽的浮雕，描绘了一位神话人物——绿咬鹃蝴蝶，这个建筑因此而得名。周围还有其他与水崇拜有关的象征性元素。魁扎尔帕帕洛特尔是纳

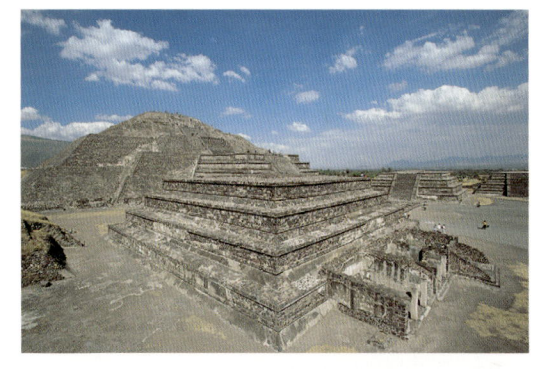

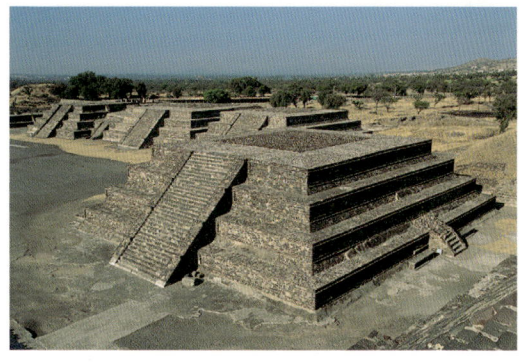

这两张图片展现的是月亮广场周围 11 座小神庙中的两座神庙，这里曾经是举行重要仪式的地方。

瓦特尔语，我们知道阿兹特克人崇拜一个以此为名的女性神灵。特奥蒂瓦坎人对这位女神的描述中暗示了这种崇拜渊源非常久远，并且后古典时期仍在继续。

在2世纪初，特奥蒂瓦坎开始扩张，亡灵大道南北轴线和第二大道东西轴线的新建筑令这座城市更加繁华。这两条大道的交叉点将城市分为四个部分，而精英的宫殿就被普通居民区包围着。200年左右，这座城市一大标志性建筑魁扎尔科亚特尔金字塔建于城堡（Ciudadela）内。

特奥蒂瓦坎的发展在古典时期中期，即250年至650年之间达到顶峰。在这一时期，它具备了大都市的所有特征，占地22平方千米，人口在75 000至200 000之间。

很多住宅区，包括结构复杂的建筑楼、庭院、蓄水池、下水道和两侧有运河的道路，沿着宏伟的祭祀建筑和统治阶级的住宅发展了起来。特奥蒂瓦坎的布局非常有规律，规划精心，网格系统以一单元57平方米为基础。甚至流经城市的小河也被改道以符合网格布局。典型的建筑特征是精密准直、结构对称和简朴的柱子的使用。

那么，是哪些聪明人建造了这样一个巨大又"现代"的大都市，致使它的经济、宗教和文化影响如此之广？壁画中发现的象形文字尚未完全破译，因此无法回答这个问题。特奥蒂瓦坎人的身份也就依然无法确定。

据推测，这里的人应是一群工匠、农民和商人，他们受一位有权有势的祭司管理，这位祭司信奉大女神。许多装饰宫殿的壁画上描绘了与丰产和农业有关的场景。其中最著名的一幅名为"雨神的天堂"，或者"特拉洛坎"（Tlalocan），但现在解释为一位怪异的蜘蛛女神。另一个崇拜是

这张图展现了魁扎尔科亚特尔神庙墙壁上浮雕的细节部分，大蛇那蜿蜒、覆有羽毛的身体下面有一个贝壳和两个海螺。这样的图像表明羽蛇神崇拜与水的崇拜之间存在着联系。

这段漫长的梯道陡峭得令人头晕目眩，它直通魁扎尔科亚特尔金字塔的顶端。梯道的两侧表面倾斜，上面装饰着蛇头，象征着神灵，在每个"平台"上都有这位神灵的立体雕像。

这个惊人的雕塑是装饰魁扎尔科亚特尔金字塔外墙的羽蛇头之一。张开的下巴中露出的牙齿显示出一种猫科动物的特征。奇怪的是，立体雕刻的头像似乎是从一朵花中冒出来的，与羽蛇神蜿蜒的身体结合在了一起，而羽蛇神则是以浅浮雕的形式装饰着墙壁。这个图像出现在特奥蒂瓦坎的一座建筑上，年代大约在古典时期早期，这表明羽蛇神崇拜的起源非常久远。

明亮的色彩令宏伟的魁扎尔科亚特尔金字塔（又名羽蛇神金字塔）栩栩如生，金字塔坐落在特奥蒂瓦坎城堡内。每一层都雕刻着羽蛇蜿蜒起伏的身体，而在两层之间，羽蛇神的头像与另一位神秘的神灵的头像交替出现。这位神灵也许可以确定为特拉洛克。

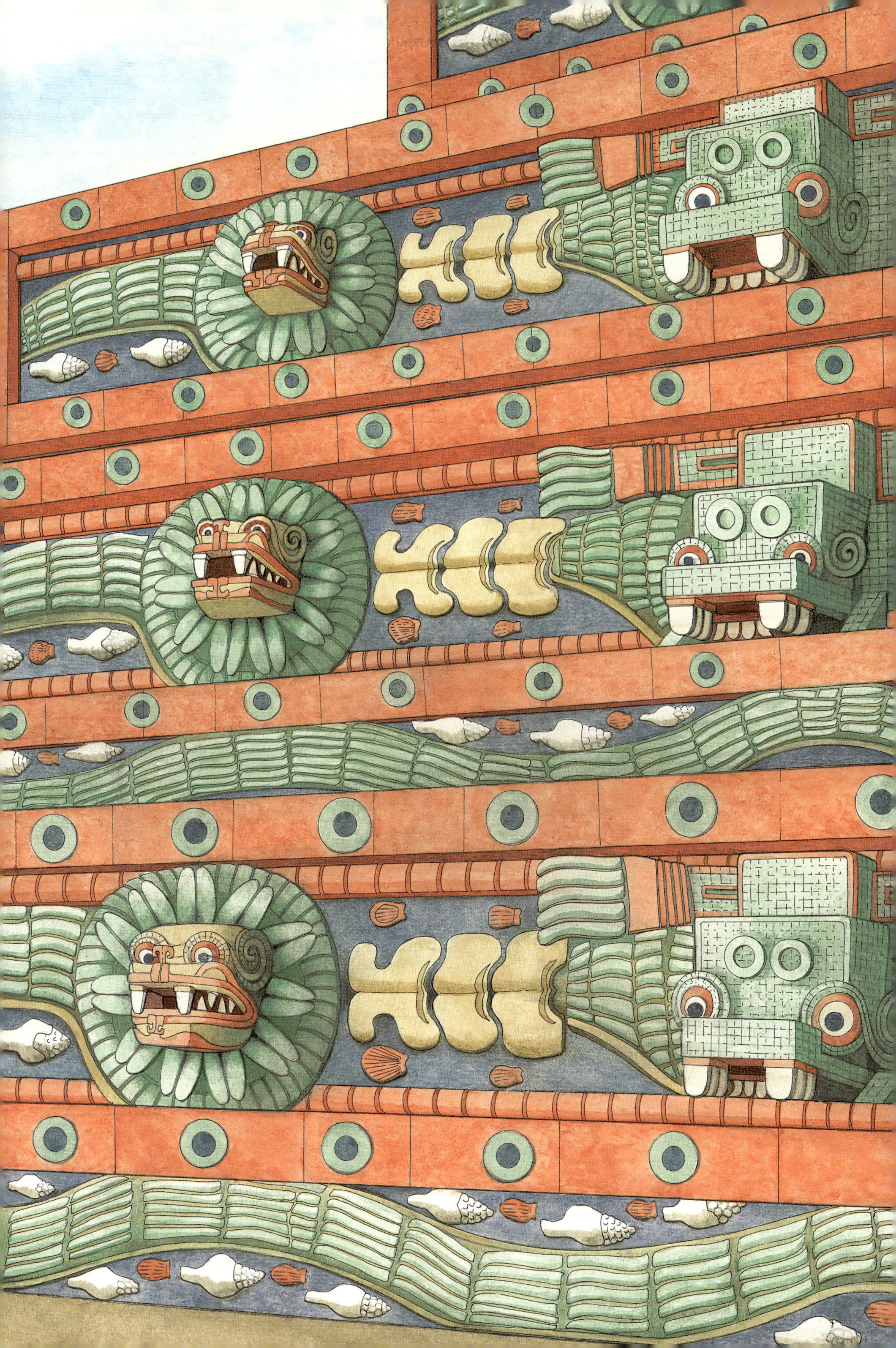

上图　魁扎尔帕帕洛特尔宫内优雅的多柱庭院（Patio of the Columns）里矗立着巨大柱子，柱子上雕刻着精美的浮雕。浮雕图案描绘的是一种鸟蝶，独具风格，可能名为"绿咬鹃蝴蝶"，这座建筑就是以此命名的。鸟蝶镶嵌在几何图案框架中，这些几何图案也许是某种象形文字。

左下图　魁扎尔帕帕洛特尔宫位于月亮广场的西南角，这里可看到的是宫殿的一部分。宫殿曾经是一位有权有势的祭司的豪华宅邸。

右下图　特奥蒂瓦坎其中一座独特华丽的建筑，这是其中一部分：魁扎尔帕帕洛特尔宫的多柱庭院。魁扎尔帕帕洛特尔在纳瓦特尔语的意思是"绿咬鹃蝴蝶"。巨大的石柱支撑着面向庭院的房间屋顶，石柱上保留了原有的彩色装饰的痕迹。

羽蛇神崇拜，正如羽蛇神金字塔上的雕塑所展现的那样。

特奥蒂瓦坎的精美工艺品曾出口到整个中美洲，包括石制和陶制的容器和面具、纺织品和宝石首饰。特奥蒂瓦坎文化的其他方面也曾传播到了很远的地方，比如神庙建筑中采用的斜坡－平板建筑结构。类似的建筑特色也在后古典时期被尤卡坦广大中心地区的玛雅人和玛雅－托尔特克人采用。

精美的壁画装饰着神话动物神庙的房间。这里展示的是一只戴着羽毛头饰的猫科动物。

也许在650年左右，或者更早一个世纪，这个墨西哥中部最大的城市在大火中毁于一旦。原因现在还不清楚——也许是未知民族的入侵，或者是内部冲突。许多居民曾在附近的阿斯卡波察尔科市（Azapozalco）中避难，这里曾一度是特奥蒂瓦坎的文化圈。

根据学者们的说法，北方的托尔特克人之后接管了这座城市，将其文化与他们带来的宗教信仰融为一体。可以肯定的是，到900年左右，特奥蒂瓦坎已经彻底被抛弃。五个世纪后，阿兹特克人抵达这座城市，他们对这片巨大的废墟感到震惊，不敢相信这样的建筑居然是人类的杰作，于是他们将其命名为"众神之城"。

现有的考古证据无法解释这个强大的、几个世纪里一直统治着墨西哥的山谷的大都市为什么被遗弃。某些证据表明，图拉的建造者是特奥蒂瓦坎的居民，他们还将对羽蛇神的崇拜传给了托尔特克入侵者。

这片陶垛（almena）——可能置于特奥蒂瓦坎建筑屋顶上——刻画了一只小鸟，它的嘴里涌现出说话的涡卷装饰。

图拉，传说中的托尔特克之都

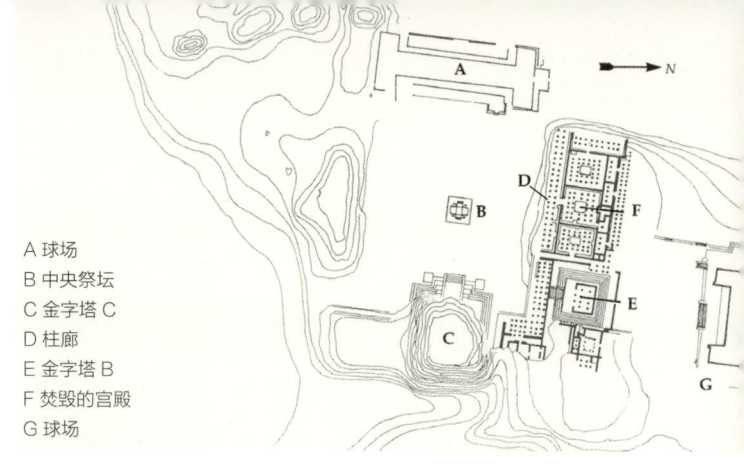

A 球场
B 中央祭坛
C 金字塔 C
D 柱廊
E 金字塔 B
F 焚毁的宫殿
G 球场

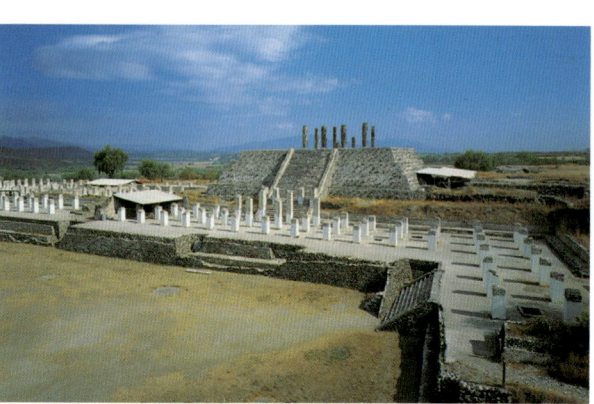

如今，在游客看来，今伊达尔戈的图拉与托尔特克文明著名首都的古老描述相比，只是一个普通的中心。根据传统记载，这座城市建于968年，当时的领导者塞·阿卡特尔·托皮尔岑（Ce Acatl Topiltzin），后来被称为魁扎尔科亚特尔，是他建造了一个新的首都以取代古老的库尔瓦坎。

托尔特克人随后在魁扎尔科亚特尔的领导下对奇琴伊察进行了殖民统治，这或许可以解释为什么这两处遗址在风格和建筑上有着惊人的相似之处。然而，还有一个令人困惑的地方就是，今天的"被殖民"的中心似乎看起来比"殖民"的城市更富裕、更庞大。

在图拉，起源于特奥蒂瓦坎的建筑结构，比如斜坡－平板，融合了展现托尔特克影响力的创新元素，这些建筑结构通常具有军事特点，也与嗜血仪式有关。这座城市坐落在一个海角上，一定是考虑

右图　金字塔 B 脚下是焚毁的宫殿柱廊的废墟，宫殿毁于大约发生在1168年的一场大火。

左图　"亚特兰蒂斯人"是一种非常有特色的托尔特克艺术。这些具有武士特点的男性雕像是用来支撑屋顶的。这座较小的雕像由玄武岩制成，高73厘米，可以支撑祭坛或者王座的石板。

到了防御的因素才选择了这一绝佳的位置。

　　这处遗址的特色之一是查克穆尔石像，石像刻画的是躺卧着的男性。在大众印象中，这些石像是献祭人心的祭坛，但现在认为它们是用来供奉各种祭品的。另一个特色是头骨架，这是一个石质架子，上面摆放着头骨，这一特色也许证明了活人祭祀活动在当时愈演愈烈。

　　图拉最令人印象深刻的建筑是位于中央广场

上图　托尔特克的艺术大部分与武士有关：这个彩色浮雕石像刻画了两位手持盾牌和头戴羽冠的武士。

下图　在金字塔 B 平台的顶部有一些巨大的玄武岩雕像和各种柱子，上面雕刻着浮雕图案，这些柱子原来是用来支撑神庙屋顶的。这些雕像是著名的"亚特兰蒂斯人"，几乎可以肯定刻画的是托尔特克勇士。这些令人印象深刻的雕塑仍然保留着它们最初装饰的颜色的痕迹。

的金字塔 B，在它的前面是一个巨大的柱式大厅的遗迹。金字塔平台的顶部是一些名为"亚特兰蒂斯人"的巨石雕像，它们可能是神庙外室屋顶的支撑柱。这些雕像刻画的都是托尔特克武士，他们严厉冷峻的表情一定会令游客敬畏三分。头上戴着羽毛王冠和带耳罩的头带。他们的胸前刻有鹰或者蝴蝶的浮雕图案。

　　在金字塔 B 的底部屹立着"烧毁的宫殿"残存的柱廊，雄伟壮观。在一次考古发掘中，人们发现了在 1168 年火灾中被烧毁的屋顶横梁的遗迹，宫殿以此得名。

上图 在装饰霍奇卡尔科羽蛇神庙的饰带上，刻有很多永垂不朽的重要人物，这是其中一位。沿着饰带周围就是羽蛇神蜿蜒盘绕的身体，而这个人则盘腿坐于羽蛇神之下。

下图 宏伟的羽蛇神庙在中美洲建筑中有着独特的外形。它由巨大的斜坡－平板组成，这是一个特别高的水平平台和一个带有挑檐的倾斜墙壁组成的结构。

霍奇卡尔科和日历

A 贝壳，象征着风和羽蛇
B 历法符号
C 羽蛇的鳞片
D 羽蛇
E 日历符号

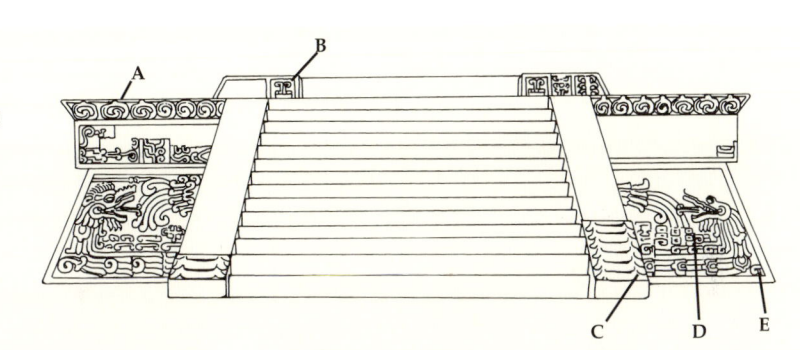

国际化大都市霍奇卡尔科的景观，这座城市可能随着特奥蒂瓦坎的衰落而蓬勃发展起来。

羽蛇神庙位于霍奇卡尔科主广场的中心。

宏伟的霍奇卡尔科遗址占据了一大片低丘。这里展现的主建筑群是一个巨大的梯形卫城。

霍奇卡尔科羽蛇神庙外墙装饰的雕带细节。这个图案与羽蛇神崇拜有关，这里展示的是具有猫科动物特征的蛇头张开着的下巴。特奥蒂瓦坎的魁扎尔科亚特尔金字塔也刻有这样的图案。墙上刻有日历符号。

　　700年左右，位于今墨西哥莫雷洛斯州的霍奇卡尔科进入了发展的极盛时期。随着特奥蒂瓦坎政治和经济霸权的瓦解，霍奇卡尔科盖过了它的风头，成为该地区主要的贸易中心。它位于连接墨西哥高原和巴尔萨斯河的贸易路线上，地理位置优越，贩卖棉花、可可、宝石、羽毛和黑曜石的商人都在这条路线上经商。

　　霍奇卡尔科的商业和文化交往一直延伸到了萨波特克、瓦哈卡米斯特克和韦拉克鲁斯地区。因此，这也是一个国际化的城市，这里的居民凭借他们广泛的交往，加上可能来自特奥蒂瓦坎的遗产，在知识和经济方面成功地在该地区发挥了领导作用。这一点从文字系统和使用历法符号的痕迹中可以看出来。

　　霍奇卡尔科的仪式中心和图拉的一样，也是建在一块高地上，并且在那里还发现了防御工事的痕迹。神庙、门廊和球场（这个球场与科潘的球场有着惊人的相似之处，它也是墨西哥高原上最古老的建筑之一）都围绕着一个主广场。有许多迹象表明玛雅文明和特奥蒂瓦坎文明的影响力很大，而霍奇卡尔科可能从来都不是他们的"殖民地"，而是一个竞争对手。

　　霍奇卡尔科的某些建筑与历法有关。中美洲最古老和最广泛使用的历法是周期为260天的历法或者仪式历，玛雅人称之为卓尔金历，阿兹特克人称之为托纳尔波瓦利历。人们认为这属于占卜历。

　　它由20个日名和表示1到13的数字组成，它们的组合可能是有利的或者不利的。玛雅历法的第一天是1伊米希：260天过后，这个数字和名字的组合才会重新出现，

260这个数字是20乘以13得到的。

除了仪式历以外，还有市民历或称太阳历，由360天加5天组成，即18个月，每个月20天，再加上一个非常短的月份，这个月份里只有5个不知名的日子，这几天是不吉利的。

为了使同一日期在两个不同的体系中保持一致，其中市民历时间较长，必须经过18980天。也就是说，一个周期为52年。古典时期的玛雅文献是刻在石头上或者画在残存的手抄本上的，其中记载了很多历史事件，并且附有精确的日期。这些日期是按照另一个日历记录的，也就是"长计历"。

长计历的起点时刻特定却又神圣，开始于公元前3114年8月2日，这一天可以被认为是玛雅的"0年"。长计历使用二十进制，以20天为周期，也就是月，月被称为乌纳（uinal）；18个乌纳相当于一个盾（tun），也就是一年360天。20年等于一个卡盾（katun），20卡盾相当于一个伯卡盾（bakun）。

后古典时期有个简化版本称为短计历，来源于长计历。与月亮周期有关的日历也发挥了重要作用，这一历法也被称为补充日历。除此之外，还有与金星周期和日食有关的日历。

这里看到的陪葬面具和珠宝都来自霍奇卡尔科，但它们的风格和工艺可以看出明显受到了特奥蒂瓦坎文化的影响。

左图　这块来自霍奇卡尔科的石碑，其侧面刻画了一个巨大怪物，画像与雨神和多产之神特拉洛克有关。

右图　这块石碑，和前面的例子一样，装饰着精美的浮雕。雕刻图案仍然与宗教有关，还关系到魁扎尔科亚特尔神的诞生。然而，与羽蛇神庙的饰带不同，这里的神灵是以人的形象呈现出来的。

上图 在奇琴伊察武士神庙的顶部，一个蛇头构成了其中一根柱子的底座。羽蛇神崇拜的痕迹在这座城市随处可见。

下图 这也许是奇琴伊察最著名的两个建筑：武士神庙和千柱广场，背景是一片热带森林。

奇琴伊察，
美洲豹和羽蛇

A "修女院"
B 墙板神庙
C 卡拉科尔（天文台）
D 红房子
E 鬣蜥井（Cenote Xtoloc，为生活用井）
F 大祭司墓
G 市场（梅卡多）
H 千柱厅
I 武士神庙
J 卡斯蒂略金字塔
K 锥形平台（金星台）
L 鹰平台（鹰豹台）
M 特佐姆潘特利（头骨架）
N 大球场
O 美洲豹神庙
P 圣井（献祭井）

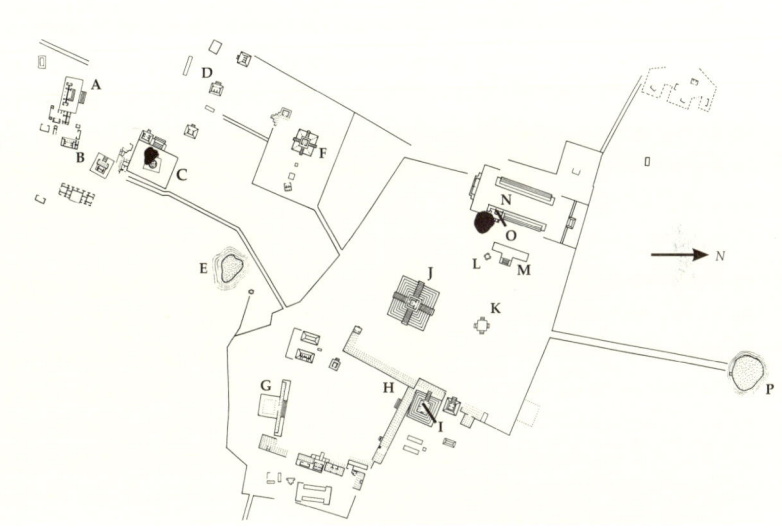

奇琴伊察可以说是玛雅-托尔特克城市中非常壮观的一个代表。也许是在图拉"殖民者"的影响下，这座城市蓬勃发展了起来，颇具规模。奇琴伊察城市的神话和传统笼罩在传说之中，为研究其建筑和风格提供了框架，而其建筑特点明显融合了两种文化。

上图 在武士神庙的底部是一个由柱子组成的"迷宫"，形成了一个廊厅。方形柱上的浮雕刻着身穿托尔特克服装的武士，因此该神庙得名为"武士神庙"。

下图 在托尔特克人带来的建筑元素中，有圆形支柱和构成柱廊的其他柱子，这在古典时期其他中美洲遗址中是很少见的。这张图片展现了带有长方形柱头的柱子，这些柱子支撑着大型多功能厅"千柱厅"的屋顶。

在奇琴伊察发现的许多装饰元素，尤其是石雕和浮雕，证明了魁扎尔科亚特尔崇拜意义重大。这些雕塑的图像和风格都很复杂，我们或许能够从中发现神话传说和考古发现之间的重合点。可能是托尔特克人把他们的文化英雄托皮尔岑·魁扎尔科亚特尔，也就是传说中的图拉之王（图拉城经考古学家考证为今伊达尔戈州的城市），叠加在了古老而神秘的羽蛇神身上。在托尔特克神话中，魁扎尔科亚特尔在统治图拉多年之后，被邪恶的特兹卡特利波卡废黜，根据资料记载，这件事发生在987年。

两个交织在一起的传说讲述了这位英雄被逐出图拉后的命运。根据其中一个传说，他带着一群追随者移民到东部，可能是通过海路到达了尤卡坦地区。这与殖民地时期尤卡坦的记载相吻合，相传一位受过教育、出身高贵的人物来到了奇琴伊察，玛雅人称他为库库尔坎，在尤卡坦语中意为"蛇·绿咬鹃"，或者更简单地说是"羽蛇神"。据说，他给奇琴伊察带来了丰富的知识，尤其是在艺术和医学领域，还有他故乡的文化。正是这些被当地人

左上图　这个人物也许是祭司，站在武士神庙的上部。在他下面，一个张口的立体蛇头雕刻装饰着中央楼梯的边缘。

左下图　这个平台由图拉著名的小型亚特兰蒂斯人石柱支撑着，位于奇琴伊察的武士神庙内。它可能是这座城市统治者的王座，虽然有些人把它看作祭坛。

右上图　在武士神庙里，一个小小的立体雕像仿佛从一只猛禽的嘴里钻出来一般，装饰着墙面。

右下图　奇琴伊察武士神庙饰带上的另一处细节图，描绘了一系列老鹰和美洲豹，这是托尔特克仪式中心雕塑图案中经常出现的主题。

奇琴伊察庞大的武士神庙代表着玛雅文化和托尔特克文化的结合。在金字塔的顶端屹立着查克穆尔石像，这是一个人形祭坛，用来呈放祭品。在背景中可以看到支撑着神庙屋顶的各种石柱。

从武士神庙的顶部看到的卡斯蒂略金字塔，它是在原有金字塔上建造起来的。金字塔共有九层，每面都有一条楼梯通向塔顶。

民所吸收的知识，刺激了奇琴伊察和周边城市的繁荣。许多历史学家将口述传说和殖民地史料解读为这些历史事件的"浪漫"版本：奇琴伊察的"新来者"很可能是托尔特克人的流亡者，被其他民族赶出了图拉。

从10世纪末开始，奇琴伊察在尤卡坦地区首屈一指。它的建筑结合了古典时期晚期的玛雅风格，这种建筑风格被称为普克风格，同时也受到了新托尔特克的影响。

今天来到这个遗址的人不可避免地会对与活人祭祀有关的活动感到惊讶。尽管尤卡坦和其他玛雅地区一直在进行活人祭祀的活动，但在托尔

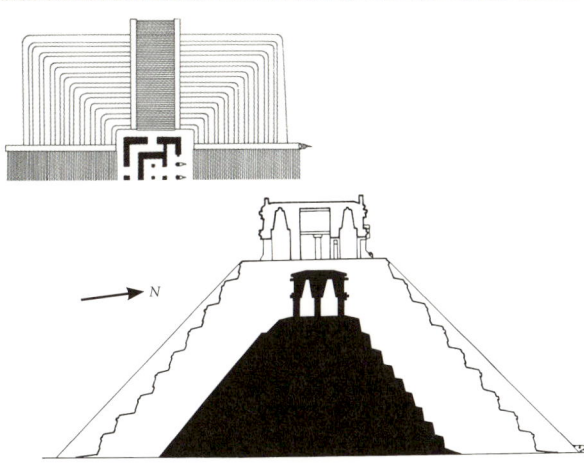

左上图　卡斯蒂略金字塔的细节图：真正的圣坛在金字塔的顶部，它的入口处装饰着两根巨大的蛇形石柱。背景是美洲豹神庙。

左下图　卡斯蒂略金字塔的平面图和立面图。这张侧立面剖面图显示出年代更早那座神庙的存在，它已经完全融入了外层新建那座建筑中。

右上图　在卡斯蒂略金字塔顶端的圣殿里，还有一尊查克穆尔石像和一个美洲豹形状的精美王座，王座上镶嵌着玉盘。美洲豹的眼睛是用黄铁矿制成的，獠牙是用人骨制成的。

右下图　卡斯蒂略圣殿的内部分成了三个正厅，屋顶由带有浮雕装饰的柱子支撑着。

上图 奇琴伊察巨大的球场长146米、宽36米是中美洲最大的球场。比赛场地两侧竖立着垂直的墙壁，上面固定着用于得分的球环。

下图 参加球赛的球员必须在不使用双手的情况下让橡胶球穿过这个小圆圈才能得分。这一比赛规则原本难度极大，而且可能很难得分。这个圆圈的浮雕上刻着一条蜿蜒的长蛇。

特克人统治时期，这种活动愈演愈烈。

这是一些证据：在奇琴伊察发现的查克穆尔石像是一种人形石雕祭坛，在图拉和特诺奇蒂特兰也有发现，还有头骨架，它是用来展示被斩首的牺牲者头骨的石架。

奇琴伊察的另一个重要特色就是圣井。圣井是一口深水井，人们会把选定的牺牲者和各种丰富的祭品扔进这口井，以安抚雨神查克（特拉洛克）。这样的"圣井"不仅可以在奇琴伊察找到，而且在该地区的许多其他城市中心都有发现。西班牙语中的"cenote"（天然井、溶井）一词来源于尤卡坦玛雅语"*dzonot*"，用于描述由于石灰岩溶解而在地貌中形成的天然圆形水井。在某些情况下，由于地下水水位很低，当地人只能通过在岩石中的洞穴和隧道中放置一条长梯到达井下。一个著名的例子就是"博隆琴洞穴"。

溶井的主要功能是储存淡水。考古学家注意到，追溯到最早的时期，在这些水井周围通常也有人类定居的痕迹。然而，在许多地方，这些天然井也会被用来献祭人类和动物，人们认为这是进入玛雅王国地下世界西巴尔巴的一种方式。即使在西班牙征服之后，人们依然会去奇琴伊察的圣井举行仪式活动。

从南面看到的巨大的奇琴伊察球场，美洲豹神庙俯瞰着这个球场。球场的规模似乎更适合巨人或神灵，而不是人类。

美洲豹神庙平台上的圣殿在结构上与卡斯蒂略神庙相似，入口处装饰着巨大的蛇形石柱。一个美洲豹形状的石头王座位于主立面门廊的下方。

头骨架的细节图，它的原型，是呈放被斩首者头骨的木架，而此处的头骨架是用石头复刻的。这种仪式令人毛骨悚然，而受害者可能就是球赛中失利的球员或者被击败的敌人。在图拉也发现了这种架子。

这座城市的宗教区域由一条长长的道路与圣井相连，屹立着两大宗教建筑——卡斯蒂略金字塔和武士神庙。卡斯蒂略是一座高30米的金字塔，地基呈方形，可能是为了供奉库库尔坎神灵而建造的。在这座显眼的金字塔中，还有一座规模更小的金字塔，建造时间也略早于卡斯蒂略。两座金字塔都是九层，采用的是斜坡-平板结构。共有四个壮观的楼梯，每边一个，通向顶部的圣殿。每条楼梯都由91级台阶组成，这可能不是随机安排的数字，因为所有四面台阶的总和，加上围绕金字塔底部的台基，一共是365级台基，也就是太阳历的总天数。因此，这个令人印象深刻的建筑，其宇宙象征意义是显而易见的。

武士神庙在结构上模仿了图拉最重要的建筑，同时也是为了纪念库库尔坎神而建的，这里的库库尔坎神作为"金星"，或更准确地说是作为"晨星"而存在。它是一个巨大的金字塔，共有四层，神庙在最上层，走过一个长长的楼梯可以到达。楼梯的顶部是一座查克穆尔石像。神庙的旁边的"千柱厅"就是一个宏伟大厅剩下来的遗迹，曾经位于神庙的两侧。它的石柱可能曾经是用来支撑一个由易腐材料制成的平顶。

在这里，正如奇琴伊察的卡斯蒂略金字塔和其他建筑一样，玛雅典型的金字塔结构也加入了新的元素——具有艺术感的精美柱廊以及与军团和羽蛇神崇拜有关的图案。千柱厅与一系列明确划分好的区域相连，每个区域都有确切的功能：球场、庞大的梯形广场和一个可能是市场的区域。

托尔特克社会是高度军事化的，军队分为美洲豹、鹰和狼三个军团。在奇琴伊察的各种艺术表现形式中，有关尚武方面的内容是非常明显的。其中一个例子就是有一些浮雕，刻画了鹰和美洲豹吞噬人类心脏的场景，另一个例子就

大祭司墓就是一座金字塔建筑，最近刚刚修复完毕。在它的地基下面发现了一口井，通往一个洞穴，在那里发现了人类的骨头和一些珍宝。

人们会在确切的日期在锥形平台上举行纪念金星的仪式。金星具有晨星和昏星的双重作用，一直受到人们的崇敬。

上图 在鹰平台的外部有个浮雕檐壁,刻画了豹和鹰吞噬人类心脏的场景。背景是美洲豹神庙的主立面,还有神庙的入口走廊。

左下图 奇琴伊察的鹰平台与图拉主广场中央的祭坛非常相似——这进一步证明了托尔特克文化和建筑对奇琴伊察的影响。现在几乎已经完全被摧毁了。

右下图 这里被称为梅卡多(Mercado,西班牙语的"市场"),因为它原本是一个市场,广场周围环绕着很多圆柱。

是胜利的勇士展示被斩首的受害者的头骨。

因此，与中美洲文明古代祭祀仪式有关的图案与后古典时期墨西哥人民一贯的，同时也愈演愈烈的嗜血习俗也相吻合。

奇琴伊察还拥有可能是玛雅最有趣的天文台。卡拉科尔天文台不同寻常，共有两层，平面图呈圆形。它是在两个巨大的、叠加的矩形平台上分多个阶段建成的。一条分为两段的阶梯通往天文台，天文台的基座由三层同心圆柱体组成，各层由两个环形走廊分隔开，走廊上覆有圆形的叠涩拱。有四个朝向四个基本方位的门洞穿过外墙。内墙上又有四扇门通向中央室，厅室中间竖着一根巨大的柱子，柱子上有一个牢固的螺旋楼梯，建筑的名字就来源于此。在顶楼有各种各样的窗户，其中只有三扇保存了下来。这些窗户的位置是为了让人们观测金星的运动轨迹和其他天文现象的。根据一些学者的说法，和墨西哥其他圆形建筑一样，卡拉科尔不仅是一个天文台，也是一个供奉羽蛇神的神庙。

奇琴伊察也有一些普克风格的建筑，让人想起同时期乌斯马尔的建筑和其他中心，尽管他们的装饰更为朴素。在这些建筑物中有红房子和"修女院"。有一座非常雅致的建筑与"修女院"相连，建筑门口装饰着一个有趣的浮雕：在一个圆形的辐条框架内，一个戴着羽毛头饰的人盘腿而坐。有一种说法是，这个浮雕刻画的是某位神化的统治者。美洲豹神庙坐落在这座城市13个球场中最大的球场的一侧，事实上它还是整个中美洲最大的球场。

从1200年左右开始，奇琴伊察逐渐衰落，取而代之的是玛雅潘，成为玛雅－托尔特克人的首都。然而，即使在西班牙征服时期，圣井仍然是朝圣之地。

圆形建筑卡拉科尔是个天文观测台。

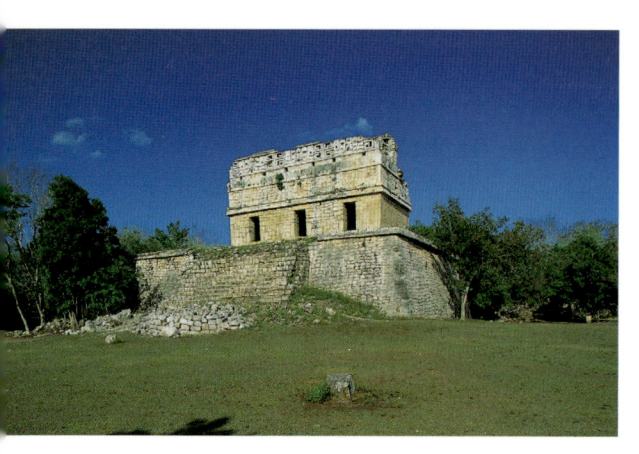

"红房子"，即"卡萨·科罗拉达"（Casa Colorada，西班牙语），是一座非常朴素的普克式神庙，坐落在一个平台上，顶部架有一个条脊。

上图 "修女院"是奇琴伊察受普克风格影响最明显的建筑。它的主立面装饰着华丽的面具石像,刻画的是查克神和大地怪物。

左下图 这个巨大的查克神石像装饰着"修女院"的上层外墙。这位神灵特有的长翘鼻和眼睛周围的圆圈清晰可见。

右下图 奇琴伊察的圣井是一口地质运动自然形成的井。井里的黑水以查克神的名义接受人类的献祭。"井"也是进入地下世界的通道。

奇琴伊察复原图：图片左下角是"修女院"，还有一些小建筑，往上走分别是卡拉科尔天文台和大祭司墓。图片右上区域则包括球场、卡斯蒂略金字塔、武士神庙和千柱厅。

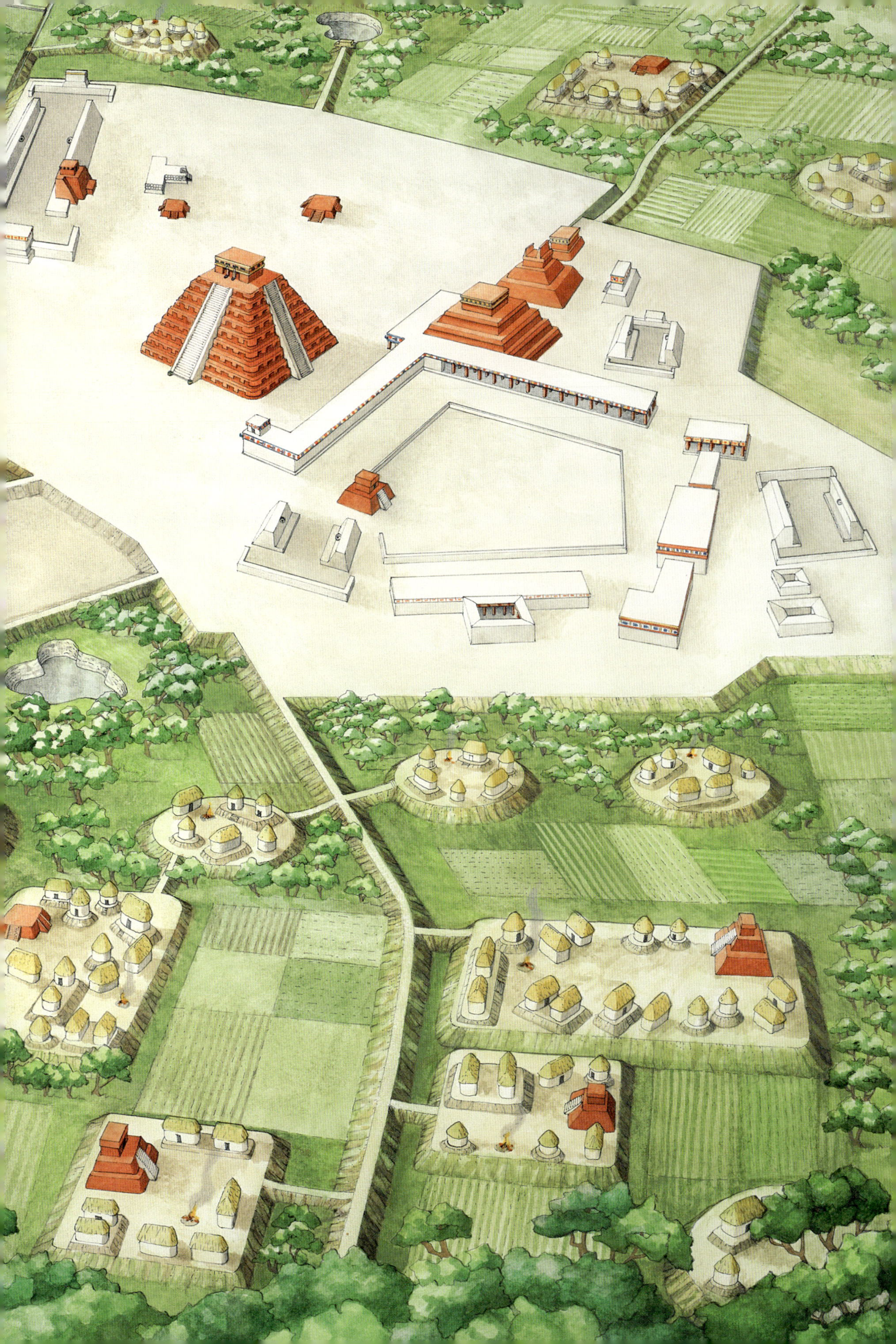

特诺奇蒂特兰，湖中大都市

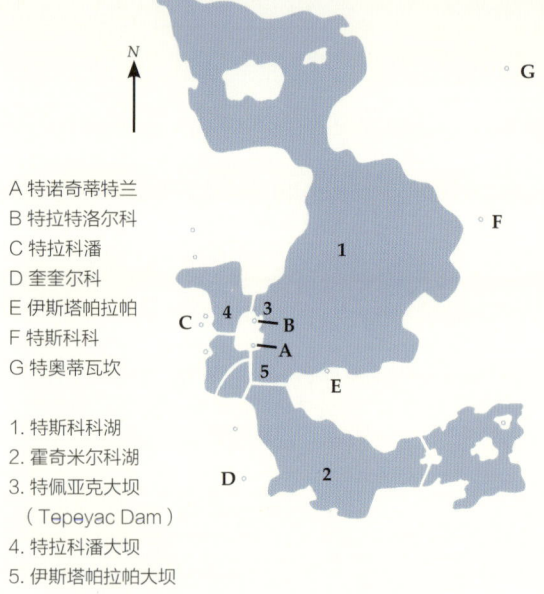

A 特诺奇蒂特兰
B 特拉特洛尔科
C 特拉科潘
D 奎奎尔科
E 伊斯塔帕拉帕
F 特斯科科
G 特奥蒂瓦坎

1. 特斯科科湖
2. 霍奇米尔科湖
3. 特佩亚克大坝（Tepeyac Dam）
4. 特拉科潘大坝
5. 伊斯塔帕拉帕大坝

　　埃尔南·科尔特斯率领的西班牙征服者第一次到达特斯科科湖时，他们看到了一个广阔而令人赞叹的大都市，坐落在如今墨西哥城的位置，墨西哥城是如今墨西哥的首都，规模十分庞大。他们看到的这个大都市其实就是阿兹特克帝国的首都特诺奇蒂特兰和它的双子城特拉特洛尔科，两个城市之间有一段水路，中间由一座桥连接。而今天它们只剩下一些废墟，散落在杂乱的墨西哥城的中心。有个有趣的方法可以帮助我们了解特诺奇蒂特兰这座古城，就是先通过西班牙征服者的记述和古阿兹特克人的手抄本来探索它。

　　《门多萨手抄本》的第一部分讲述了特诺奇蒂特兰直到西班牙征服的故事。根据传

说，这座城市是由一位名叫特诺奇的首领于 1325 年建立的，城市的蓬勃发展持续了近 200 年。在最后一位独立的阿兹特克国王蒙特祖马二世的统治下，特诺奇蒂特兰发展到了辉煌的顶峰。

因此，在 1519 年 11 月 8 日，西班牙人完全出乎意外地看到了一个神话般的城市。根据贝尔纳尔·迪亚斯·德尔卡斯蒂略的记载，对于一些士兵来说，那幅景象似乎"只是一场梦"。

特诺奇蒂特兰和特拉特洛尔科建立在若干小岛上，岛上有长长的堤道与大陆相连，只有三条门道或独木舟可以进出，这些令阿兹特克首都看起来像一座坚不可摧的城市。当时，这两座城市人口多到令人震惊，约有 20 万到 30 万人。特诺奇蒂特兰建立在一个天然湖中，周围有一条浮田（chinampas）带包围着，浮田就是人造岛，它是用芦苇架做底，在上面铺上肥沃的泥土，再用柳枝固定好。当浮田开始下沉，它会被另一层土壤覆盖，成为越来越肥沃的耕地。

上页图　羽蛇神崇拜对阿兹特克人来说意义重大。这座彩色巨蛇石像位于大神庙附近。

左上图　这几尊人形石像在发现的时候正斜靠在大神庙的台阶上。经证实，他们都是重要人物。

右上图　这座查克穆尔石像年代在 1390 年左右，最初是位于大神庙特拉洛克圣坛的平台上。

右下图　特佐姆潘特利，用于展示牺牲者头骨的架子的石制复刻品，位于大神庙北部的院子里。

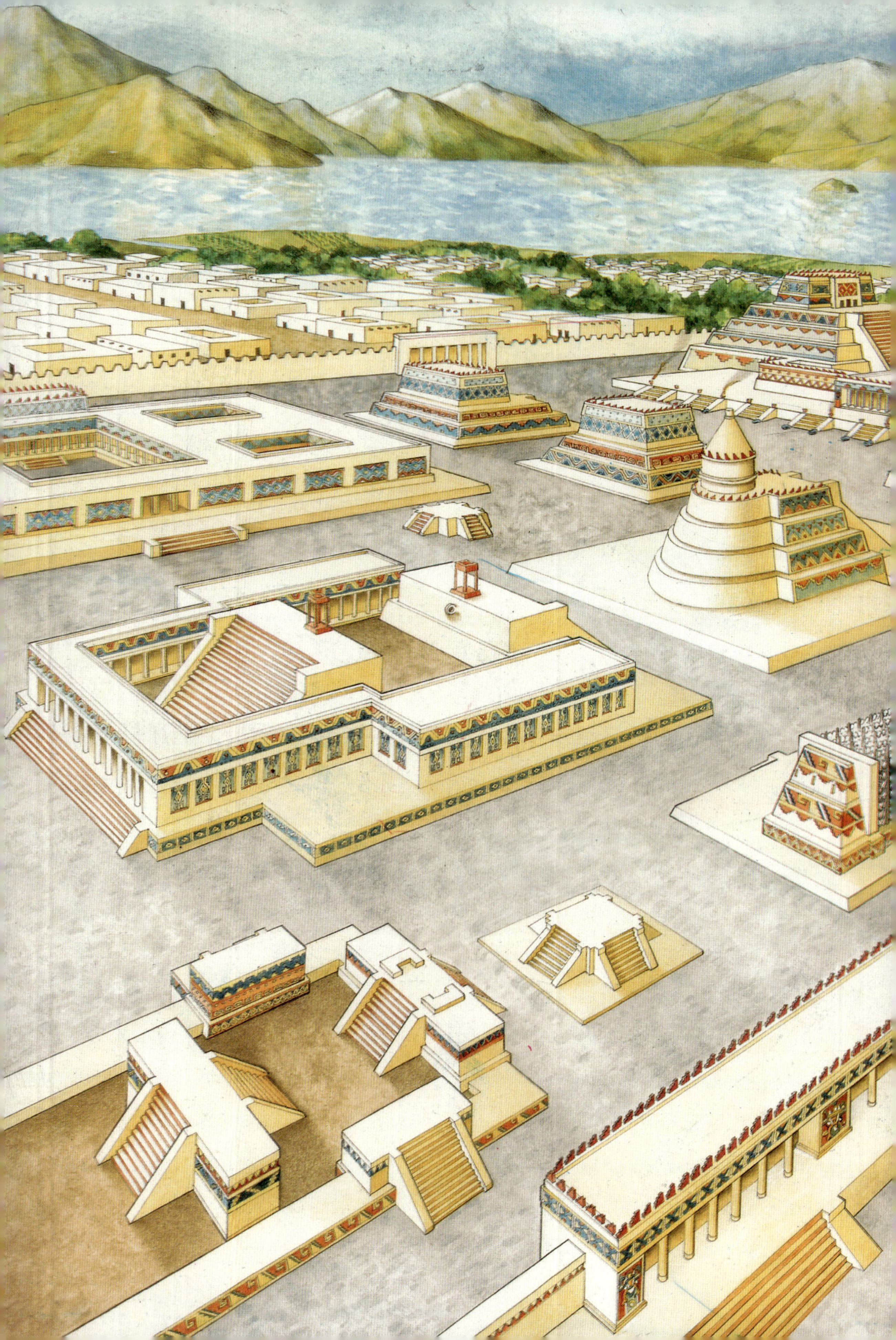

西班牙征服时期,阿兹特克帝国首都的复原图。仪式中心的中央是一座大神庙,顶部有两个圣殿,前面的圆庙供奉着风神。

得益于这种人工造岛的方法，无数条运河在特诺奇蒂特兰纵横交错，居民们乘着独木舟轻松地沿着运河航行。这不可避免地会让人将其与威尼斯做比较。贝尔纳尔·迪亚斯·德尔卡斯蒂略写于 16 世纪的描述引人深思，极具价值。这座城市被细分为四个区域，以神圣区域为中心，这一点符合阿兹特克人的宇宙观。神庙、宫殿、球场、学校和蒸汽浴室与普通人整洁的住宅区混杂在一起。当西班牙人接近这座城市时，最吸引他们注意力的就是这里花园数量繁多，到处都是热带鲜花，点缀着喷泉。还有许多贵族饲养着动物和鸟类的动物园。

特诺奇蒂特兰的双子城特拉特洛尔科，其庞大的市场（可容纳约 6 万人）也令欧洲人感到震惊。货物都是通过水路抵达市场。市面上经营各种商品：玉米、可可、兔子、火鸡、木头、蜂蜜、白银、羽毛，甚至奴隶。交易都是通过物物交换或者用可可豆作为货币进行的。买卖都会受到地方法院和警察的严格管控。

《阿兹特克手抄本》和殖民时期的记载提供了大量关于阿兹特克大都市主要遗迹的描述和图像，除此之外还有神庙建筑的泥土模型作为

左上图　焚香和燃烧其他香料是阿兹特克人的惯例。这件多色陶制香炉来自特诺奇蒂特兰的大神庙，香炉上的人物是玉米之神，这件文物的年代可以追溯到 1470 年左右。

左中图　这件精美的"鹰战士"雕塑，用陶土制成，年代可追溯到 1480 年左右：和托尔特克士兵一样，阿兹特克士兵也分为不同的军团，其中包括鹰和美洲豹两大军团。

左下图　这块巨大的圆石直径 3 米，发现于大神庙四号平台上。浮雕表面刻画了女神柯约莎克（Coyolxauhqui）被她的哥哥维齐洛波奇特利斩首、肢解的场面，令人惊惧。

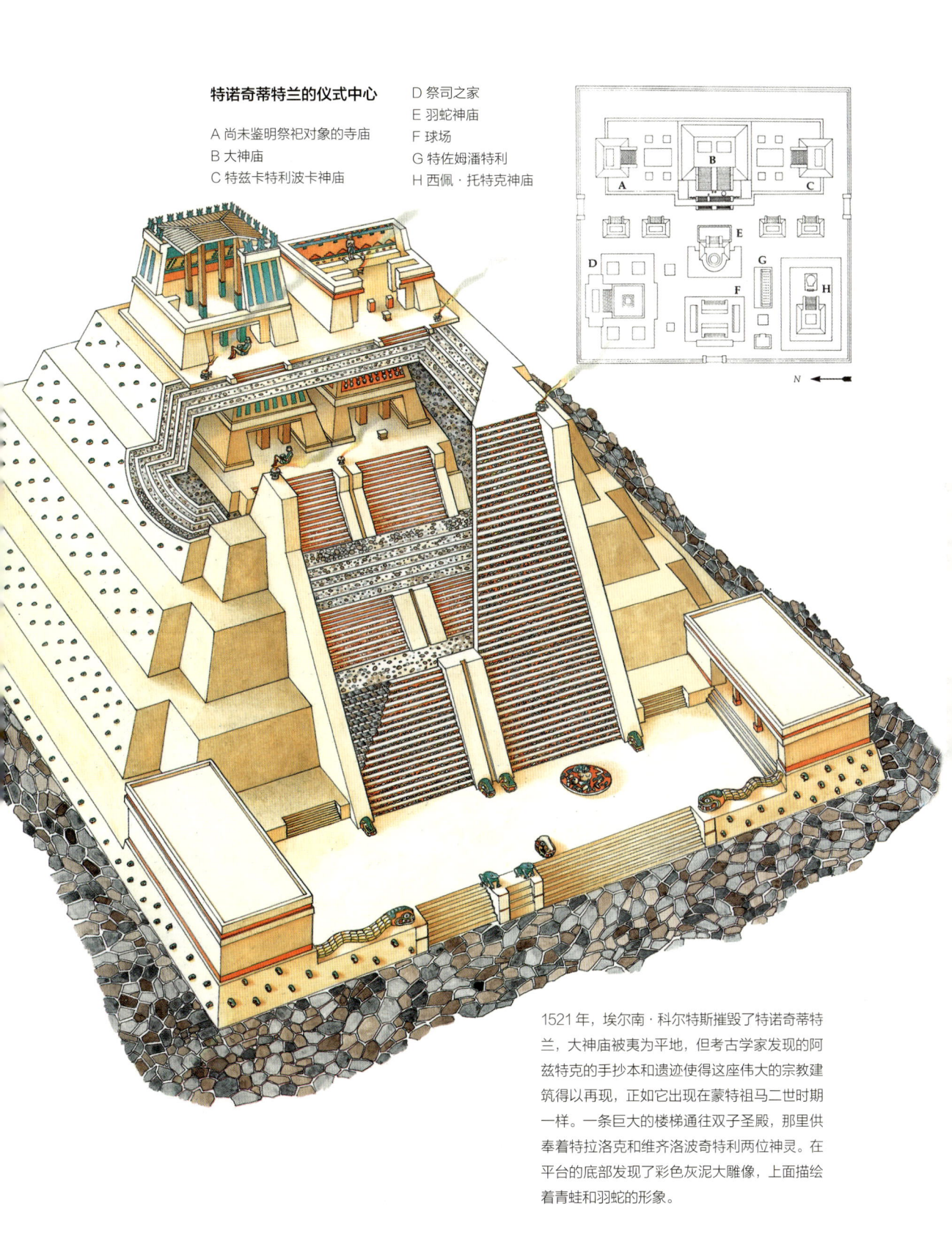

特诺奇蒂特兰的仪式中心

A 尚未鉴明祭祀对象的寺庙
B 大神庙
C 特兹卡特利波卡神庙
D 祭司之家
E 羽蛇神庙
F 球场
G 特佐姆潘特利
H 西佩·托特克神庙

1521年，埃尔南·科尔特斯摧毁了特诺奇蒂特兰，大神庙被夷为平地，但考古学家发现的阿兹特克的手抄本和遗迹使得这座伟大的宗教建筑得以再现，正如它出现在蒙特祖马二世时期一样。一条巨大的楼梯通往双子圣殿，那里供奉着特拉洛克和维齐洛波奇特利两位神灵。在平台的底部发现了彩色灰泥大雕像，上面描绘着青蛙和羽蛇的形象。

补充证明。在仪式中心的中央,也就是中央广场,坐落着最重要的神圣建筑,西班牙人称之为"大神庙"。这座宏伟的金字塔建筑直到1487年才完工,共有四层或五层楼,高达30米。一条非常陡峭的楼梯通向塔顶的平台,塔顶上建有两个圣殿。第一个圣殿供奉的是阿兹特克凶猛的部落之神维齐洛波奇特利,第二个供奉的是雨神特拉洛克。那些可怕的图像保存了下来,它们展示了牺牲者在被挖出心脏来纪念神灵后,他们的尸体是如何被扔下台阶,而金字塔前广场上的人群则站在一旁观看。

这个宏伟的首都,雄伟的仪式中心,以及最大的商业中心,今天还留下了什么?1521年8月13日,蒙特祖马二世国王被杀后,科尔特斯和他的士兵将这座神话般的城市夷为平地,摧毁了各种建筑的地基,以便建造具有殖民地风格的新建筑。两个多世纪后,在墨西哥城的武器广场,人们发现了科亚特利库埃女神的石像和著名的"太阳

左上图 这个令人印象深刻的头像由绿岩雕刻而成,再次刻画了月亮女神柯约莎克的形象,名字的意思是"用摇铃装饰"。

右上图 这尊黏土雕像发现于大神庙,描绘的可能是一位阿兹特克战士。

右下图 对于阿兹特克人来说,鹰具有一些象征意义,它与特诺奇蒂特兰创立的故事有关。这只威风凛凛的鹰是用石头雕刻而成,发现于1978年的大神庙地区。

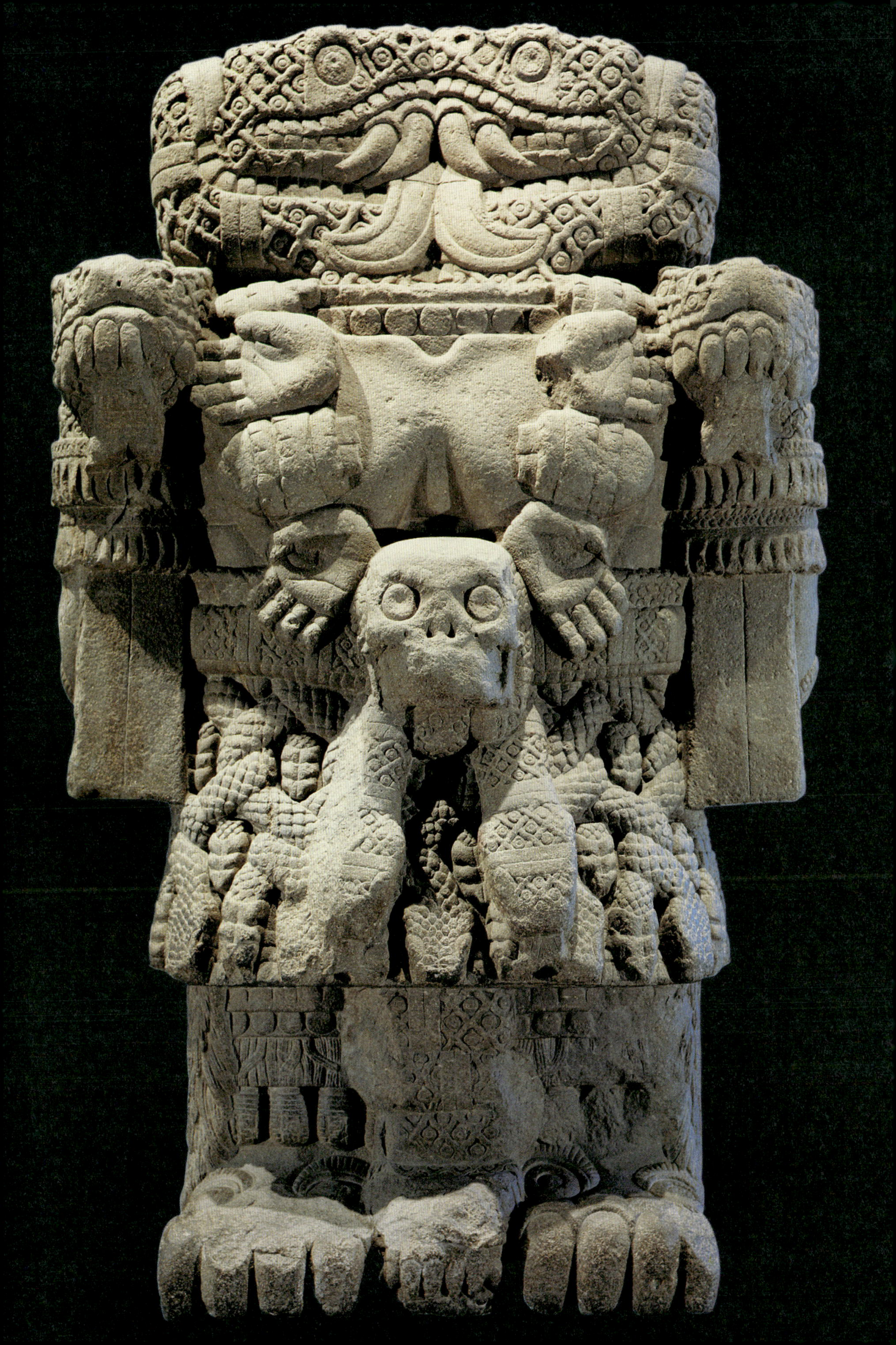

上页图 有位叫科亚特利库埃的阿兹特克神灵,名字的意思是"蛇裙"。她是大地和多产女神。在阿兹特克神话中,科亚特利库埃生育了维齐洛波奇特利和柯约莎克。这座石雕发现于1780年的墨西哥城,女神的头部由巨蛇组成,具有猛禽的特征,看上去令人生畏。她的项链是用头骨和人的四肢做成的,可以证明阿兹特克人的祭祀仪式非常残酷。

本页图 "花王子"索奇皮利,是阿兹特克的花、春天和爱之神。他的崇拜也与仪式性球赛有关。这尊石头雕塑展现了这位年轻男性双腿交叉坐在王座上。

特拉特洛尔科神圣中心的景象。特拉特洛尔科是特诺奇蒂特兰的双子城市，这里最初是一个巨大的市场。中间有一座巨大的金字塔，有两个圣殿，背后是特拉特洛尔科的圣詹姆斯教堂，属于巴洛克风格。

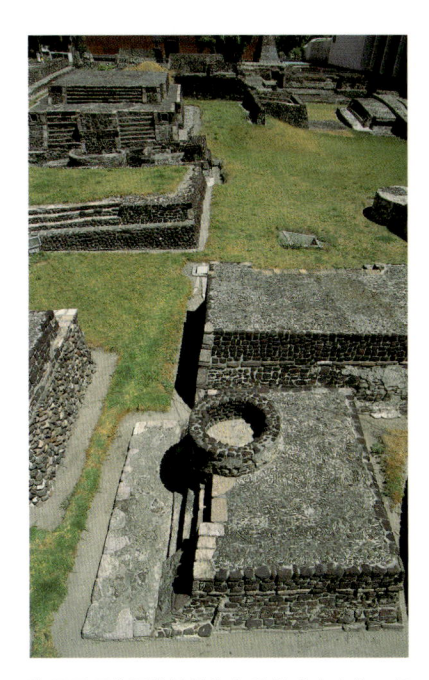

这里展现的是特拉特洛尔科仪式中心的一部分，背景中的左侧是数字神庙（Temple of the Numbers）。它的墙壁上完全布满了与数字和仪式日历日期有关的象形文字。右边是供奉风神的神庙平台。

阿兹特克雕塑中的典范：一座高70厘米的头像，刻画的是一位鹰战士。面部特征尤为清晰逼真，在阿兹特克艺术中非常罕见。

石"。在发现古代文明的最初痕迹后，人们的求知欲促进了进一步的研究。20世纪早期，新的挖掘工作发现了大神庙石基的一个角落。几年后，在石基下发现了一条楼梯的残迹，还有头骨架的遗迹。到20世纪70年代末，这座伟大的宗教建筑的地层整理工作基本完成，大约有数千件文物被发掘出来。

在古特拉特洛尔科曾经屹立，现在名为"三文化广场"的地方进行了一系列的挖掘工作，发现了一个大宗教区的遗迹，在这个区域的中心有一个雄伟的阶梯式金字塔，这座金字塔也是为了纪念维齐洛波奇特利和特拉洛克而兴建的。贝尔纳尔·迪亚斯·德尔卡斯蒂略的士兵正是从这座金字塔的顶端眺望前哥伦布时期墨西哥最后的首都特诺奇蒂特兰的。

215

卡卡斯特拉，
一个未解之谜

A 卡卡斯特拉
B 特诺奇蒂特兰
C 特奥蒂瓦坎
D 阿尔班山
E 帕伦克
F 奇琴伊察

800年前后，古典时期特奥蒂瓦坎和玛雅城市的力量衰落时，墨西哥中部的一些遗址开始繁荣起来，地区文化也得到了发展，尽管这些城市仍然处于周边文明遗产的阴影之下。这些新中心包括霍奇卡尔科、乔卢拉和卡卡斯特拉。卡卡斯特拉位于墨西哥的特拉斯卡拉

上图 在卡卡斯特拉遗址发现了很多精美的墙面装饰，年代可以追溯到古典时期晚期，这里展示的是一位戴着头饰和耳环的战士。

左图 卡卡斯特拉壁画的一大特征就是用色清新、亮丽、丰富，正如这里所看到的。这个场景描绘了一位祭司，穿着美洲豹的服装，双脚踩在一只蛇形美洲豹身上。

州，650 年到 900 年间，城市的发展十分兴旺，在它的仪式中心能看到伊斯塔西瓦特尔火山顶峰的景色。

卡卡斯特拉是阿兹特克人在征服这片地区时所起的名字，在纳瓦特尔语中，它的意思是"卡卡斯特里（*Cacaxtli*）的地方"，卡卡斯特里是指商人的背包。各种迹象表明，这座城市原始核心的建造者是奥尔梅克-西卡兰卡人（Olmec-Xicallanca），这是一个由墨西哥湾沿岸商人组成的团体。

在卡卡斯特拉壁画的另一个场景中，一位身上带有雄鹰特征的祭司正站在羽蛇神上，这位神灵也许就是魁扎尔科亚特尔神。

卡卡斯特拉因其宏伟而丰富的壁画显得尤为重要，学者们认为这里保存着墨西哥中部地区最重要和最完整的壁画。在质量上，它们甚至可能超过特奥蒂瓦坎的壁画。这一系列壁画的许多细节展现了玛雅的风格，有一部分展现了战争的场景。这种强调残酷和血腥的主题，与特奥蒂瓦坎的壁画有所不同，特奥蒂瓦坎的主题集中在宗教领域。壁画上的人物有衣着华丽的战士，也有战败的战俘，描绘得栩栩如生，色彩明亮鲜艳，几乎按照真人比例绘制。除了战争场景，还有一些以神话为主题的壁画，其中有两个人物各自站在门口的两边，分别穿着鹰和美洲豹的服装，身上还带有这两种动物的特征。这些壁画尤为与众不同，精致美观，赏心悦目。在鹰的那幅壁画中描绘了一场与羽蛇神的搏斗，这也令人对羽蛇神崇拜的起源地和起源日期产生了进一步的疑问。

卡卡斯特拉的壁画特别有趣，因为它们蕴含了各种文化典故。在风格上，它们与博南帕克的玛雅晚期壁画有不少相似之处，但是也有一些图案是墨西哥中部地区特有

在卡卡斯特拉一系列壁画中，图中的这幅画面描绘的是战争中的战士，他的外表看起来令人害怕。这种风格类似于博南帕克的玛雅壁画。

的。壁画中的一些象形符号可与特奥蒂瓦坎壁画中的符号相对照，另一些可与瓦哈卡的萨波特克和米斯特克壁画中的符号相对照。目前这些符号尚未被破译。

最近的挖掘发现了更多的壁画作品，这些壁画主题同样集中于战争方面，并且揭示了在7世纪至10世纪的几百年间，这一社会中主宰墨西哥高原的商人，他们也有战士的一面。也许发动这些战争的目的是为了尽可能俘获最多的囚犯作为祭品，正如后来阿兹特克人所做的那样。

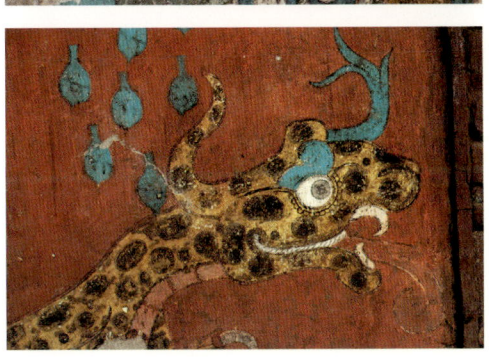

左上图 这张美洲豹战士的画像属于墨西哥高原文化，但其风格却是典型的玛雅风格。

左下图 在卡卡斯特拉的壁画中，出现了许多神话中的生物，比如这个有着蛇和猫科动物特征的怪物。

右图 到目前为止发现的壁画中还有龟、鹿和许多其他动物。这些画像因其精湛的技艺和完美的保存情况而引人注目。

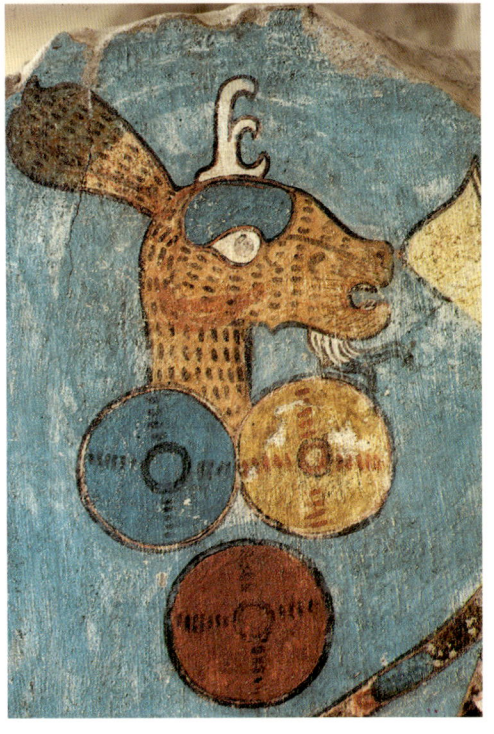

219

左上图　这座四层"塔楼"也许是天文台，是帕伦克最不寻常的建筑之一。

右上图　帕伦克"宫殿"建筑群中的一个庭院。

下图　帕伦克这一建筑群名为"宫殿"，由长长的建筑围绕着内庭组成，过去也许是统治阶级的行政中心。

帕伦克，
帕卡尔国王的骄傲

A 北神庙群　　D 大神庙　　　G 十字架神庙
B 伯爵神庙　　E 帕伦克宫殿　H 太阳神庙
C 球场　　　　F 碑铭神庙　　I 叶形十字架神庙

帕伦克位于恰帕斯地区，是如今保存最完好的玛雅遗址之一。9世纪这座城市开始衰落，经过了长达数百年的废弃之后，它又被重新发现，也是最早再次面世的城市之一。1746年，西班牙神父索利斯（Padre Solis）被其主教派去探索圣多明各·德·帕伦克（Santo Domingo de Palenque）这座城市。索利斯听说过这处古迹的一部分深埋在森林植被中的传闻，他因自己的发现感到极大震撼。索利斯是第一位向殖民当局报告帕伦克遗迹的人，但从那时起，无数的旅行者和学者被吸引到这座神秘的城市。然而，很长一段时间，没有人知道这个城市是谁建的。

在众多介绍了这些纪念碑的人中，瓦尔德克伯爵（Count Waldeck）的作品尤其值得一提。他决定对墨西哥古迹进行深入研究，并于1825年开始了他的帕伦克之旅。在接下来的一

右上图　683年，帕卡尔国王逝世，在其陵墓中发现了一块玉牌。它的浮雕装饰描绘了一位戴着羽毛头饰的贵族。

右下图　这个精雕细琢的灰泥饰带曾经抹有颜色，但现在已经看不出任何染色痕迹了。它与其他饰带一起装饰着帕伦克宫殿。

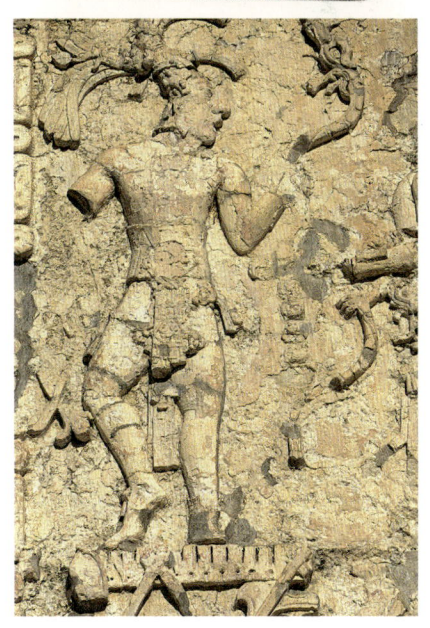

221

这张照片展示了帕伦克宫殿的平台和建筑，凸显了遗址的魅力和神秘感。

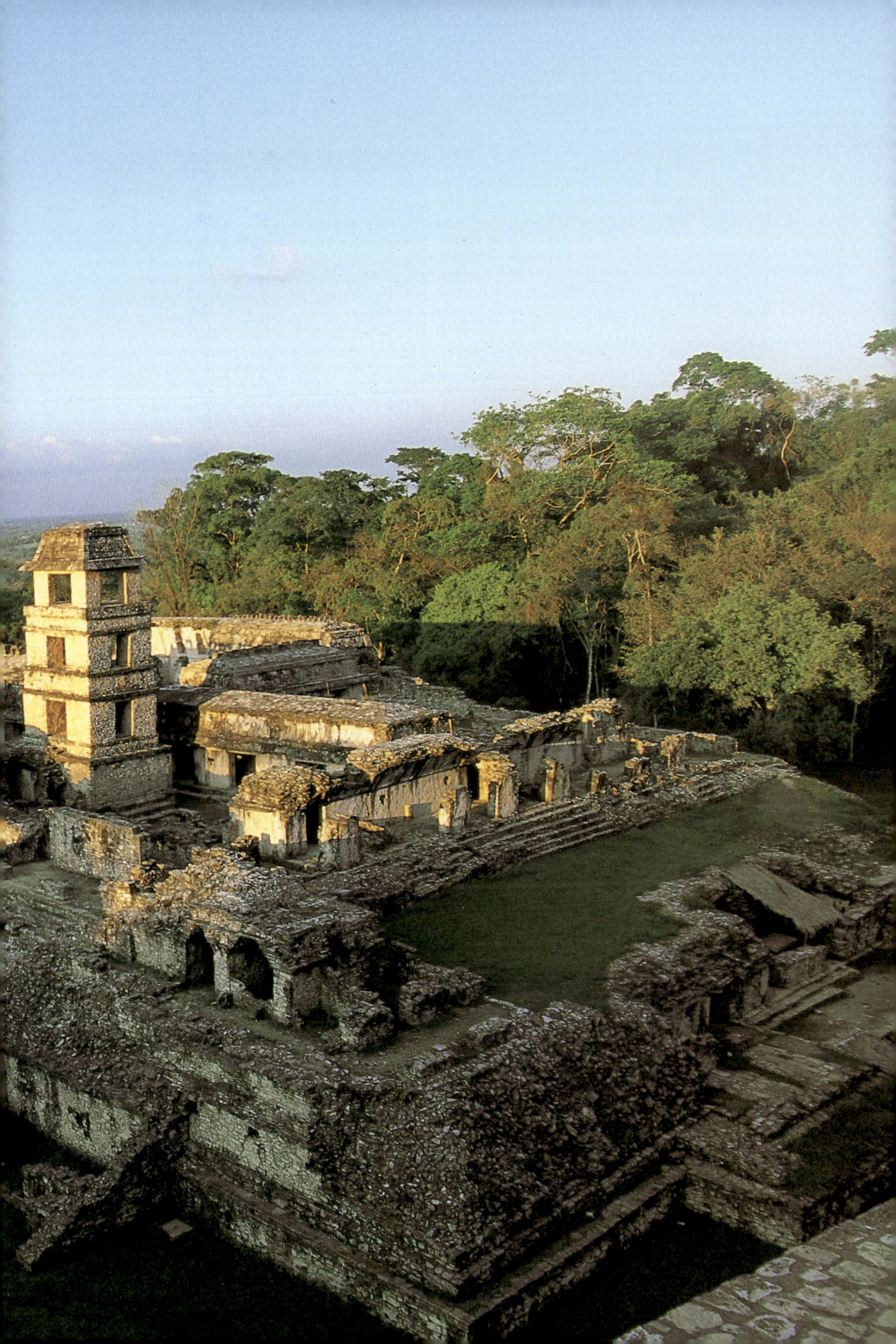

左上图、右上图　帕伦克的十字架神庙和叶形十字架神庙都建于692年，处于帕卡尔国王的儿子强·巴鲁姆国王统治时期。

下图　帕伦克可以说是玛雅最美丽的遗址之一。这是从十字架神庙上看到的主要宗教建筑。左边是太阳神庙，建于692年，位于其他寺庙建筑废墟附近。背景是巨大的碑铭神庙，神庙下面是帕卡尔国王的陵墓。

年半时间里，他进行了第一次挖掘、研究，并将这些遗迹全都描绘了下来。他呕心沥血的拓印品，不仅数量庞大，内容丰富翔实，还清楚地展示了他对那些建筑和考古发现的主观理解。瓦尔德克伯爵和他那个时代的许多学者一样，无法想象在地理上与欧洲古典世界相距如此遥远的地方，还存在一个古代文明。

弗雷德里克·卡瑟伍德还为帕伦克城的遗迹创作了美丽的画像。他一丝不苟地将石碑和其他纪念碑上的铭文复制了下来，尽管当时没有人能读懂它们。后来，这些铭文被破译出来后，为我们提供了许多关于古典时期玛雅这座城市悠久历史的资料。

帕伦克最古老的建筑是由统治者委托兴建的，他也是第一位促进城市政治和文化发展的人：文献中记载了他的名字，名叫帕卡尔，在玛雅语中是"盾牌"的意思。

帕卡尔统治帕伦克的时间很长，从615年一直持续到683年，"宫殿"最古老的建筑也是在这个时期建造的。"宫殿"是一个坐落在大平台上的建筑群，由许多围绕着庭院的建筑组成，其中两个庭院中有一些其他的建筑。虽然"宫殿"这个名字暗示这是一个住宅建筑群，也许是皇室的住处，但它也可能是举行宗教和文化仪式的场所。位于宫殿上方的四层塔楼也许是一座瞭望塔，或者更有可能是一座天文台。

宫殿附近是帕伦克最宏伟的建筑：碑铭神庙。瓦尔德克伯爵曾为中央房间里石雕上的符号着迷，他把这些符号抄写了下来，希望能够解读出它们的含义。然而，他对这些符号的解读是非常主观的——他甚至在这些符号中看到了独特的象头。

然而，碑铭神庙的重要性不仅仅在于其建筑之美。1952年，墨西哥考古学家阿尔贝托·鲁斯发现了一个隐藏在其中的巨大秘密。在金字塔顶部神庙的地板下有一块石板，他发现那里藏有一个入口通往一条长长的楼梯，这条楼梯一直向下延伸穿过一个平台。底部是一个巨大的地穴，上面装有很高的叠涩拱。

在这个陵墓里陈列着一个巨大的石棺，上面覆盖着一块巨大的石板，重达五吨多，石板上装饰着浮雕和铭文。鲁斯立刻意识到石棺里装着一位身份高贵的人物的遗体，肯定是一位国王，与他一起陪葬的还有非常丰富

强·巴鲁姆于692年兴建了太阳神庙，这里展现的是神庙顶部的细节。神庙上装饰着精美的浮雕，顶上架有条脊。太阳神庙和十字架神庙以及叶形十字架神庙一起，组成了所谓的"十字架建筑群"

225

上图、左下图 帕伦克碑铭神庙坐落在一个八层的平台上。1952年，墨西哥考古学家阿尔贝托·鲁斯在地基下面发现了帕卡尔国王的陵墓，墓穴中埋藏着豪华的随葬宝物。

右下图 在碑铭神庙前的广场上有一个小祭坛，它是其背后神圣建筑的微缩模型。

的珍宝。石棺上的铭文揭示了这位显赫的人物正是著名的帕卡尔,几个世纪以来,帕卡尔一直在此长眠。

国王的脸上放置了一张华丽的玉制丧葬面具,眼睛是用贝壳和黑曜石制成的。在这些宝藏中有两个非常逼真的灰泥雕塑头像,其中一个可能是帕卡尔的头像。石棺的盖子无疑是最值得深入研究的玛雅文物。浅浮雕雕刻的场景极其复杂,需要垂直往下读,浮雕周围都是一行符号,代表了天空、星星、太阳和月亮。

中间的图像描绘了国王从尘世生活进入灵界的过程:他被描绘成"坠落"到一个"地下怪物"的血盆大口里,而这里就是"地下世界"。在帕卡尔的身后有一棵**宇宙之树(Cosmic Tree)**,这棵树呈十字架形状,树上栖息着一只奇妙的小鸟。这种象征意义代表了地下世界和上层世界之间的联系,地下世界是死者的王国,而上层世界是众神的家园。十字形树枝周围的双头蛇证明死者拥有皇室血统。最近,一些美国学者对浮雕刻画的场景和组成元素给出了新的解释。

在学者们发人深省的解读里,他们将这些图像解读为天文密码。根据这一密码解释,宇宙之树就是银河,也就是已故国王的灵魂在重生之前走过的"白色之路"。

碑文记载,帕卡尔的儿子强·巴鲁姆("蛇豹")继承了帕伦克的王位,正是他下令兴建了三座伟大的神庙,组成了所谓的"十字架建筑群":太阳神庙、十字架神庙和叶形十字架神庙。这些神庙位于金字塔结构的顶部,屋顶架有一条典型的条脊。它们的位置并不是随机安排的,相反,这些神庙的方向与玛雅宗教思想和宇宙观有关。每座神庙都装饰着精美的浮雕,其中包括太阳神庙中太阳神的面

帕伦克还有其他令人印象深刻的宗教建筑群。这是伯爵神庙,建于帕卡尔国王统治时期,是一座规模不大的建筑。

在帕伦克仪式中心的北端,靠近伯爵神庙的地方,是北神庙群,其平台上有一些小神庙。

左图 这条陡峭的台阶通往帕卡尔国王墓室，发现的时候上面全是瓦砾，考古学家对其进行了细致的清理。

跨页图　这幅复原图展现了隐藏在碑铭神庙主体中的墓穴和通道台阶的位置。金字塔上的庙宇被剖切后，它的内部显露了出来。

上图　一块巨大沉重的三角形石板封住了墓穴，阿尔贝托·鲁斯花了三年时间将通道楼梯上的碎石清理干净，终于在 1952 年进入墓室。

中图　石棺盖上的图画描绘了帕卡尔国王被大地怪物吞噬的画面，在他身后是生命之树，树枝上栖息着一只既像鸟又像蛇的动物。

下图　这座石棺重达五吨多，只比墓室稍微小一点，这表明在墓室和金字塔建造之前，这个石棺就已经放置在这里了。

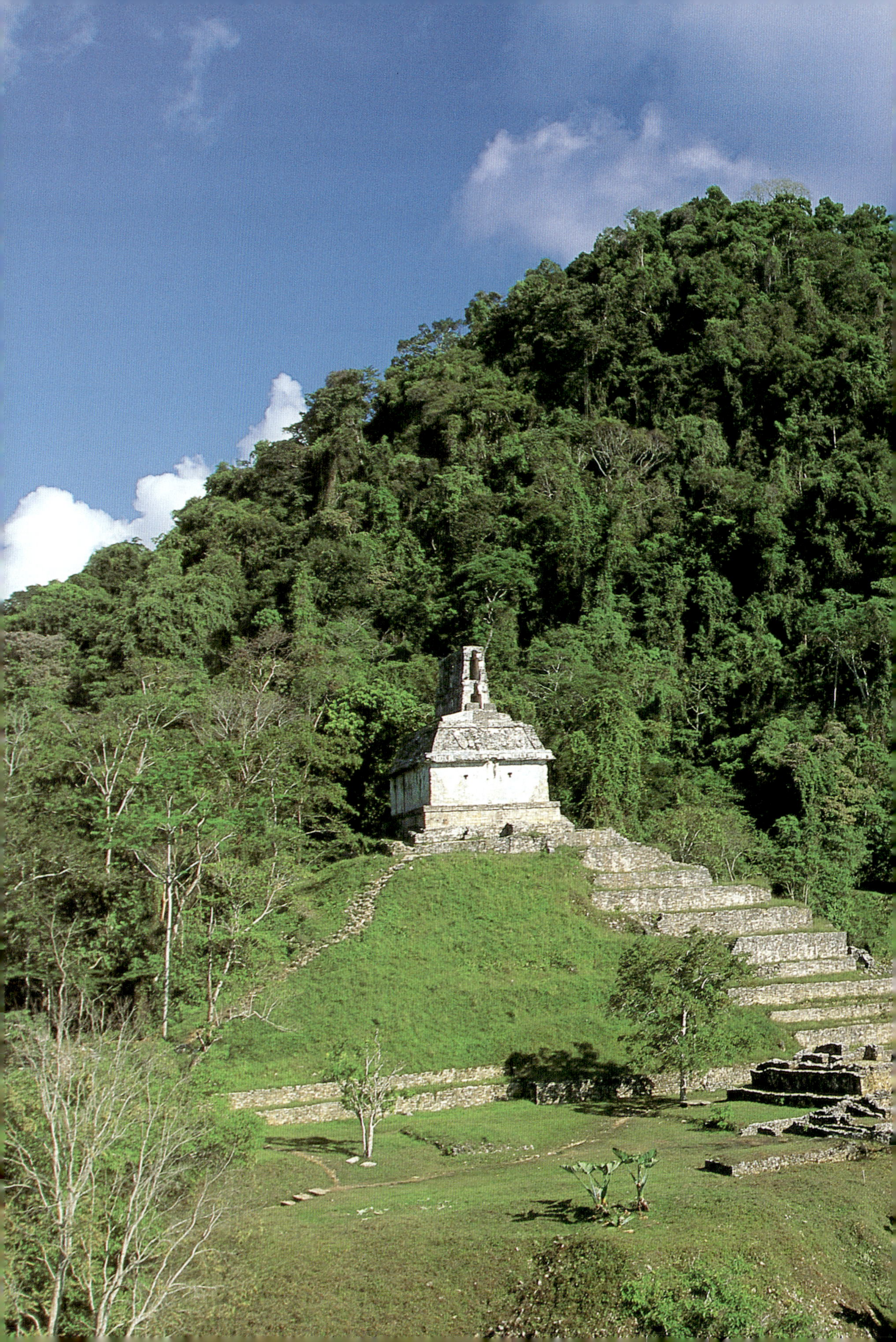

帕伦克"十字架建筑群"金字塔的全景图，从左至右：十字架神庙、叶形十字架神庙、十四号神庙和太阳神庙。

具，他在夜里化身为美洲豹。

　　帕伦克的铭文提供了大量关于帕卡尔后裔王朝历史的资料，这些资料都非常精彩有趣。例如，我们已经知道的，王位的继承曾一度通过母系传递，这在玛雅文化中是非常罕见的。

　　还有一条有趣的铭文是关于强·巴鲁姆为十字架神庙举行奉献仪式的。这位年轻的国王选择在一年中三颗行星与太阳相合的特别时刻来庆祝这一大事。这再一次证明了玛雅人对天文事件的极大重视。

这个真人大小的玉石面具戴在帕卡尔国王的脸上，这只是他众多陪葬品中的一件珍宝。

帕卡尔国王陵墓中发现了两件灰泥雕塑头像，这是其中一个。这张面具代表了宁静和智慧，华丽的头饰可能由是羽毛制成的，这是玛雅文明中权力和高贵的象征，也表明我们可能看到的是帕卡尔本人的画像。

博南帕克，彩绘勇士之城

博南帕克是一个小型的玛雅中心，可以追溯到 8 世纪晚期，因其"画庙"（Temple of the Paintings）而闻名。这幅神庙原貌的复原图，将墙壁断开，使庙宇内部的剖面显露出来。三个相邻的房间都装饰着壁画，这些壁画可能都是为了纪念一位伟大领袖的胜利。画庙的壁画和卡卡斯特拉的壁画，是在中美洲发现的最精美的壁画。

A 大广场

B 乔安·穆安兴建的石碑
（776—790 年）

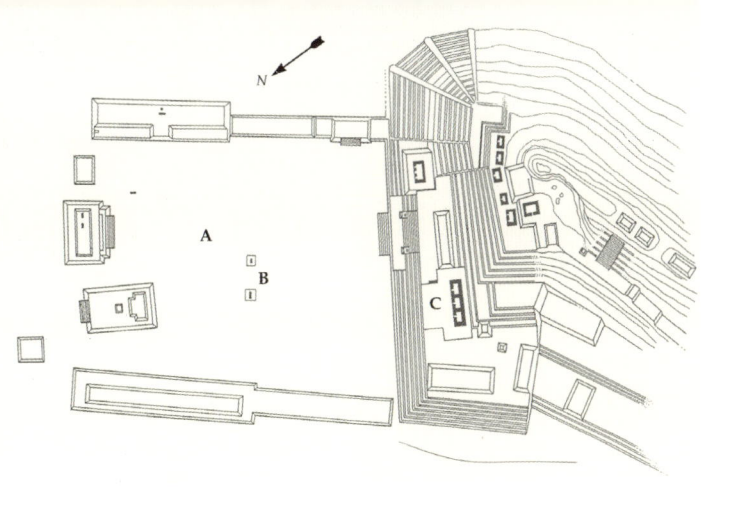

C 画庙

博南帕克的遗址就坐落在亚斯奇兰遗址的南面，乌苏马辛塔河的支流拉坎哈河的河谷中。根据某些学者的说法，这个小中心的名字的意思是"壁画墙"，在某种程度上与亚斯奇兰有所联系，而且这两个城市的发展都在古典时期早期达到了顶峰，这一点可以从一些碑文中得知。其中一个日期为 746 年的碑文提到了这两座城市在政治和外交上建立了联盟。

1946 年，一群美国探险家在一些当地村民的带领下来到博南帕克，几个月后，其他当地人又带了一位摄影师来到这个地方。这位摄影师是第一个发现神庙的房间里装饰着精美壁画的人——这是迄今为止发

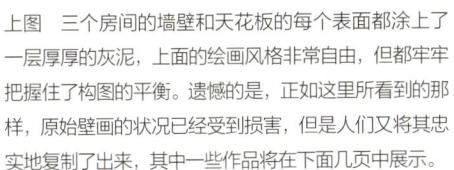

上图 三个房间的墙壁和天花板的每个表面都涂上了一层厚厚的灰泥，上面的绘画风格非常自由，但都牢牢把握住了构图的平衡。遗憾的是，正如这里所看到的那样，原始壁画的状况已经受到损害，但是人们又将其忠实地复制了出来，其中一些作品将在下面几页中展示。

右上图 在"画庙"所在的卫城俯瞰着广场，曾经这里的周围都是一些平台和建筑。

右下图 776 年，乔安·穆安（Chaan Muan）登上了博南帕克统治者的宝座，这是他兴建的三座石碑中的一座。

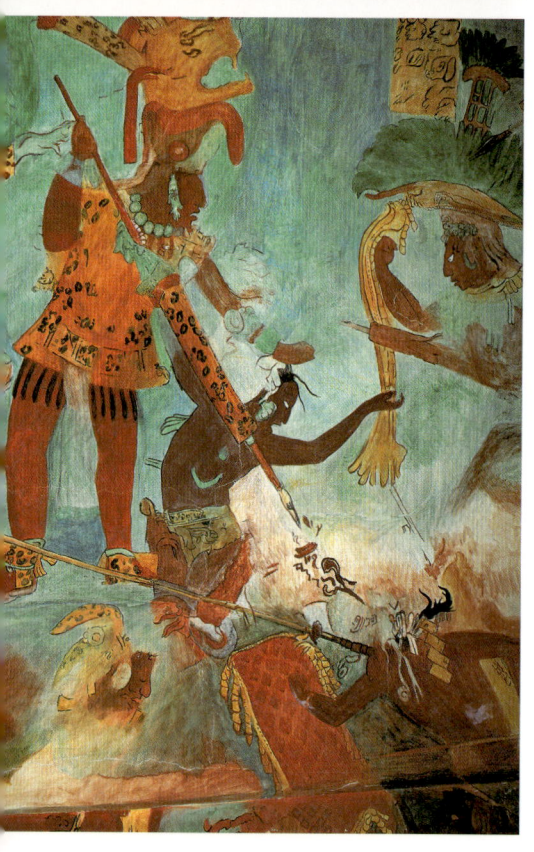

现的玛雅壁画中最辉煌的杰作。"画庙"内三个相邻房间的灰泥墙壁和天花板都铺满了壁画，画面中的历史场景绚丽多彩，显示出极高的艺术技巧。

在一号室，中心主题围绕着战争的仪式准备展开，国王被一大群贵妇、朝臣和乐师包围着。各个人物都穿着华服，戴着精美的头饰，彰显了宫廷的华丽，舞者穿着用绿咬鹃羽毛制成的鹿角。周围的其他人物都戴着怪物面具，其中一个戴着虾钳，另一个伪装成鳄鱼，还有一个化身为玉米之神。乐师为众舞者伴奏，他们吹着喇叭、敲着鼓，打击着用龟壳制成的乐器。

然而，二号室壁画的主题是关于战争胜利，描绘的是一位统治者和他的将士经过一场血战之后取得了胜利。这些装备精良的战士俘虏了许多没有武器或饰品的敌人。战败的俘虏们跪在胜利者的脚下，被描绘成屈服的姿势：其中一人似乎在跪地求饶，其他人则遍体鳞伤，浑身是血。这些壁画可能记录了一次真实的历史事件，时间大约在790年左右，画面中取得战争胜利的统治者是乔安·穆安。纪念碑上曾有记载，776年，乔安·穆安接受加冕登基。从碑文中我们得知，这位国王娶了一位来自亚斯奇兰的公主。因此，在博南帕克壁画中，我们看到了文献中记载的历史事件的图画版本。

左上图　博南帕克一号室的西墙图。一支由舞者和乐师组成的队伍在蓝绿色的背景下前进。

左中图　这是一幅壁画的细节，展现了乔安·穆安统治时期一场激烈的战斗。

左下图　二号室壁画的这个细节描绘了一个可怕的场景：一位穿着美洲豹皮的战士刺死了一个俘虏。铭文显示确实发生过这场战争。

博南帕克的壁画提供了古典时期玛雅服饰的大量细节。这一场景展现了战士们配备着长矛和矩形盾牌，头戴着各种不同的羽饰或者动物头骨，引人注目。

　　三号室的壁画是一组历史题材组画。乔安·穆安与他的王室成员和家族成员举行了一次盛大的仪式庆祝他的胜利。庆典结束时举行了祭祀仪式，将牺牲者献给神灵。除了上面提到的石碑以外，一些建筑门廊上的铭文和壁画也填补了乔安·穆安统治时期历史和年代的知识空白。

　　遗憾的是，几个世纪以来处在完全黑暗的密室环境中的博南帕克精美的壁画，已不再如往日般辉煌壮丽。然而，在墨西哥人类学博物馆和盖恩斯维尔的佛罗里达州博物馆都可以看到原建筑的复刻品，十分精确、忠实。

亚斯奇兰，一个充满活力的城市

亚斯奇兰是古典时期一个伟大的玛雅中心，位于乌苏马辛塔河谷。这张照片是主广场，广场上坐落着许多纪念性建筑。

一条宽阔的楼梯通向平台的顶部，这个平台面向亚斯奇兰的主广场。这个城市的许多建筑物都装饰着宽大而雅致的条脊，遗憾的是，其中大部分已经受到侵蚀。这些宫殿的门楣上都装饰着铭文雕带。

亚斯奇兰的神庙和"宫殿"都是按照乌苏马辛塔河谷的建筑风格建造的，建筑的上部和精致的条脊上有饰带装饰，饰带上面覆盖着一层灰泥。

1881年，亚斯奇兰重见天日，它位于乌苏马辛塔河的河谷，靠近今墨西哥和危地马拉两国的边界。这座城市在古典时期非常繁荣，其建筑风格与帕伦克的非常相似。常见的元素有石墙、宽阔的阶梯和大而穿孔的条脊——建筑顶部的装饰元素。遗憾的是，曾经覆盖在它们上面的复杂的灰泥装饰经历过风吹雨打和植物的渐渐入侵之后，已经所剩无几。

亚斯奇兰的大部分建筑分为两组，都建立在平台上。这些宫殿结构呈长方形，其中许多有双排房间，有三扇门可以进入。石柱、祭坛和门楣等纪念性建筑上的浮雕装饰都很精致，上面都刻有铭文。20世纪60年代，碑文研究者塔提亚娜·普洛斯克里亚科夫（Tatiana

亚斯奇兰的三座主神庙建在梯台上，坐落在一片苍翠繁茂的热带植被中。

Proskouriakoff）开始了漫长的玛雅文字破译工作。最终，破译工作取得了突破性进展，她已能够解释铭文中的符号意义，从而揭开了玛雅文字系统的秘密。她发现这些资料有一个历史主题，即赞美统治者的行为和他们生活中最重要的事件，并附有精确的日期和日历计算。

今天我们知道，亚斯奇兰由唯一一个王朝统治了许多年，历经多代国王。著名的有"鸟豹王""盾豹王"和"盾豹王"的王后"霍克夫人"，许多浮雕上都有铭刻纪念他们。

A 大广场
B 33 号建筑

1. 东平台
2. 西平台
3. 南部建筑群

上图　瓦哈克通最著名的纪念性建筑是"天文台"，这是一座建于前古典时期的金字塔，带有四条阶梯，名为 E-VII-sub。它随后并入了另一座建筑，该建筑被拆除后，金字塔也就显露了出来。它的作用与夏至、冬至和春分、秋分有关。

左下图　瓦哈克通的仪式中心位于今危地马拉的佩滕地区。它从前古典时期中期到 10 世纪一直都很繁荣。这处遗址是一个规模不大的神庙群，被标记为 B 组建筑群。

右下图　瓦哈克通的 A 组建筑群意义重大，修建时间横跨 5 个世纪，从 4 世纪初至 9 世纪初。这里展示的是"5 号宫殿"的遗迹，宏伟壮观，位于一个巨大的平台上。

瓦哈克通，太阳观测台

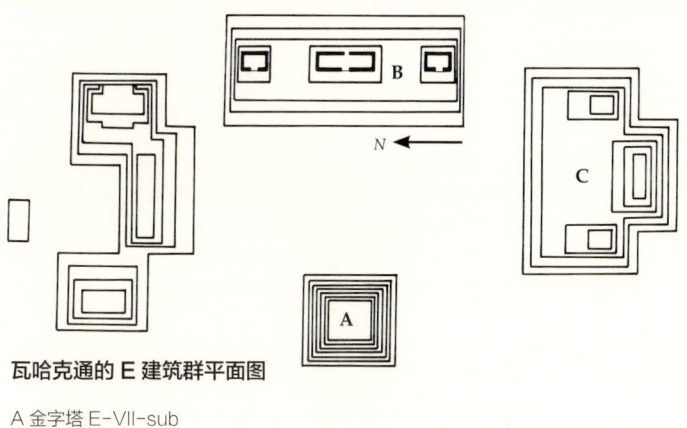

瓦哈克通的 E 建筑群平面图

A 金字塔 E-VII-sub
B 东部建筑群
C A-5 建筑群

危地马拉的瓦哈克通是前古典时代晚期玛雅低地的一个重要中心。它与前古典时代末期的其他伟大遗址，包括同一地区的埃尔米拉多尔和伯利兹的拉马奈（Lamanai）和塞罗斯，有着共同的元素，比如金字塔建筑以及早期原始的矩形球场。这些遗址的仪式性建筑都是一些平台，最初是用夯实的泥土修建，后来材料又换成了石头，由层层叠加的长方形阶台组成，尺寸逐层递减。阶台上有一些大型灰泥面具，上面刻画的是巨大的怪物，装饰着楼梯两边。一条中央楼梯通向金字塔的顶端，那里才是真正的圣殿。其中有些圣殿的地基和墙壁的遗迹保留了下来，但它们最初应该都有一个茅草屋顶。

瓦哈克通，这个名字的意思是"八块石头"，距离蒂卡尔不远，位于佩滕地区的热带低地上。这座城市的中心是由山坡上的建筑群组成的，

瓦哈克通 A 组建筑群的东广场面积宽阔，壮观的 18 号建筑坐落在广场上，它是一座宏伟、细长的建筑的废墟，位于阶梯式平台的顶部。

尽管 E10 号建筑规模较小，但它让人想起了蒂卡尔的金字塔建筑。蒂卡尔和瓦哈克通这两个同时发展起来的城市的遗址在风格上有很多相似之处。

随着时间的推移，这些建筑群逐渐发展成了大型建筑群。在周围地区，农村房屋稀稀落落地分散着，房屋是用易腐材料建造的，只有他们的石头地基保存了下来。

瓦哈克通最重要的建筑或许是"E金字塔"，由著名考古学家西尔韦纳斯·莫利（Sylvanus Morley）在后来建筑的废墟下发现。人们已经将三个阶段的建造结构划分开来，时间跨越了公元前的最后几百年，也令这座金字塔成为该地区发现的最古老的金字塔之一。最早的建造结构就是现在人们见到的那一座金字塔，名为E-VII-sub。这座建筑并不高，有四条巨大的阶梯，阶梯两侧装饰着大型灰泥和石头面具，可能描绘的是地下世界的美洲豹之神，又或者是奥尔梅克的一种大地怪物。顶部的柱洞表明存在着一种由易腐材料建成的上层建筑。

古典时期，有一座新的金字塔是在原有建筑的基础上建立起来的，后来被拆除了。这座金字塔东侧有一处平台，上面建有三座小庙，金字塔连同这个平台共同组成了天文观测台。从金字塔的顶端，天文学家可以观察到秋分和春分这两天太阳从中央神庙后面缓缓升起。12月21日，太阳从右边的神庙后面升起；6月21日，从左边的神庙后面升起，而这两天分别是冬至和夏至。

这一天文功能在更为远古的时期也曾出现过。有一个说法，这座金字塔形似"马耳他十字架"的平面图与蒂卡尔双子金字塔的非常相似，重现了象征"零"的十字形标志，也就是说，这不仅象征着"完成"，而且还象征着宇宙被细分为四个象限加一个中心。有趣的是，装饰金字塔的灰泥面具上也描绘了天蛇的形象。

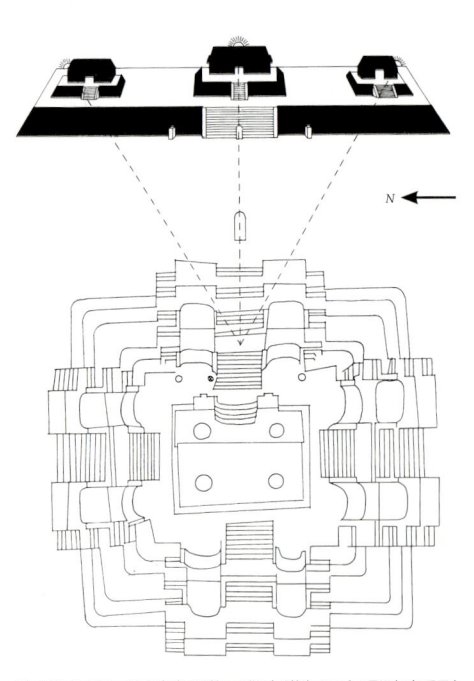

这幅图展现了瓦哈克通祭司们在进行天文观测时看到的视线。从金字塔的一个固定点出发，参考点穿过对面三座建筑所在直线，与其垂直，也穿过两侧建筑的外侧墙角，这几条线从左到右分别与太阳的关键运动位置——夏至、春分/秋分和冬至保持一致。

242

这是瓦哈克通金字塔 E-VII-sub 的复原图，金字塔建于前古典时期。再现的金字塔色彩鲜艳，看起来可能令人惊讶，但是从石头上发现的证据表明，这座建筑曾经覆盖着一层彩色灰泥。就像欧洲古典时期的希腊神庙一样，中美洲的神庙色彩也很鲜艳，其中大部分已经在几百年的时间里渐渐褪色，消失不见。金字塔 E-VII-sub 是玛雅文明中最古老的建筑之一，在古典时期，它并入了一个和它类似的，但是更大型的建筑，这个大型建筑今天只留下了一些蛛丝马迹。金字塔的四面装饰着巨大的灰泥面具，就像伯利兹塞罗斯金字塔的面具一样。它们的图像与大地怪物崇拜、夜间的太阳崇拜和其他与天体有关的神灵的崇拜有关。

上图 蒂卡尔最高金字塔的顶峰在危地马拉茂密的热带森林中清晰可见，一号神庙、二号神庙、五号神庙和"失落世界金字塔"清晰可见。

下图 这张照片展示了"失落世界金字塔"的上部，它后面是蒂卡尔最高建筑四号神庙的顶峰，算上条脊它高达70米。

蒂卡尔，玛雅金字塔的巅峰

A 四号神庙	G 西广场	M 东广场
B 建筑 N	H 二号神庙	N 中央卫城
C 南卫城	I 大广场	O 建筑 R
D 七神庙广场	J 北卫城	P 建筑 Q
E 三号神庙	K 一号神庙	Q 建筑群 F
F 建筑 O	L 五号神庙	R 建筑群 G

蒂卡尔的神庙是玛雅中最高、最令人印象深刻的神庙，耸立在危地马拉茂密的热带森林中，向游客展示着非凡的雄伟景象。铭文将这座城市的历史全面记录了下来，它精确地指出了它的黄金时代的开始和随后的衰落。29号石碑标明了最早的日期：292年；而11号石碑标明了最晚的日期：869年。

最近一系列的因素，包括蒂卡尔在玛雅文化领域的战略地位及其历史建筑上记录的历史发展，促使研究者尼古拉·格鲁贝（Nikolai Grube）和西蒙·马丁（Simon Martin）提出了一种想法，他们认为古典时期，蒂卡尔和卡拉克穆尔在其他玛雅城邦中共同占据了主导地位。

自1881年以来，人们在蒂卡尔地区进行了大量的挖掘工作，还有一些挖掘工作现在仍在进行中。人们已经发现了大约3000座历史建筑，它们分散在一片不少于15.5平方千米的地区。在城市的中心，真正的仪式中心占地面积非常广——显然，从考古学和历史学的角度来看，这处遗址非常重要。仪式中心围绕着一个主广场，广

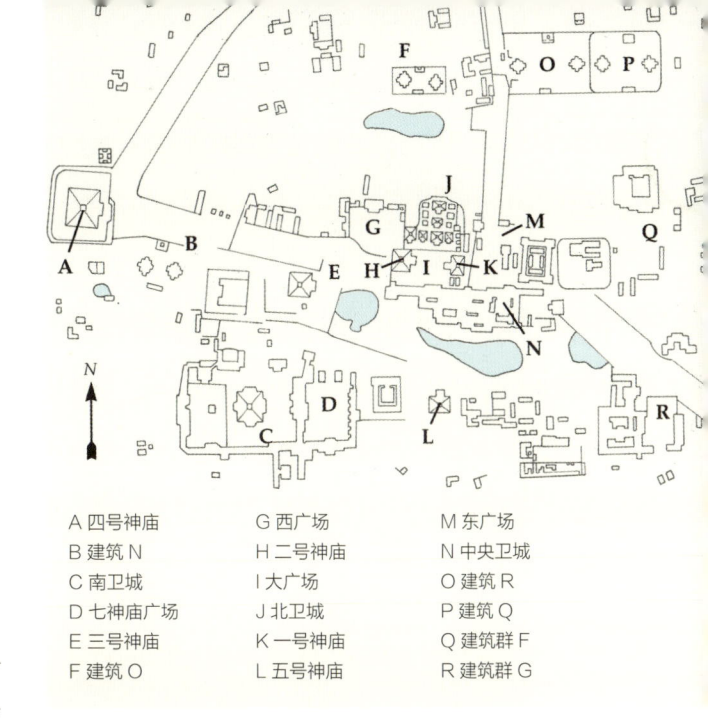

"失落世界金字塔"外观庞大，与世隔绝，整个建筑几乎都隐藏在茂密的植被中。

一号神庙和二号神庙的顶部在丛林中清晰可见，仿佛漂浮在绿色的海洋中。

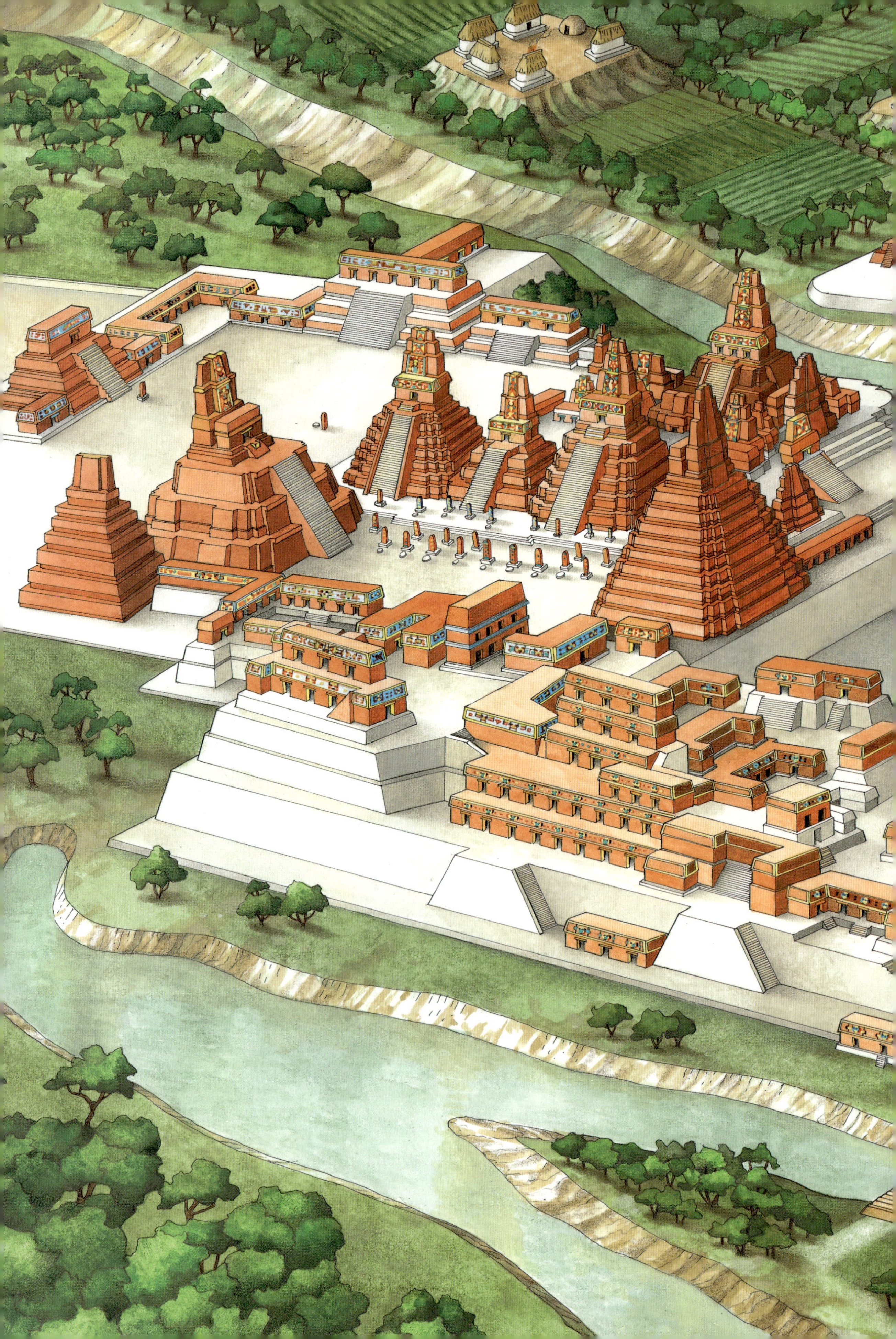

这是蒂卡尔的复原图。它是古典时期规模最大，也许也是最强大的玛雅城市。水库众多，能够供给城市和周围农村的用水。一条主要道路能方便村民出行前往礼仪中心。

场的边缘挤满了纪念碑和祭坛，鳞次栉比。

主广场的东侧和西侧主要以两座双子建筑为主，分别是一号神庙和二号神庙。除此之外，其他仪式建筑物有北卫城、南卫城、中央卫城、七神庙广场、球场及水库。

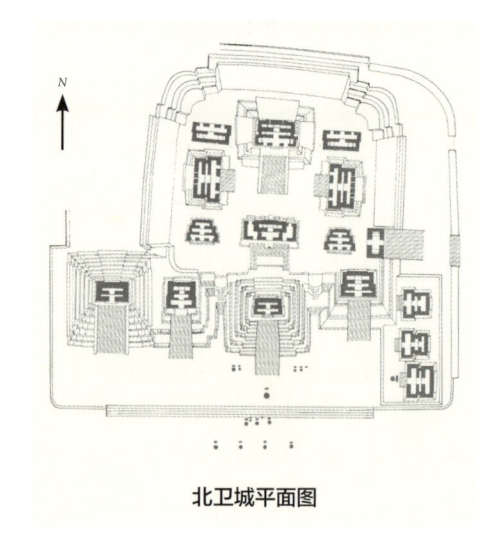

蒂卡尔仪式中心的大部分建筑可以追溯到600年到800年之间。人们利用碑文和考古资料再现出这座城市的历史，事实证明这段历史纷繁复杂，发生过各种与统治了数百年的王朝有关的事件。

早在400年，蒂卡尔在特奥蒂瓦坎强大影响力的推动下，文化和经济已经取得了相当大的发展。然而，我们都知道，从537年开始，发生了可以定义为"中断"的大事件，这一点从完全没有铭文的情况中可以看出。从7世纪开始，蒂卡尔迎来了复兴，纪念碑和著名的新建筑再次兴建起来。从这一刻起，这座城市在政治、经济和文化多方面开始蓬勃发展，一直持续到9世纪末。

北卫城平面图

和帕伦克一样，考古学家在蒂卡尔也发现了一些值得关注的墓穴，它们隐藏在仪式性建筑的地基下，其中的陪葬品十分丰富。珍贵的物品、陶器和无价的玉石面具凸显出墓主权力之大。其中有一些是统治者，名字听起来有点奇怪。复杂的浮雕刻画了他们的形象，碑文上记录了他们的生平。在这些人中，最著名的有美洲虎之爪（Jaguar Paw）、暴风雨天空（Stormy Sky），还有蜷鼻王（Curl

一号神庙九层台基层叠而上，矗立在北卫城。神庙高47米，顶上有一个保存完好的条脊装饰。

上图 蒂卡尔伟大的仪式中心由许多建筑群组成。这张照片是一号神庙,背景是主广场。

下图 从中央卫城顶部看去的一番景象,右边的背景中可以清楚地看到二号神庙。

Nose)。在蜷鼻王统治期间,这座城市居民人口至少达到四万。

在陪葬品中发现的精致的花瓶绘画描绘了宫廷生活,统治者和贵族穿着华丽的服饰,又或是刻画了日常生活的场景。对这些画作的图像研究为我们打开了一扇窗,据此我们可以了解前哥伦布时期中美洲最强大的城市之一的宫廷生活。

这幅蒂卡尔的复原图给人留下了一种广阔而复杂的印象。双子金字塔，也就是一号神庙和二号神庙，正对着主广场。广场周围有其他建筑群，比如北卫城和中央卫城，最初都覆有彩绘灰泥。

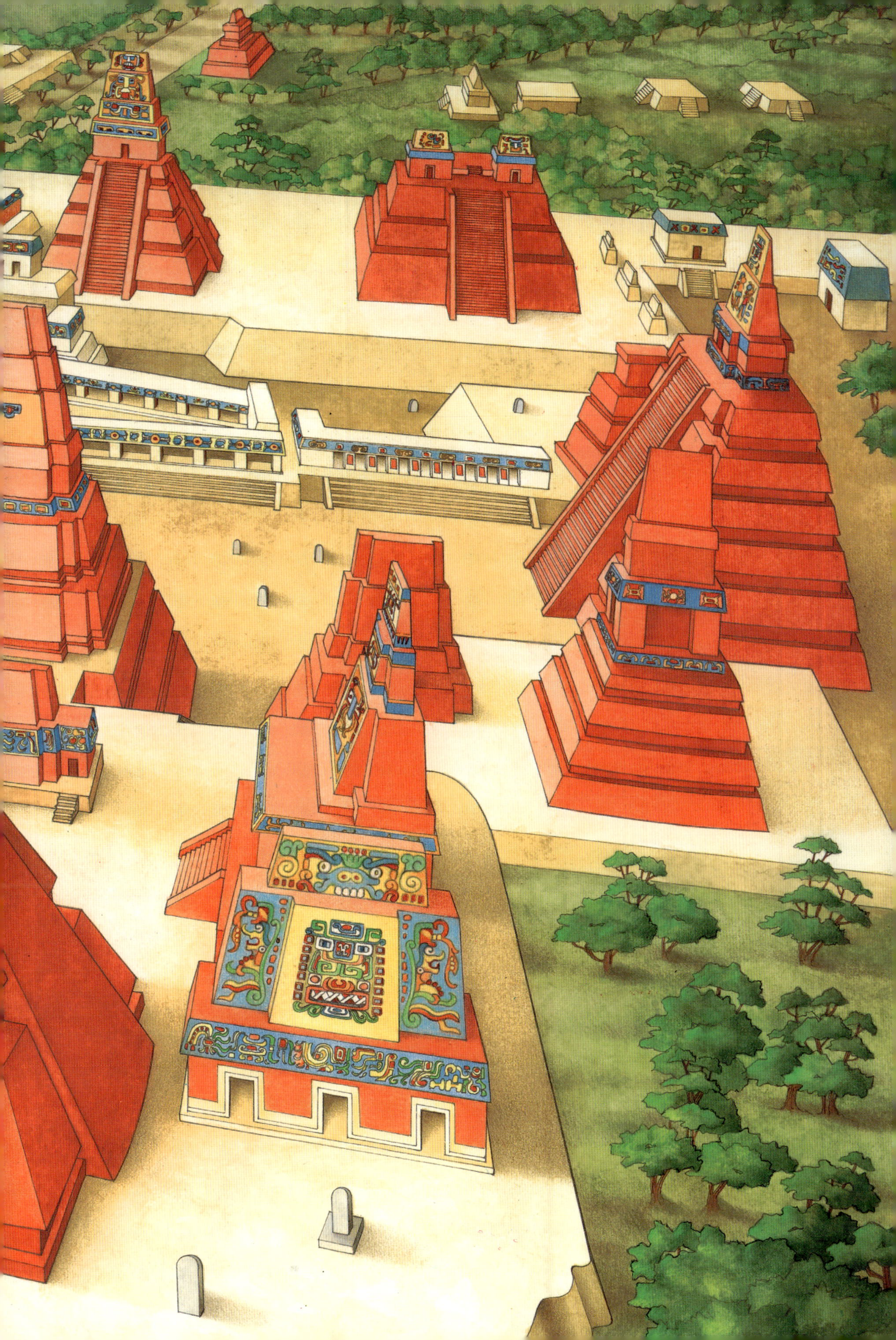

上图 在构成 Q 建筑的双子金字塔之一的阶梯式平台前，矗立着纪念碑，在某些情况下这些纪念碑与祭坛或圆柱形王座有关。

下图 与蒂卡尔的其他神圣建筑一样，二号神庙架有一个令人印象深刻的条脊。在广场阶梯的底部，竖立着纪念城市统治者事迹的石碑。

　　蒂卡尔的一号和二号神庙俯瞰着仪式中心的其他建筑群。一号神庙高达 47 米，共有九层，其中有一段极其陡峭的阶梯通往塔顶的圣殿。圣殿有三个平行的房间，房间屋顶是叠涩拱，而圣殿只允许祭司和贵族成员进入。普通人则在对面的广场上参加仪式。

　　一号神庙的顶部架有一个精致的条脊，条脊中有空洞，洞上有拱券，这样做是为了减轻建筑的重量。与其他建筑相比，这座神庙建筑结构的力量感和令人惊讶的规模在更大程度上清楚地表达出了人们想要建造一座人造"山"的愿望，这或许是希望缩小凡人与神灵之间的距离。

二号神庙面对着一号神庙，两座神庙有着相似的结构，但是二号神庙规模较小。用来装饰三号神庙和四号神庙等其他金字塔的条脊远高于那些植被。在中央建筑群有一个巨大的五层宫殿，也许是贵族的住宅或者行政中心。这座宫殿由大厅和长廊组成，屋顶是叠涩拱。在这些房间里，仍然可以看到石凳和保存得非常完好的木梁。

漫步在宏伟的纪念碑旁，很容易想象到强大的国王蜷鼻王穿戴着宝石和羽毛，亲自穿过房间，举行祭祀活动，就像花瓶绘画中描绘的那样。然而，关于这个"丛林中的大都市"的一些问题和谜团还有待破解。

从蒂卡尔发现的大量碑文中，我们了解到唯一一段统治王朝的历史：这个王朝从古典时期早期到9世纪不曾间断过，一直统治着这座城市，至少有32位国王继承了佩滕"首都"的王位。这些铭文中记载的最早的统治者是雅克斯·摩西·索克（Yax Moch Xoc），他可能在3世纪早期统治着这个国家。一块名为"莱顿盘"（Leiden Plate）的小玉牌是以现在保存地的荷兰城市命名。有人认为，这块玉牌展示的是另一位著名的蒂卡尔君主鸟零月（Bird Zero Moon）的肖像，尽管证据尚不确凿。玉牌的一面刻着日期：320年。另一面描绘的是统治者，在其脚下有一位看起来像是要被献祭的囚犯。从这一时期开始，被俘敌人的形象成为蒂卡尔历史存世资料中固定出现的元素，证明了这座城邦与其对手的力量相比日益增强，以及它频繁地参与扩张主义战争。蒂卡尔的最后一块石碑可以追溯到869年，但是根据许多学者的研究，蒂卡尔的衰落早在830年左右就已经开始了，大约一个世纪后，这座城市被完全遗弃。

一条宽大的阶梯通向"失落世界金字塔"的顶端，这是一座位于蒂卡尔仪式中心西南端的大型神庙。

这座令人印象深刻的"绿山"实际上是一座覆盖着植被的金字塔。巨大的蒂卡尔城只有一部分在热带雨林的不断扩张下依然保存了下来。

科潘，
石碑之城

1. 主广场
2. 东庭
3. 西院

A 神庙
B 神庙
C "18兔"国王主持兴建的石碑
D 举行公共仪式专用的神庙
E 球场
F 刻有象形文字的阶梯
G 22号建筑，"宫殿"
H 国王小庙
I 国王小庙
J 神庙-宫殿
K 16号建筑

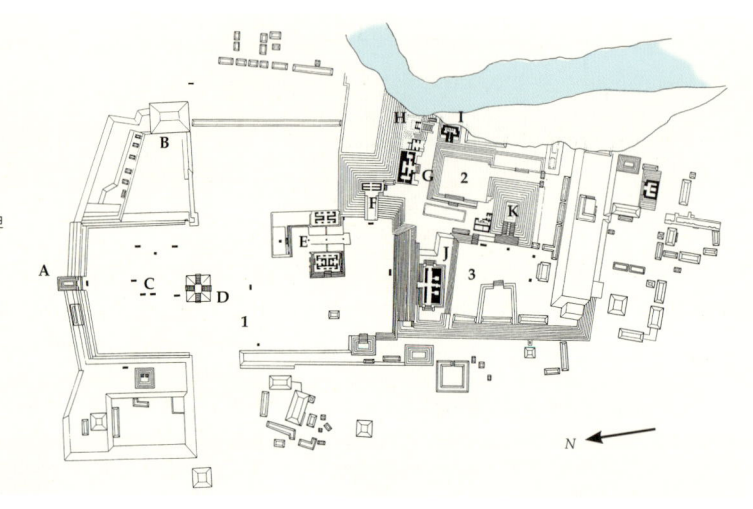

左上图 最近修复的科潘球场：球场地面呈大写字母 I 形，球场北侧有一个阶台，最上面立着一块石碑。

左下图 科潘的主广场图，广场上散布着各种纪念碑、祭坛和梯形平台。

右上图 众多的建筑群组成了科潘的仪式中心：这张照片显示的是西院附近的11号建筑。

右下图 这里展示的是762年的雕塑，一个左手拿着火把的怪物。它的画像与风暴和闪电之神有关。

古典时期在距离莫塔瓜河流域不远的地方，沿着危地马拉和洪都拉斯之间的边界，形成了两个仪式中心：基里瓜和科潘。这两个遗址通过一些历史事件产生了联系。两座城市都有大量的石柱和祭坛，是为了庆祝他们的国王的战争事业而建立的。

738 年，一位名叫 18 兔的科潘国王被基里瓜人抓获并斩首。这标志着科潘政治声望和军事声望迎来了戏剧性时刻。当时这座城市正处于一个特别辉煌的时期，肯定是玛雅其

在科潘，雕塑经常与建筑结合在一起。这个面具作为装饰放置在东庭的美洲豹阶梯上。

中一个最重要和人口最稠密的城市。参观今天的科潘遗迹，仍然可以感受到 5 世纪至 9 世纪的古典时期中期科潘的文化财富和经济财富。

科潘建立在莫塔瓜支流科潘河灌溉的一片肥沃的丘陵地带。它的仪式中心占地约 16 公顷，以南北轴线为中心，布局井然有序。这片区域的大部分是一些平台和人造梯田。科潘人在科潘鼎盛时期建造了一处纪念性建筑：象形文字阶梯（Hieroglyphic Stairway），它可以通向科潘其中一座宏伟金字塔的顶峰。整个阶梯共有 63 级石阶，上面刻有 2500 个符号，形成了一段长篇铭文，列出了统治王朝的成员以及一系列历史事件，因此可以作为一份历史文件来"阅读"。遗憾的是，这篇铭文被严重侵蚀，一些细节已经丢失。现存文献所涵盖的时期是 545 年到 745 年。

另一个宗教建筑群位于卫城和主广场附近，也包括主球场。科潘的球场是中美洲古典时期最大、最华丽的。球场通常呈大写字母 I 形，比赛场地是由石板铺成的，北侧是宽阔的阶台，上面有一块石碑。在球场的左、右两侧有两个倾斜的石堤，上面细

255

正如这个石雕头像所展现的那样,科潘雕刻家的技艺都非常精湛。

在科潘发现的一个石雕头像,也许是16位国王中其中一位的肖像。这些国王都是科潘的统治者,交替继承王位。他们穿戴的头饰和耳盘象征着他们崇高的地位。

科潘鼎盛时期复原图：以宏伟金字塔为主的仪式中心四周都是普通房屋，这些房屋建在耕地和灌溉田地中间的低矮土丘上。主广场被不同的古迹划分成不同的区域，而右侧是壮观的卫城建筑群。

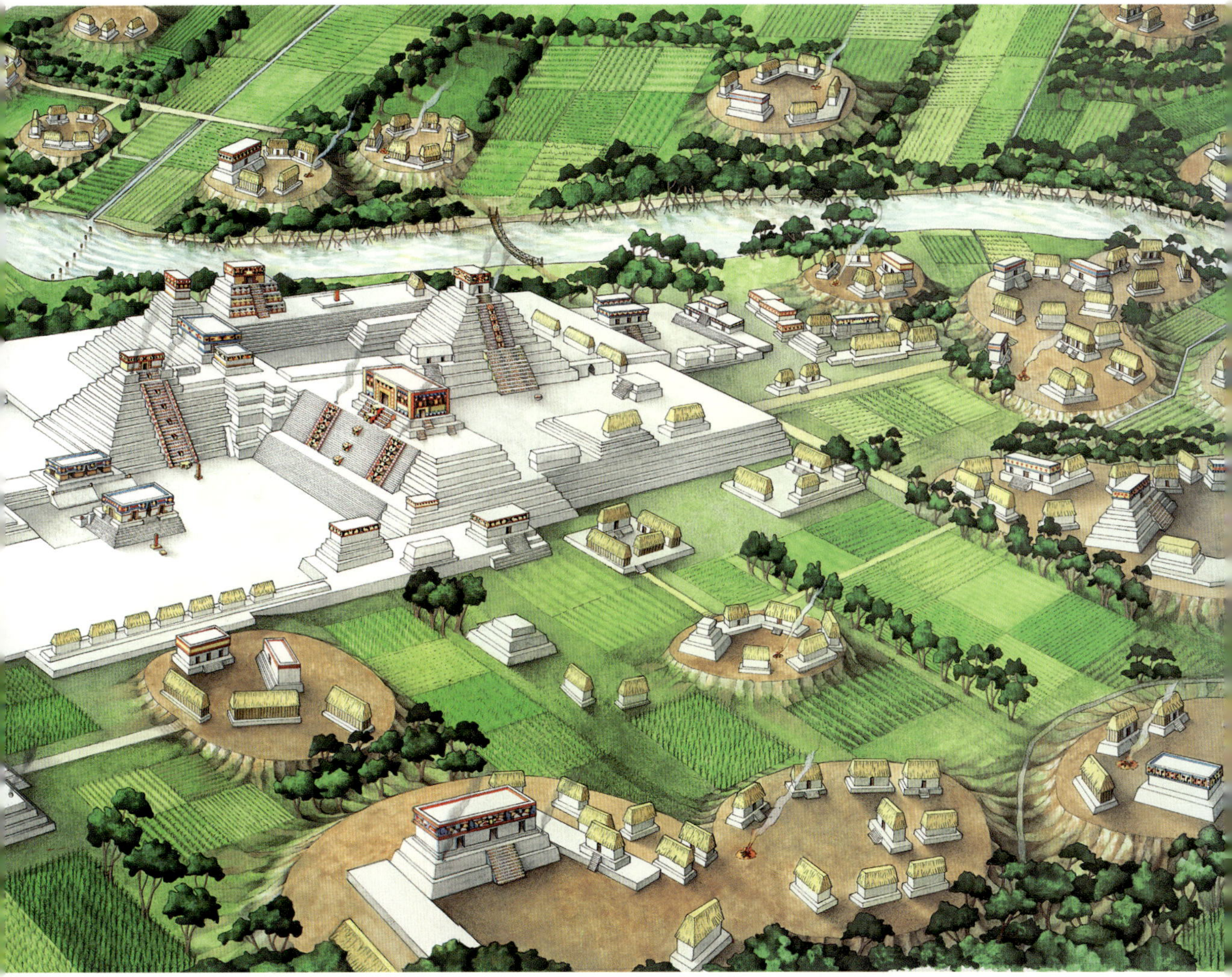

分成了很多个石座,座位空间都不大,这在球场上并不多见。在球场附近和大广场的中央,有一个小型金字塔,带有四条阶梯。

除了卫城、神庙、广阔的庭院周围排列的宫殿、大型球场和几个较小的球场之外,科潘还拥有大量的石碑和纪念祭坛,上面的浮雕装饰使这座城市的历史得以重现。18世纪上半叶,弗雷德里克·卡瑟伍德在约翰·斯蒂芬斯的陪同下一起探索这座城市,他用画笔将他的旅程记录了下来,许多石碑也是首次出现在他的绘画中。

科潘的许多历史建筑都被称为祭坛,尽管它们真正的功能尚不清楚。这是G号祭坛,上面刻有铭文,还装饰着复杂的饰带。

"巴洛克"一词经常被用来描述科潘的雕塑风格,正如22号建筑入口处的装饰所展示的那样。

科潘许多石碑的装饰都十分复杂精致,刻画的都是统治者的形象,这是其一大特色。这里展示的D号石碑,建于736年。

科潘最重要的历史建筑是Q祭坛,这是一处建于776年的大型石灰岩建筑,其确切功能目前还不清楚。建筑四面都装饰着长长的饰带,上面雕刻着科潘国王的名单,按照时间顺序排列,展示了科潘王朝的16位国王。画中每个人物都是相似的坐姿,但是在细节上,他们华丽的服饰和精致的发型都有其独特之处。

广阔的仪式中心散布着各种石碑,很多石碑上雕刻着相同的人物。在科潘，三维立体雕塑的运用与富含复杂神话元素的图像语汇相结合，这在玛雅文化中是独一无二的，由此产生的风格也就是通常所说的"巴洛克"风格。保存最好的一个例子是"B石柱"，它是为庆祝统治者18兔加冕典礼而建的。根据碑文记载，许多国王因其酷爱征战和对城市扩张的贡献而闻名。

王朝的首领和创始人是雅库莫（Yax k'uk Mo'），他的众多后裔中有绰号为"18兔"的瓦沙克拉洪·乌巴·卡维尔（Waxaklahun Ubac K'auil），以及第十六任也是最后一任国王雅帕灿约（Yax Pasah），其名字

F号石碑上面刻着一位科潘国王，他的面部在漫长的岁月中渐渐消磨掉了。精致的装饰是洪都拉斯这个地区特有的风格。

的意思是"地平线上的新太阳"。雅帕灿约是烟壳王和帕伦克一位贵族妇女的儿子。736年加冕后，他立即开始了一项改善城市艺术和建筑的计划，其中包括翻新上一任国王修建的建筑，支持科学家和抄写员的工作。此外，他还负责一系列的促进农业的工作，这些改进带来了人口的大量增加。也是雅帕灿约建造了Q祭坛。在壁画中，他正从王朝的创始人雅库莫手中接过皇家权杖。

800年雅帕灿约去世的时候，几乎所有今天在卫城还能看到的建筑还都是完整的。科潘随后开始陷入衰退期，直到最终被遗弃，部分原因可能是人口过度膨胀耗尽了土地的农业生产力，以及其他玛雅低地城市共有的未知因素。

左上图　乌斯马尔最重要的两座建筑：总督府以及紧挨着总督府的大金字塔。

右上图　"鸽子宫"的部分示意图。它的名字来源于类似鸽子窝的条脊。

下图　在大片森林中的乌斯马尔建筑，右边是魔法师金字塔，因其椭圆形的设计而独树一帜，左边可以看到四方"修女院"的上半部分，其内部庭院类似一个女修道院。

乌斯马尔，
建筑平衡的杰作

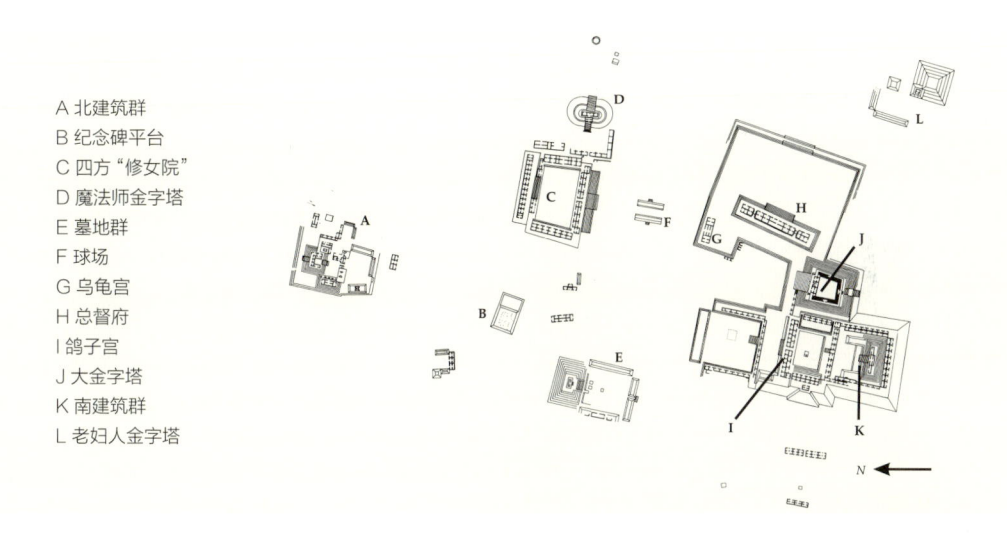

A 北建筑群
B 纪念碑平台
C 四方"修女院"
D 魔法师金字塔
E 墓地群
F 球场
G 乌龟宫
H 总督府
I 鸽子宫
J 大金字塔
K 南建筑群
L 老妇人金字塔

乌斯马尔是玛雅建筑中的一个杰作，然而关于它的起源，人们却知之甚少。它在古典时期晚期达到顶峰，当时许多中部低地地区已经开始衰落。当强大的玛雅城邦，如帕伦克、蒂卡尔、科潘以及其他许多城邦逐渐被遗弃，并掩埋在一片生长旺盛的热带植被中，在尤卡坦北部的低山地区，也就是普克地区，其他的中心反而兴旺了起来。这些中心包括乌斯马尔、卡巴、拉布纳、萨伊尔和查克穆尔通（Chacmultún）。考古调查已经证实早在前古典时期这些中心就已经存在了，但是直到许多世纪之后，在800年到1000年间，

乌龟宫的外墙属于端庄而优雅的建筑风格。建筑的名字来源于三扇门上方用柱子装饰的饰带之上的乌龟雕塑。

左上图　魔法师金字塔的前面是一个庭院，三面由一道低矮的门廊封闭。有一扇大门通向四方"修女院"。

右上图　这个石雕引人注目，刻画的是一只双头猫科动物，名为"美洲豹祭坛"。它可能是个祭坛，人和动物都在此献祭。背景是总督府。

下图　夕阳照耀下的魔法师金字塔雄伟壮观。

它们才开始发展成为重要的中心。这些城市的建筑创造出了新的优雅精致的结构，并以该地区的名字命名，称为"普克风格"。

乌斯马尔也许是普克地区最大的政治和经济发展中心，如今也是保存最完好的考古遗迹。许多石碑矗立在纪念碑平台（Terrace of the Monuments）上，但它们提供的历史信息很少。其中记录的一个事实是关于一位名叫查克的国王，900年左右他曾统治着这座城市。

普克丰富的装饰风格在乌斯马尔达到了顶峰，仪式中心的遗迹证明了一个完全不同于宏伟而严峻的丛林城市的世界，令人惊叹。普克风格的一个典型特征是使用石头马赛克覆盖建筑物的上层外墙，马赛克图案多种多样，有回纹图案、菱形图案、独特的动物图案，同时还有半身柱，共同形成了类似于精美纺织品的饰带。与查克神有关的石灰泥怪物面具表明这一宗教崇拜意义重大。

使用叠涩法建造的天花板和带有方形柱头的圆柱是这个时期建筑物的其他特征元素。在乌斯马尔，那些普克风格的建筑，比如四方"修女院"，它们的饰带上描绘了

这是魔法师金字塔的部分装饰。这个雕塑描绘了一位人物出现在一条巨蛇的嘴里，也许是神灵，或者乌斯马尔的统治者。

独具风格的传统玛雅小屋，屋顶是用茅草铺盖的。再加上拉布纳拱门上的记录和奇琴伊察的壁画，这些是我们唯一找到的能证明这是玛雅普通房屋的证据。

乌斯马尔的建筑群平面一般呈细长的矩形，在广场和大庭院周围布置了许多房间，因此经常用"四方院"（quadrangle）来命名一些建筑。虽然它们一般是作为皇家宫殿和仪式建筑，但其原始功能还未能确定。其中比较著名的无疑是乌龟宫，以及四方"修女

左上图　装饰四方"修女院"的石头马赛克华丽精致，属于普克风格，这也是古典时期晚期尤卡坦的典型特色。这座建筑真正的功能仍然是一个谜。

右上图　魔法师金字塔前庭院周围的门廊建筑最近已经复原了一部分原貌，这些建筑通过一扇大门连接着四方"修女院"。

下图　四方"修女院"是乌斯马尔最著名的建筑群之一。第一批参观这些废墟的欧洲游客给这座建筑起了一个至今仍在使用的名字，因为他们认为这个由内部庭院周围的小房间组成的巨大建筑群类似于修道院的结构。事实上，我们仍然不知道构成这个建筑群的四座独立大型建筑的功能。

院"——之所以这样命名是因为它类似于一个修道院，很多小房间围绕着一个巨大的内庭。总督府建在一个巨大的平台上，平台上还有早期的建筑。考古学家已经确定这座宫殿的位置不是随意安排的，而是经过精心设计的：天文学家可以从中央门口观察到地平线上的金星沿着天空"爬"到几英里外的金字塔顶端。说到这儿，我们应该再想一想，有些名字比较简单的建筑，比如"宫殿"或者"神庙"，实际上可能具有更复杂的功能。

乌斯马尔还有金字塔建筑群和举行仪式性球赛的球场，这两个都是古典时期玛雅文化传统的一部分。但最不同寻常的神庙无疑是椭圆形底座的大金字塔，独一无二，名为魔法师金字塔。这座建筑呈叠加式结构，在西南侧有一条楼梯通向一个小圣殿。建筑的外墙采用切尼斯（Chenes）风格的装饰，描绘了一个张着嘴巴的怪物面具。沿着楼梯的两侧摆放着一排查克神面具，查克神的鼻子十分突出，这也再次表明了对查克神的崇拜意义重大。

这个装饰元素展现了西宫的细节之处，这也许是普克精致风格的缩影。西宫是四方"修女院"的一部分。在一个由几何图案组成的精细切割的石头马赛克背景下，一幅浮雕描绘了羽蛇神的形象，一个人头出现在羽蛇神的下颚上。

在金字塔的顶端是另一个大型圣殿，它是在后期加建的，建筑风格属于坎佩切地区的典型风格。人们可以通过第二个楼梯爬上东边到达圣殿。最近的修复工作已经将金字塔的底部清理干净，能够看到一条长长的柱廊的遗迹，可能曾经环绕着整个金字塔。

乌斯马尔其他几座精美的建筑展示了不同地区风格的融合，可以追溯到城市发展的不同阶段。一个例子是鸽子宫，这也许是一座宫殿，可能比上面讨论的其他建筑年代更古老。和乌斯马尔的许多建筑一样，它的顶部有一个带孔的条脊，类似于欧洲建筑的鸽舍。鸽子宫的墙壁上仍保留着灰泥装饰的痕迹。

在墓地群中，低浮雕石块上刻有骷髅骨的图案，不可避免地让人想起奇琴伊察的头骨架，这也许是源自托尔特克的特色。

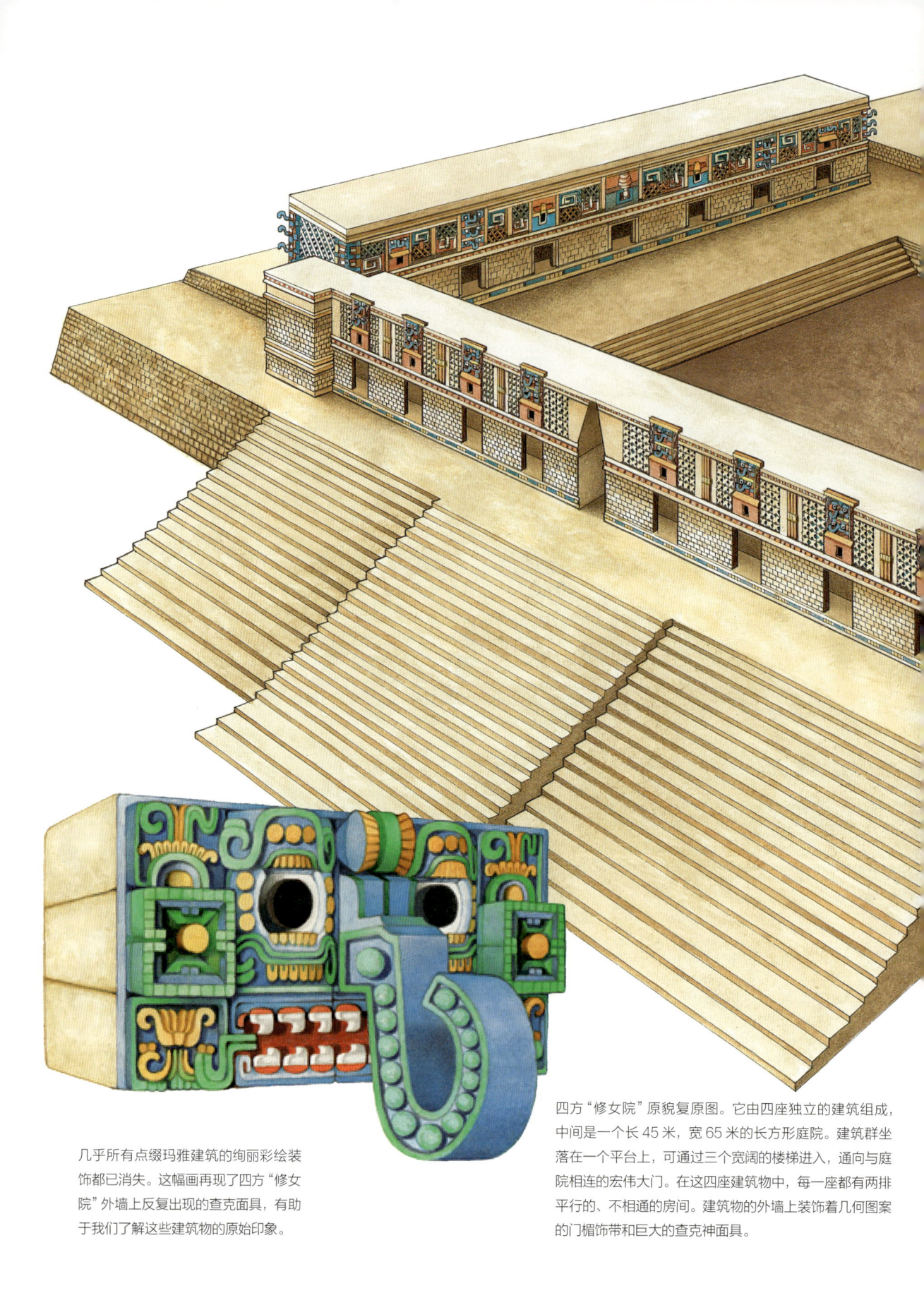

四方"修女院"原貌复原图。它由四座独立的建筑组成，中间是一个长45米，宽65米的长方形庭院。建筑群坐落在一个平台上，可通过三个宽阔的楼梯进入，通向与庭院相连的宏伟大门。在这四座建筑物中，每一座都有两排平行的、不相通的房间。建筑物的外墙上装饰着几何图案的门楣饰带和巨大的查克神面具。

几乎所有点缀玛雅建筑的绚丽彩绘装饰都已消失。这幅画再现了四方"修女院"外墙上反复出现的查克面具，有助于我们了解这些建筑物的原始印象。

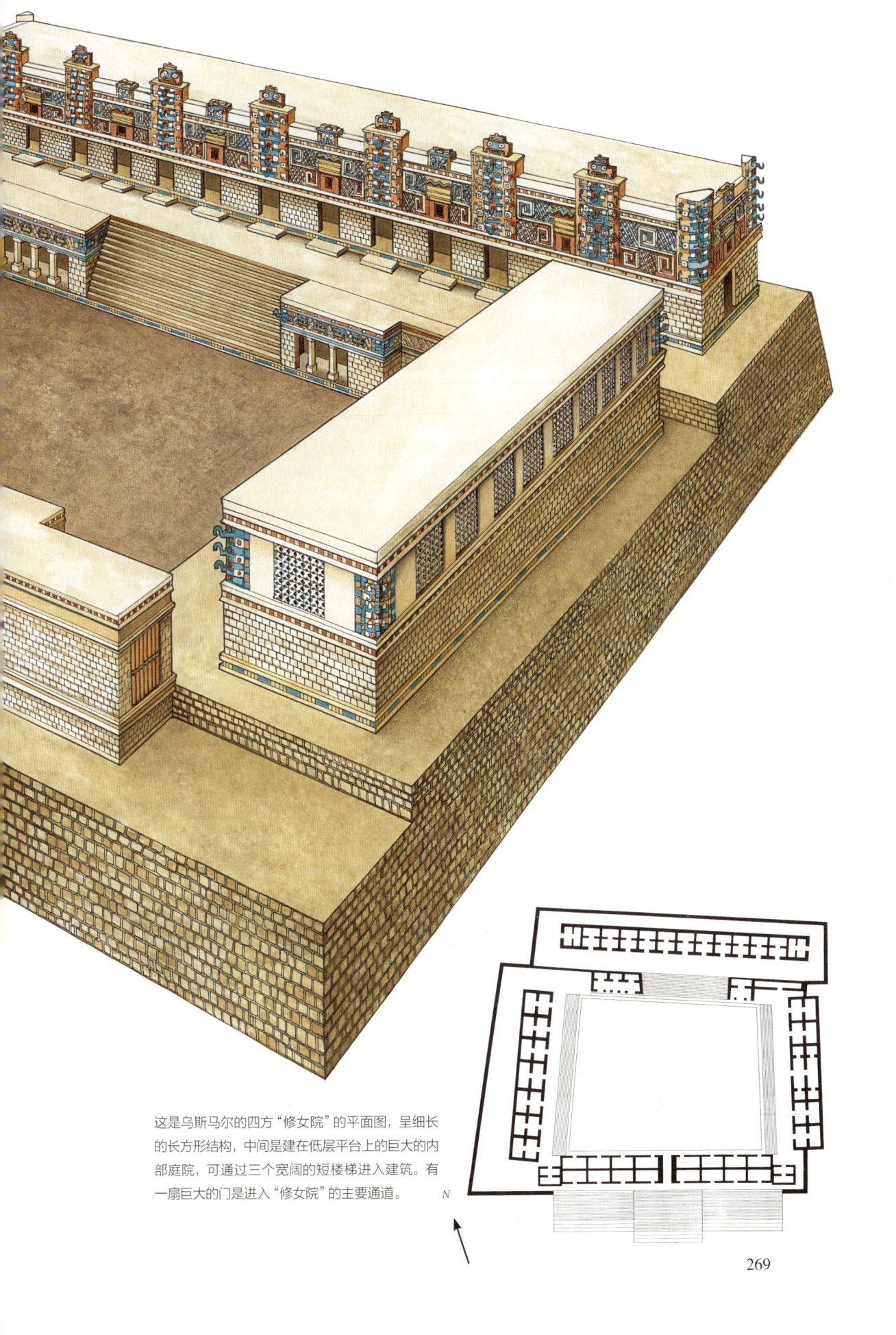

这是乌斯马尔的四方"修女院"的平面图，呈细长的长方形结构，中间是建在低层平台上的巨大的内部庭院，可通过三个宽阔的短楼梯进入建筑。有一扇巨大的门是进入"修女院"的主要通道。

N

269

上图 卡巴的面具宫殿（The Palace of the Masks），也叫作 Codz Poop。这个长方形建筑，顶上有一个引人瞩目的条脊。这座宫殿建于 9 世纪，坐落在一个低矮的平台上。

下图 卡巴的面具宫殿因其主要的外墙上有 260 个相同的代表查克神的怪物面具而得名。在宫殿前面的广场上，有一处遗迹，墙上的浮雕刻画的都是些象形文字。

卡巴，
对查克的崇拜

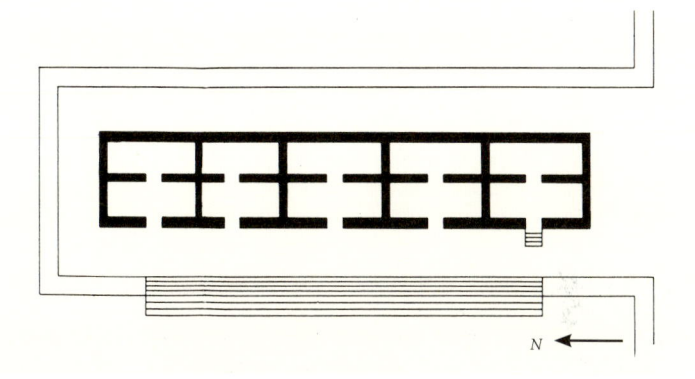

面具宫殿的平面图

N ←

左图　这尊雕塑刻在面具宫殿的后墙上。它严肃简朴的风格极易让人联想到瓦斯特克和阿兹特克的艺术品。

右上图　面具宫殿的细节展示了整个外墙是如何被雨神和多产之神查克的面具占据的。

右下图　面具宫殿内部走廊的屋顶是叠涩拱。

271

上图 尤卡坦地区，卡巴的建筑展现了古典时期结束时发展起来的普克式建筑朴素而典雅的风格。这些是城市中一座宫殿的遗迹，对面是一个大广场。广场为长方形结构。宫殿由两层楼组成，顶部有一个低矮的条脊。较低的楼层细分为几个小房间，每个房间都有一个类似于乌斯马尔四方"修女院"的大门。一段台阶通往上面一层楼，还有一条长长的内部走廊。

下图 这个大型广场代表了卡巴的中心。从这里可以看到带柱子的长方形建筑的地基。背景是一座金字塔式建筑的废墟，上面仍然堆满了碎石。右边是面具宫殿的后墙。

离萨伊尔和拉布纳不远的卡巴已完成了挖掘和修复工作，揭示了以前鲜为人知的有趣的建筑特色。这座古城中最突出、引人注目的建筑就是 Codz Poop，也被称为面具宫殿，年代在 9 世纪。

这座精美建筑的不同寻常之处在于它的主墙，墙上布满了雨神和多产之神查克神的面具。虽然这位神灵的肖像在普克式中心建筑中反复出现，但是在卡巴宫殿里，它似乎在这种看似痴迷的重复中获得了更大的重视和力量。

该建筑平面呈矩形，长 45 米，顶部有一个精美的条脊。宫殿外墙上有 260 个一模一样的面具，其特征是突出的鼻子。通常情况下，面具的数量并不是简单随机的——260 这一数字也是玛雅仪式历卓尔金历的天数。在这里，就像大多数古玛雅城市一样，我们清楚地感受到了计时的重要性。

宫殿内部，在一个房间和另一个房间之间有一种"台阶"，实际上是由查克的长卷鼻组成的——Codz Poop 这个名字意思是"卷起的垫子"。这一要素使人想起那些特殊垫子，铺设开来供显要人物或坐或走，并表明只有高级人物才能进入内部房间，但这一说法仍有争议。

在面具宫殿的东侧是另一座建筑，于 20 世纪 90 年代被挖掘出并将其复原了出来，它的意义与一系列雕像有关，这些雕像在普克建筑中非常罕见。它们描绘的男性，站姿极其僵硬，一些专家称之为"机器人"。他们的胡子、王冠和皮肤划痕证明他们属于统治阶级。

卡巴大拱门。这扇纪念性大门位于大道的南端，连接着卡巴和乌斯马尔。虽然它没有拉布纳拱门的那种装饰，但它是古典时期晚期普克城市典型的叠涩拱的代表，外观十分宏伟。

卡巴的另一个非常有名的建筑也值得关注：一座独立式纪念拱门矗立在堤道或称萨克贝（sacbe，白色铺路）尽头的平台上，那条大道连接着卡巴和乌斯马尔。卡巴的大拱门可能仅仅是为了给城市中心提供一个纪念性的入口，或者是为了标记出城市外部非宗教区域和内部神圣区域之间的边界。这座历史建筑的建筑风格非常简朴：它采用了叠涩拱技术，没有像拉布纳拱门那样的精致浮雕装饰。

拉布纳，
普克风格的瑰宝

除了萨伊尔和乌斯马尔建筑，拉布纳的建筑也是普克风格的重要代表。今天，能立刻吸引游客到古遗址参观的，无疑是那纪念性拱门，它位于名为"卡斯蒂略"的宗教金字塔建筑的脚下。尽管在外观上与罗马帝国的凯旋门表面相似，但这个拱门实际上是两个不规则的纪念性建筑群之间的一条有顶通道，今天大部分都已沦为一片废墟。

拱门的两侧是两个大致呈正方形的房间，通过两扇朝西的大门与外部相通。拱门的建造采用了叠涩拱结构，其上的装饰突出了建筑的典雅风格，每扇大门的装饰都不一样。拱门西侧以菱形图案为背景，装饰着两个低浮雕，浮雕上描绘了一个带有茅草屋顶的简朴小屋。在小屋门口的壁龛里最初可能放置了两尊雕像。左边的角落是一张面具，其突出的鼻子让人想起查克的形象，他在西班牙征服时代仍然受到崇拜。在可能是一个相当大的仪式建筑的废墟中，

背景是通往拉布纳宫的萨克贝或堤道。

拉布纳拱门前是一个庭院，庭院的中心残留着一个祭坛。

上图 "米拉多尔"神庙因其地势较高而得名"Mirador"（塔楼）。神庙所在的金字塔平台现在是一片废墟。

下图 人们认为，这座拱门最初是连接两组建筑的有顶通道。这里展示的是它后面的样子。

怪物面具和普克风格的装饰清晰可见，这座建筑名为"宫殿"。

在拱门的另一边，半圆柱上装饰着由几何图案构成的饰带。最后，整个建筑的顶部规则排列着长方形开口。

275

萨伊尔，王宫之城

距离乌斯马尔和拉布纳不远的萨伊尔礼仪中心，以其建筑精美和华丽的普克风格而著称。其中，最著名的无疑是"宫殿"，它的三层阶梯式结构令人印象深刻，整个建筑长85米，坐落在一个宽阔的平台上。这个建筑的三层楼一层比一层高，每层楼都会略微向后调整一点。一个中央大楼梯通往顶部。较低的楼层异常地不对称，人们已经清理并部分复原出建筑的外观。

左侧有七扇门：其中四扇是平板门，两扇带有楣梁，由两根柱子支撑着，还有一扇门带有一根中心柱。右侧门更为朴素，只有五扇平板门，门上都有连续的半圆柱构成的饰带。

从结构上来看，最有趣的一层是中间那层。室内的房间都有门道，由两个矩形柱细分为三个房间，这是普克风格的一大特点。其他普通的门道与这些门交替出现。建筑上方的浮雕饰带上装饰着查克神面具，以及神秘的"降神"（Descending God）和天蛇图案。

第三层建筑装饰也非常朴素，很多门道的顶部原本装饰着彩绘灰泥人像。萨伊尔

上页左图　门廊的上部装饰着类似卡巴面具的查克面具，非常大。短圆柱是典型的普克风格，与半圆柱群交替出现。

跨页图　萨伊尔宫殿的整个外墙已经完全从废墟中清理出来，直到不久前，这些废墟还覆盖着下面的建筑。

下图　古典时期晚期建筑中一个反复出现的特征就是怪物面具，这些面具代表了查克神。这一特征使得学者们认为，查克神崇拜在这个时期比早期更重要。

宫殿最重要的一个特色就是，它比任何其他玛雅建筑都更大程度地结合了神圣建筑和公民建筑的典型特征。在风格和结构上，所谓的"宫殿"与乌斯马尔更为朴素的"四方院"不同，后者只有一层楼。事实上，萨伊尔的三层宫殿可能起源于古代阶梯金字塔神庙的建筑结构，然而，主要沿着东部和朝南的较短一侧排列的房间顺序表明，这是一个真正的宫殿，也就是说，这是一栋住宅或行政建筑。

萨伊尔宫殿的复原图和平面图有助于再现其原有的壮观景象。该建筑坐落在一个低矮的平台上，平面图呈长方形。它的三层楼结构使其呈现出金字塔形的外观。第一层和第二层都装饰着精美的门廊。

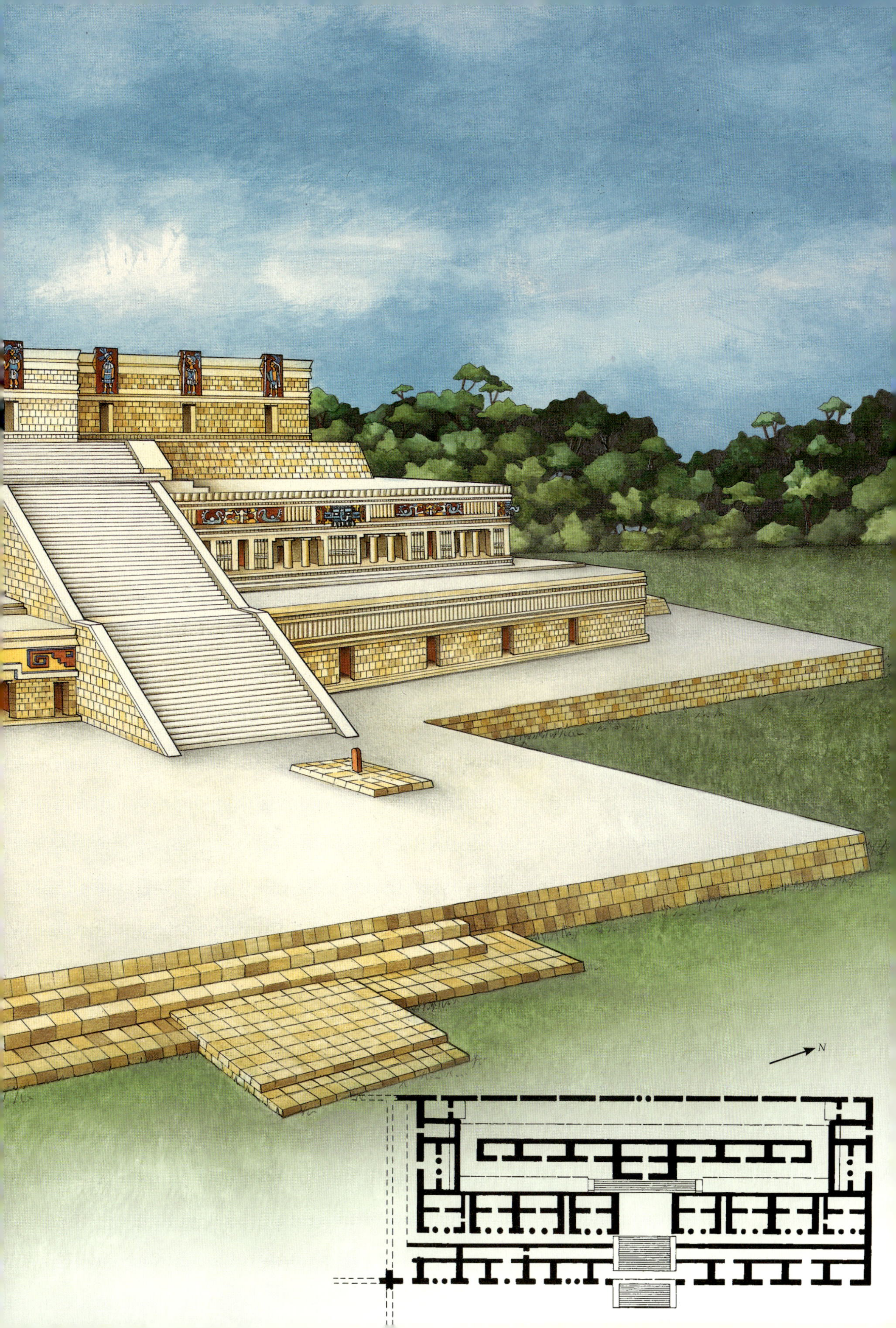
N

埃兹纳，
不同风格的聚会

埃兹纳位于坎佩切地区一个与世隔绝的山谷里，处在普克和切尼斯地区的交界处，这座城市在8世纪和9世纪的古典时期达到了发展的顶峰。尽管埃兹纳受到周边地区建筑风格的影响，但它发展出了一种独立的文化，一些专家将其定义为普克风格（表现在使用一体成型的柱子上）与切尼斯和里奥贝克（Río Bec）风格之间的混合或过渡阶段。

埃兹纳可能是一个独立的王国，直到古典时期结束时，它迅速陷入衰落，并像其他许多玛雅城市一样遭到遗弃。在仪式中心发现的各种石碑上记录的铭文可以追溯到这座城市政治和文化的顶峰时期。据推测，在其文化鼎盛时期，一个王朝不仅统治着城市中心，而且管辖着周围山谷的乡村人口，在那里，前古典时期晚期铺设、建造的庞大的运河系统可能仍在使用。

在布局上，埃兹纳仪式中心让人想起蒂卡尔的仪式中心以及佩滕地区早期形成的其他城市。埃兹纳的中心是一个长方形广场，那里仍然可以看到古代灰泥装饰的痕迹。这个广场向南倾斜，以便雨水流出。正是在广场的东边，坐落着最重要的建筑群，也就是所谓的大卫城，它最近大规模地整修过。仪式中心的另一个建筑是"Nohol Na"，或者说Nohol神庙，这座神圣建筑的外观非常宏伟。离这座建筑不远处是一个由不同年代的建筑组成的建筑群，称为"圣刀庙"。

在组成卫城的众多建筑中，最著名的是五层金字塔，建于普克时期，但这座建

这张埃兹纳遗址的照片是从一座名为Nohol Na的建筑视角看到的，左侧远处是五层金字塔。

上图　五层金字塔融合了古代玛雅金字塔结构和普克式宫殿的风格，位于宫殿最高点的神庙顶部有精美的条脊。

左下图　五层金字塔的第五层是一座简朴的神庙，有一扇门可以通往神庙内部，门前耸立着四根巨大的壁柱。在建筑的上部可以看到条脊的遗迹。

右下图　大卫城的北神庙和埃兹纳的其他神庙一样，规模十分庞大，但是没有五层金字塔那么精美。

筑是在老建筑的基础上改造而成的。它有一个金字塔结构，下面有四层，第五层是真正的圣殿，圣殿顶部有 6 米高的条脊，宏伟壮观。这显然是参考了蒂卡尔的神圣建筑。第一层有七个房间，入口处装饰着里奥贝克风格的柱子。另一方面，第四层以普克风格的圆柱体为特色。一个陡峭的楼梯通向圣殿。两个典型的当地风格元素在建筑群中脱颖而出：叠涩拱顶和圆柱。玛雅人只在古典时期结束时才使用这两种元素，但是其他中美洲人民在许多世纪前就已使用了。根据内部房间的布局，一些学者认为"五层金字塔"结合了宫殿和金字塔的结构。

兹比尔查尔顿，一段动荡的历史

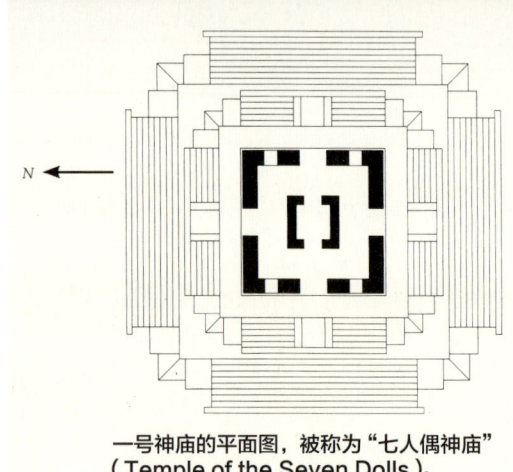

一号神庙的平面图，被称为"七人偶神庙"（Temple of the Seven Dolls）。

尤卡坦州北部兹比尔查尔顿的这个平台，顶部有一个石碑，可能是一个祭坛。在道路的尽头是著名建筑"七人偶神庙"，年代可以追溯到古典时期结束时。

38号建筑坐落在高台上，这座建筑可能是一座小型神庙，平面图呈正方形，结构非常简单和坚固，类似于"七人偶神庙"的结构。

古城兹比尔查尔顿（Dzibilchaltun）位于尤卡坦半岛北部，距今梅里达约12千米。虽然起源于前古典时期，但在大约700年到1000年之间，其文化和经济发展达到了顶峰。它的繁荣可能与盐业贸易有关，在鼎盛时期，这座城市人口可能在25000左右。

兹比尔查尔顿的主要核心由中央大道的建筑群组成，这些建筑群具有典型的阶梯式金字塔结构和叠涩拱。在仪式中心之外，考古调查显示大约有8000间房屋，其中许多房子的墙都是用砖砌成的。一些道路将市中心与其他居民区和圣井连接起来，在圣井的底部，埋藏着很多供品。

兹比尔查尔顿的中心坐落着尤卡坦玛雅建筑中最具特色的一个——七人偶神庙。这座神庙建于600年至700年之间，建在一座原有的前古典时期的建筑上。神庙坐落在多层平台上，有许多不同寻常的特征：四个楼梯，每边各有一个，两扇大窗户开在入口两侧主门之上，还有一个中央"塔"，这个"塔"就像一座上端被截去的金字塔，立在

上图 七人偶神庙结构简单而又神秘,坐落在一个有四条梯道的平台上,这种建筑结构是前古典时期晚期古玛雅金字塔的典型结构。

左下图 萨克贝的全景,这是一条连接仪式中心和克萨拉卡天然井(the Cenote of Xalacah)的长路。

右下图 七人偶神庙的内部:屋顶上有一座没有窗户的"塔",取代了传统的条脊。

神庙的屋顶上,建筑内部是真空的,但没有窗户。一种说法是,这个塔是为了取代传统的条脊而建的。在一个前古典时期晚期的祭坛旁边发现了七个人形黏土雕像,这座神庙的名字就来源于此。

图卢姆，海边的堡垒

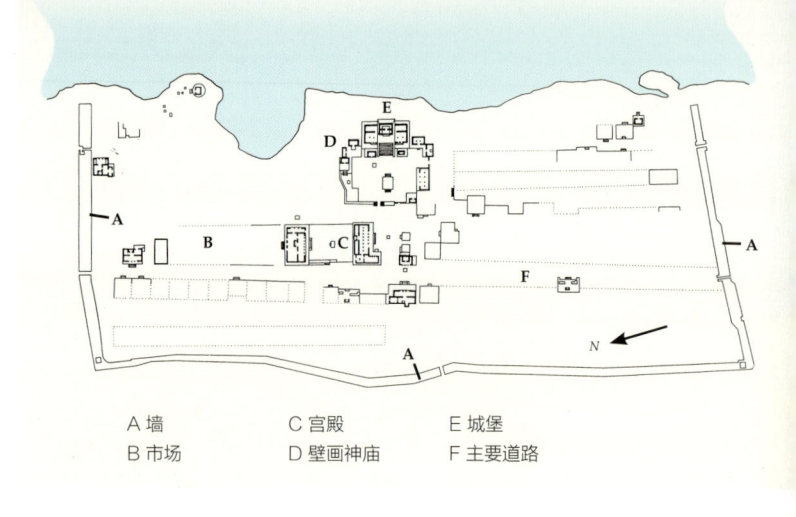

A 墙　　　　C 宫殿　　　　E 城堡
B 市场　　　D 壁画神庙　　F 主要道路

图卢姆的壁画神庙可能是西班牙征服前玛雅人最后建造的纪念性建筑之一。

图卢姆最大的建筑是卡斯蒂略，坐落在可以俯瞰大海的悬崖顶上，位置非常引人注目。

图卢姆在尤卡坦半岛的东北部，那里悬崖顶部的景色非常壮观。它是一个重要的港口和贸易中心，也是后古典时期玛雅人最后定居点中的一个。这座城市建于1200年，随着玛雅潘的衰落，它在两个世纪后达到了发展的顶峰。与同时期其他沿海城市一样，图卢姆也被防御墙包围着，这里三面都有瞭望塔和人行道。许多道路连接着图卢姆的市中心和内陆的森林。

1518年，当胡安·德·格里哈尔瓦带领的西班牙征服者抵达图卢姆时，这座城市仍然有人居住，附近科苏梅尔岛上供奉女神伊希切尔的圣殿仍然是朝圣者的目的地。大征服结束之后的一段时间，这个地方就被遗弃，很久无人想起，直到1841年，著名的旅行家约翰·斯蒂芬斯和弗雷德里克·卡瑟伍德发现了这个地方。

图卢姆和其他沿海中心一样，它的建筑元素明显融合了玛雅和墨西哥的特色。其中有一座主要建筑，也可能是城市中一座最古老的建筑，就是建在通往大海的峭

上图　这幅图卢姆遗迹的全景图可能会让人体会到西班牙航海家在看到悬崖峭壁上的这座城堡时的一些感受。图卢姆在玛雅潘衰败后崛起，直到 16 世纪欧洲人到来时，这里仍然有人居住。

左下图　图卢姆卡斯蒂略顶层的细节图。这个建筑具有一些防御要塞的特点。

右下图　"宫殿"看上去比较细长，有一个带有柱廊的中庭。

壁上，被叫作"卡斯蒂略"的建筑。这里的柱廊清楚地表明了玛雅－托尔特克受到了奇琴伊察的影响。第二个著名的建筑是壁画神庙，年代可以追溯到后古典时期晚期。它的内墙装饰着以蓝色、红色和黄色为主的壁画。壁画的主题是虚构的，以一个名为"降神"的神秘神灵为中心。这些壁画非常容易让人联想到瓦哈卡的米斯特克人创作的手抄本中的绘画风格。

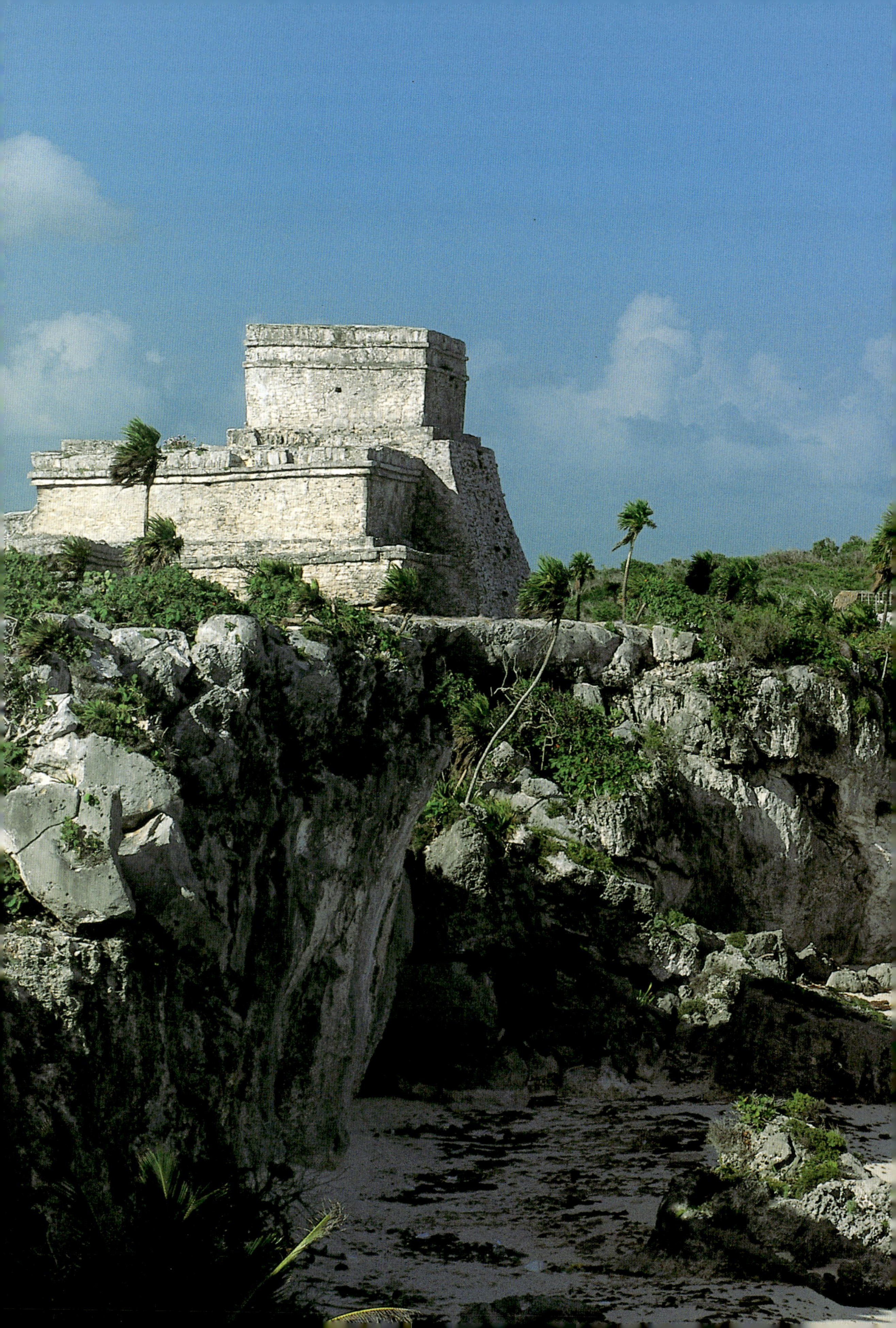

图卢姆环境迷人,过去既是一个贸易中心,又是一个坚固的堡垒。

术语表 | GLOSSARY

投矛器（Atlatl）：阿兹特克语（纳瓦特尔语），意思是由一根末端带钩的棍子组成的投射器。这种工具起源于古代，在后古典时期，尤其在阿兹特克人中很常用，最初是用于打猎，后来作为战争武器使用。

可可（Cacao）：一种梧桐科可可属植物，原产于亚马孙地区和中美洲。萨波特克人、玛雅人和阿兹特克人都很珍视从可可豆中获得的粉末，用它来制作一种具有滋补和营养功能的苦味饮料，巧克力就是由这种饮料发展而来。

卡尔梅卡克（Calmecac）：阿兹特克语，意思是为特诺奇蒂特兰精英阶层的年轻成员开设的神庙学校。学校会教授许多科目，比如天文学、数学和写作。

天然井（Cenote）：西班牙语，源自玛雅语的"dzonot"，指的是尤卡坦地区自然形成的圆形深井，用来供应水资源，同时也被认为是神圣的地方。

查克穆尔（Chacmool）：祭祀用的石台，描绘了一位半躺卧着的男性手肘撑地，双腿合拢，头转向一边。查克穆尔石像是由托尔特克人引入中美洲的，最著名的例子就是在图拉、奇琴伊察和特诺奇蒂特兰发现的那些石像。

叠涩拱或假拱（Corbel or False Vault）：玛雅人的一种建筑技术，他们没有使用真正的拱券或者拱门。叠涩法就是每块连续堆叠的石砖要稍微比下面的石砖突出一点，直到顶部形成窄缝，再用石板将缝隙填补上。

宇宙之树（Cosmic Tree）：它是玛雅宇宙观中的一个符号，用树的形式表现出来，宇宙树位于四个方位的交会点上。树根、树干和树叶连接着地下世界、地上世界和天上世界。

象形雕刻文字（Glyph）：可简称为象形文字或雕刻文字，萨波特克和玛雅书写系统中使用的一种符号（glyph一词来自希腊语的"雕刻"）。在铭文中，每个象形雕刻文字都形似展开的卷轴，每个文字的符号都被框定在大致呈块状的框架里，可能具有表意、表音或两者兼具

289

的功能。

纳瓦尔（Nahual）：在阿兹特克语中，意思是"伪装"。前哥伦布时期中美洲的宗教是以纳瓦尔信仰为基础的：国王和巫师有一个动物朋友/动物他我，他们通过仪式达到恍惚状态后与这些动物交流。最重要和最有声望的纳瓦尔是美洲豹，它是神圣力量的象征，是夜间的太阳神。

纳瓦特尔或纳瓦（Nahuatl or Nahua）：阿兹特克语所属的语系。

帕托利（Patolli）：阿兹特克人在西班牙征服时玩的一种游戏。这是一种棋盘游戏，玩法是在方格中移动小石头。

波其德卡（Pochteca）：纳瓦特尔语（最初是 *pochtecatl*），用来描述长途跋涉的商人和贸易商；这些人在中美洲世界发挥着重要作用，并受到一些神灵的保护。

绿咬鹃（Quetzal）：一种属于咬鹃科的鸟类动物，栖息在中美洲的热带森林中。前哥伦布时期的人们对这种鸟很尊敬，人们会因其华丽的绿色羽毛而猎杀这种动物。这种鸟存活量少，现在是危地马拉的国鸟。

条脊（Roofcomb）：早期玛雅寺庙顶部的装饰部件。古典时期，蒂卡尔的五号神庙上的条脊有16米高。在后古典时期，条脊上会有彩绘的灰泥模塑装饰，装饰上描绘着神的面具、蛇、美洲虎和身份高贵的人物。

萨满（Shaman）：一个具有神奇力量的人物，拥有多种角色：治疗师、牧师、巫师。通过由舞蹈和服用药物组成的幻觉仪式，萨满可以与他的"另一个自我"取得联系。在前古典时期，统治者也承担着萨满的角色。今天的美洲大陆上的许多民族中都还有萨满的存在。

斜坡–平板（Talud–Tablero）：源自特奥蒂瓦坎的建筑结构，在中美洲许多地区都曾有发现。它的构成包括一个垂直的面板，即平台（tablero），放置在一个倾斜的墙壁上，即斜坡（talud）。相对的尺寸各有不同，产生了一系列的建筑构造。

蒸汽浴室（Temazcalli）：属于纳瓦特尔语，指用于蒸汽浴的私人或公共房间。蒸汽浴，这是特诺奇蒂特兰居民流行的一种做法，具有仪式和清洁身体的双重目的。在蒸气浴房间里，地板上的石头会被加热和浸泡以产生蒸汽。

神庙（Teocalli）：属于纳瓦特尔语，阿兹特克人用来形容"寺庙"的词语。从字面上看，它的意思是"众神之家"。

特佐姆潘特利（Tzompantli）：它是一种木架的石头复刻品，这种木架原本是呈放献祭者或被斩首的敌人的头颅的，由托尔特克人在后古典时期引入中美洲。

参考文献 | BIBLIOGRAPHY

中美洲历史

Adams, R.E.W., *Prehistoric Mesoamerica*, Oklahoma, revised edition, 1993.

Benson, E. and Coe, M.D. (eds.), *The Olmec and their Neighbors*, Washington D.C., 1982.

Blanton, R. et al., *Ancient Mesoamerica*, Cambridge and New York, 1993.

Coe, M.D., *Mexico. From the Olmecs to the Aztecs*, London and New York, fourth edition, 1994.

Coe, M.D., *The Maya*, London and New York, fifth edition, 1993.

Coe, M.D. et al., *The Olmec World: Ritual and Rulership*, Princeton, 1995.

Davies, N., *The Aztecs: A History*, Oklahoma 1982.

Fagan, B.M., *Kingdoms of Gold, Kingdoms of Jade: The Americas Before Columbus*, London and New York, 1991.

Marcus, J. and Flannery, K., *Zapotec Civilization*, London and New York, 1996.

Sharer, R.J., *The Ancient Maya*, Stanford, fifth edition, 1994.

Townsend, R.F., *The Aztecs*, London and New York, 1992.

Sabloff, J.A., *The Cities of Ancient Mexico. Reconstructing a Lost World*, London and New York, revised edition, 1997.

Schele, L. and Friedel, D., *A Forest of Kings: The Untold Story of the Ancient Maya*, New York, 1990.

Thompson, E.S., *Maya History and Religion*, Oklahoma City, 1976.

Townsend, R., *State and Cosmos in the art of Tenochtitlán, Dumbarton Oaks Study 20*, Washington D.C., 1979.

Weaver, M.P., *The Aztecs, Maya and their Predecessors*, New York, third edition, 1989.

征服与征服者

Cortés, Hernán, *Letters from Mexico*, trans. A.R. Pagden, New York, 1971.

Díaz del Castillo, B., *The True History of the Conquest of New Spain*, trans. A. P. Maudslay, London 1908–16, New York, 1958.

Durán, Fr. Diego, *The Aztecs: The History of the Indies of New Spain (1581)*, trans. D. Heyden and F. Horcasitas, New York, 1964.

Prescott, W., *History of the Conquest of Mexico*, New York 1931.

Sahagún, Bernardino de, *Florentine Codex, General History of the Things of New Spain*, 12 vols., trans. A.J.O. Anderson and C. Dibble, Santa Fe 1951–69.

艺术、宗教、历法和文字

Benson, E. (ed.), *Death and the Afterlife in Pre-Columbian America*, Washington D.C., 1973.

Coe, M.D., *The Art of the Maya Scribe*, London and New York, 1997.

Coe, M.D., *Breaking the Maya Code*, London and New York, 1992.

Hassig, R. *Aztec Warfare*, Norman, Oklahoma, 1988.

Kan, M. et al., *Sculpture of Ancient West Mexico*, Los Angeles, 1970.

Kubler, G., *Art and Architecture of Ancient America*, Harmondsworth and Baltimore, 1984.

Miller, M.E., *The Art of Mesoamerica, from Olmec to Aztec*, London and New York, 1986.

Miller, M.E. and Taube, K., *The Gods and Symbols of Ancient Mexico and the Maya: An Illustrated Dictionary of Mesoamerican Religion*, London and New York, 1993.

Pasztory E., *Aztec Art*, New York, 1983.

Reents-Budet, D., *Painting the Maya Universe: Royal Ceramics and the Classic Period*, Durham and London, 1994.

Schele, L. and Miller, M.E., *The Blood of Kings: Rituals and Dynasty in Maya Art*, Fort Worth, 1986, London, 1992.

遗址

Berrin, K. and Pasztory, E. (eds.), *Teotihuacan: Art from the City of the Gods*, London and New York, 1993.

Blanton, R., *Monte Alban: Settlement Patterns at the Ancient Zapotec Capital*, London and New York, 1978.

Diehl, R.A., *Tula, the Toltec Capital of Ancient Mexico*, London and New York, 1983.

Fash, W.L., *Scribes, Warriors, and Kings: The City of Copán and the Ancient Maya*, London and New York, 1991.

Kampen, M.E., *The Sculptures of El Tajín, Veracruz, Mexico*, Gainesville, 1972.

Matos Moctezuma, E., *The Great Temple of the Aztecs*, London and New York, 1988.

Millon, R., *Urbanization at Teotihuacan, Mexico*, 2 vols., Austin, 1974.

Robertson, M.G., *The Sculpture of Palenque: vol. I, The Temple of Inscriptions*, Princeton, 1983.

科潘的雕塑和其他玛雅城市的雕塑截然不同，而区别就在于它的风格与"巴洛克"风格几乎一样。这个石雕刻画的是一位统治者的面貌，其装饰图案有着明确的象征意义。

这个玛雅黏土哨子来自杰纳岛，描绘了一位沙锤演奏者。

图书在版编目（CIP）数据

古墨西哥 /（意）玛丽亚·隆盖著；刘慧颖译 . ——北京：中国友谊出版公司，2023.7
ISBN 978-7-5057-5470-6

Ⅰ.①古… Ⅱ.①玛… ②刘… Ⅲ.①墨西哥－概况 Ⅳ.① K973.1

中国版本图书馆 CIP 数据核字（2022）第 253524 号

著作权合同登记号 图字：01-2023-0561

White Star Publishers® is a registered trademark property of White Star s.r.l.
© 1998 White Star s.r.l.
Piazzale Luigi Cadorna, 6
20123 Milan, Italy
www.whitestar.it
本书经由中华版权代理总公司授权北京创美时代国际文化传播有限公司。

书名	古墨西哥
作者	[意] 玛丽亚·隆盖
译者	刘慧颖
出版	中国友谊出版公司
发行	中国友谊出版公司
经销	新华书店
印刷	北京通州皇家印刷厂
规格	787×1092毫米　16开 18.75印张　296千字
版次	2023年7月第1版
印次	2023年7月第1次印刷
书号	ISBN 978-7-5057-5470-6
定价	168.00元
地址	北京市朝阳区西坝河南里17号楼
邮编	100028
电话	(010) 64678009

如发现图书质量问题，可联系调换。质量投诉电话：(010) 59799930-601

出品人：许　永
出版统筹：海　云
责任编辑：许宗华
　　　　　马　燕
特邀编辑：蒋运成
封面设计：张传营
版式设计：百　朗
印制总监：蒋　波
发行总监：田峰峥

发　　行：北京创美汇品图书有限公司
发行热线：010-59799930
投稿信箱：cmsdbj@163.com

官方微博

微信公众号